高职高专房地产类专业实用教材

第2版

房地产经济学

高群 樊群 主编

范婷 万娟 副主编

机械工业出版社
China Machine Press

图书在版编目（CIP）数据

房地产经济学 / 高群，樊群主编 . —2 版 . —北京：机械工业出版社，2013.8（2019.6 重印）
（高职高专房地产类专业实用教材）

ISBN 978-7-111-43526-6

Ⅰ. 房…　Ⅱ. ①高…　②樊…　Ⅲ. 房地产经济学 – 高等职业教育 – 教材　Ⅳ. F293.30

中国版本图书馆 CIP 数据核字（2013）第 171765 号

本书从职业院校学生的特点出发，从房地产业的基本状况入手，借鉴了西方不动产理论的成果，也吸取了我国学者的一些学术成果，理论联系实际，强调房地产经济学的应用。本书共分 10 章，内容为绪论、房地产产权理论及制度、地租理论与区位理论、房地产市场、房地产价格、房地产投资、房地产金融、房地产税收、房地产经济周期、房地产经济的宏观调控。

本书每章都有学习重点、学习难点以及本章小结，便于学生掌握，并且根据我国房地产业的发展状况，在课程内容允许的情况下，选取了恰当的新闻摘录或热点话题作为课程内容的补充，既可激发学生的学习兴趣，也可作为课后的讨论内容。

本书不仅可以作为高职高专学生的教材，也可以作为房地产相关从业人员的参考用书。

机械工业出版社（北京市西城区百万庄大街 22 号　　邮政编码　100037）
责任编辑：刘利英　　　　版式设计：刘永青
北京瑞德印刷有限公司印刷
2019 年 6 月第 2 版第 3 次印刷
170mm × 242mm • 14.25 印张
标准书号：ISBN 978-7-111-43526-6
定　　价：29.00 元

凡购本书，如有缺页、倒页、脱页，由本社发行部调换
客服热线：(010) 88379210　88361066　　　　投稿热线：(010) 88379007
购书热线：(010) 68326294　88379649　68995259　　读者信箱：hzjg@hzbook.com

编　委　会

第 2 版前言

《房地产经济学》（第 1 版）自 2007 年出版以来，得到了同行和广大读者的肯定与喜爱。但是，随着房地产业近几年的快速发展以及在教学改革中取得的成果，很多教师认为《房地产经济学》一书有必要进行一些修订与内容补充，在这种背景下，《房地产经济学》（第 2 版）应运而生了，第 2 版是对第 1 版的继承和发展。

第 2 版的主要变化如下：

第一，对第 2 章“房地产制度”进行了大幅度的修改，增加了“房地产产权理论”知识。房地产产权是房地产经济研究的基础和核心，只有充分掌握和理解房地产产权，才能准确进行房地产经济的分析。

第二，增加了第 9 章“房地产经济周期”。20 世纪 30 年代以来，房地产在世界市场中经历了几次大型的波动。房地产经济周期与各国经济周期及全球经济周期有着高度的相关性。学习该部分内容，有利于分析、把握和利用房地产经济周期更好地进行房地产投资。

第三，对原有案例进行了更新，以适应时代的发展，利于学生的理解。

第四，对教学中部分不够清晰的章节，进行了小幅修改，以利于教师教学和学生自学。

第五，提供了切实可行的教学建议，包括学时安排与教学方式。

教学建议

章次	内容	理论学时	实践学时	备注
第 1 章	绪论	4		
第 2 章	房地产产权理论及制度	6		
第 3 章	地租理论与区位理论	6		
第 4 章	房地产市场	4	2	
第 5 章	房地产价格	4	1	
第 6 章	房地产投资	4	2	
第 7 章	房地产金融	6	2	
第 8 章	房地产税收	4		
第 9 章	房地产经济周期	6	2	

（续）

章次	内容	理论学时	实践学时	备注
第 10 章	房地产经济的宏观调控	4	1	
合计		48	10	

注：各章节根据不同专业的要求在课时浮动范围内调整课时。

本次改版保留了原来的教材定位和主要特色，即体现实用性，以培养学生的实际应用能力为出发点，以够用为原则，为房地产其他相关课程打下理论基础。

房地产经济学是理论和实践融合的学科，尽管作者已经做了极大努力，力图使第 2 版编写得更好，但限于能力和水平，书中的缺点和错误在所难免，敬请同行、专家和广大读者批评指正，以使本书日臻完善。

本书由南京工业职业技术学院高群、樊群担任主编并统稿，范婷、万娟任副主编。全书共分 10 章，其中第 1 章及第 5、10 章的部分内容由张素菲编写；第 2、9 章及第 5、10 章的部分内容由樊群编写；第 3 章由万娟编写；第 4、8 章由范婷编写；第 6、7 章由高群编写。

在编写过程中，我们得到了众多老师和相关房地产公司的帮助和支持，在此表示感谢。同时，在编写过程中，参考和引用了书后所列参考文献中的部分内容，在此表示深切的谢意！

联系邮箱：gaoq@niit.edu.cn

编者

2013 年 5 月于南京

第 1 版前言

《房地产经济学》是房地产学科中的前导和理论基础课程。本书强调以学科基本概念、基本原理、基本方法为基础，以培养学生的素质和发展为核心，从职业院校学生的特点出发，理论联系实际，体现我国房地产市场的发展和特色，强调房地产经济的应用。

本书的主要特色是：体现实用性，以培养学生的实际应用能力为出发点，以够用为原则，为房地产其他相关课程打下理论基础。在基本理论方面既借鉴了西方不动产理论的成果，也吸取了我国学者的一些学术成果。基本理论与实证分析相结合，选取合适的例题作为课程内容的补充和延伸。论述深入浅出，通俗易懂，便于读者理解和掌握有关的理论，而且选取恰当的新闻摘录或热点话题作为课程内容的补充。本书不仅可以作为高职高专学生的教材，也可以作为房地产相关从业人员的参考用书。

本书的培养目标强调对房地产经济理论的基本概念、基本原理、基本方法的理解与应用，本书选取了与实际结合的例题使学生更好地理解基本理论，并设置了章后思考题，一方面检验学习效果，另一方面引发学生思考与解决现实问题。

与国内同类课程相比，本书独特的一面是根据我国房地产业的发展状况，理论与实际相结合，在课程内容允许的情况下，以培养学生的实际工作能力为出发点，选取恰当的新闻摘录或热点话题作为课程内容的补充，既可激发学生的学习兴趣，也可作为课后的讨论内容。

针对本书的教学内容，编者提出以下教学建议作为教学参考。

本书的难点主要有 2.1.3 城市土地使用权制度、3.2.2 城市地租的形式、4.2 房地产需求与供给、4.3.1 房地产市场的运行机制、5.2 房地产价格的构成、5.4.5 房地产估价的基本方法、6.2 房地产投资风险、7.2.4 房地产企业财务分析、8.2.2 中国房地产税制的现状以及 9.3 房地产经济宏观调控的手段等章节。

本书由张素菲担任主编，高群任副主编。全书共 9 章，其中第 1、5、9 章由张素菲编写；第 6、7 章由高群编写；第 2、3 章由万娟编写；第 4、8 章由范婷编写。此外，还有很多专家和老师为本书的编写提供了帮助，在此表示深切的谢意。

《房地产经济学》教学建议

章　次	内　容	理论学时	实践学时	备　注
第 1 章	绪论	4		
第 2 章	房地产制度	6		
第 3 章	地租理论与区位理论	5	1	
第 4 章	房地产市场	6	2	
第 5 章	房地产价格	6	2	
第 6 章	房地产投资	6	2	
第 7 章	房地产金融	6	2	
第 8 章	房地产税收	4		
第 9 章	房地产经济的宏观调控	3	1	
合 计		46	10	

注：各章节根据不同专业的要求在课时浮动范围内调整课时。

在本书的编写过程中，我们参考了大量教材、专著和参考文献，谨向有关作者表示衷心的感谢。

由于编者水平有限，书中不足之处和错误在所难免，恳请有关专家和读者批评指正。

目　录

第 1 章

绪　　论

学习重点

1. 房地产的概念与特性
2. 房地产业的内涵与特性
3. 房地产业与国民经济的关系
4. 房地产经济学的研究对象

学习难点

1. 房地产的特性
2. 房地产业与国民经济的关系

房地产业在我国是一种新兴的产业，房地产经济学是一门相当年轻的学科。目前，对它的认识还在不断深化之中。本章从房地产的基本概念出发，介绍与房地产经济学有关的一些基本知识，使读者对房地产经济学有一个初步认识。

1.1　房地产概述

1.1.1　房地产的概念

房地产是指土地及附着在土地之上的建筑物、构筑物和其他附属物及其衍生的权利。房地产的概念包含两个层次：一是土地和建筑物、构筑物等固着物的整体；二是它们所附带的各种权益，如所有权、处置权、获益权等。

通常认为，在物质形态上，房地产有三种存在形式：单纯的地产、单纯的房产、房产与地产相结合的“房地”产。房地产中的地产是指承载用地，即建筑用地、城市用地等，是指土地及其上下的一定空间，包括地下的各种基础设施、水域以及地面道路等。房产是指建筑在土地上的各类房屋，例如住宅、商场、办公楼、厂房、医院、图书馆等各种设施用房。房产与地产相结合作为一个整体来考虑时，就是“房地”产。房屋和土地既有各自独立的物质内容，又是一个密不可分的整体，地产能够单独存在，而房产建筑在土地上，不能脱离土地而独立存在。从价值形态来说，在市场经济条件下，房地产作为商品是使用价值和价值的统一体。从产权关系来说，房地产作为一种资产体现了一定的经济权利关系，而且这些关系十分复杂，国家必须制定相关法律法规加以严格规范。

与房地产类似的名词有不动产、地产、物业等，它们与房地产有不同的内涵。一般来说，“房地产”和“不动产”在中国大陆可以通用，而台湾地区更倾向用“不动产”的说法，“不动产”不仅包括土地与建筑，而且还包括诸如“树木”等固着物。香港地区习惯把土地与房产统称为“地产”。物业是单元性房地产，一般来说，物业用于指某项具体的房产、地产或房地产，房地产则用于指一个国家、地区或城市所有的房产与地产，但也不排斥用于指某项具体的房地产，即物业通常用于个体，房地产通常用于整体。

1.1.2 房地产的特性

1. 房地产的自然特性

1）房地产的二元性。房地产的二元性，是指房地产由土地和建筑物两部分组成。从自然特性角度对土地的内涵加以界定，不仅指一定土地的范围，即土地面积，而且包括地面、地面以上空间、地面以下空间。建筑物是指按照规划、设计的要求，通过施工安装，将各种建筑材料有机组合而成的整体结构物。在房地产开发初期，土地可单独作为房地产项目进行交易。但建筑完工后，在房地产交易中，建筑物必须依存于土地。

2）土地面积的有限性和不可再生性。土地是有限的、不可再生的，其外围面积是固定性的，人类可以不断改变和革新土地利用技术，如移山填海、提高容积率、建造高楼等，但这些举措并不能增加土地面积，仅仅改变了土地的用途或土地利用率。

3）位置的固定性和独特性。房地产的空间位置是不可移动的，而每个位置都有不同于其他位置的自然地理位置、交通位置与社会经济位置的特殊性。房地产的这种特性决定了房地产市场是一个区域市场，它的交易以产权交易为标的。

4）房地产使用的耐久性和效用的多层次性。土地作为一种生产要素，“只要处理得当，土地就会不断改良”，而建筑物寿命可达几十年甚至几百年。房地产在使用、效用上具备生存资料、享受资料和发展资料三个不同层次的性质。

2. 房地产的经济特性

房地产的经济特性，是以房地产的自然特性为基础在经济活动中产生的。

1）房地产供给的稀缺性和需求的普遍性。房地产的需求来自社会政治、经济、生活的各个方面，居住、商业、办公、工厂、医院、图书馆等都需要，由于人口不断增加和社会经济文化的发展，对房地产的需求量不断增加。供给的稀缺主要指可供利用的土地是有限的，而且由于土地位置的固定性和独特性，使某些位置和某种用途的土地尤其稀缺。

2）房地产具有高资本价值特性，并且房地产是一种耐用商品，兼有投资品和消费品的特点。房地产作为商品是使用价值和价值的统一体，主要凝结了土地价值和附着其上的建筑物的价值，需要投入大量的资本，具有高资本价值特性。同时，它的价格不仅由房地产商品市场所决定，而且受到金融投资市场的极大影响，具有投资品的特性。

3）房地产项目的积聚效应和外部性。房地产的开发利用必然影响某一区域内的自然生态环境、经济发展和社会环境。基础设施的改善、公共服务设施的优化将产生积聚效应，带动前向、后向产业链的发展。当然房地产开发利用也存在着外部性，如相邻不动产利用时的干扰、环境污染、私人收益与成本和社会收益与成本不等造成的负外部性、房地产商品过多等。

4）房地产利用的报酬递减性。房地产利用的报酬递减性是指在技术不变的条件下，对房地产的投入超过一定限度时，就会和众多产业一样产生报酬递减现象。

1.1.3 房地产的分类

从建筑物的用途出发，房地产可分为各类住宅、营业用房（酒店、商场、娱乐场所等）、生产用房（厂房、研发用房与仓储物业）、行政用房（党政机关、社会团体办公用房）、其他专业用房（医院、体育馆、图书馆）等。

以房地产的运作为标准时，可将房地产划分为收益性房地产（如置业投资性公寓、出租性写字楼等）和非收益性房地产（如各类自用住宅及自用写字楼等）。

以市场交易性质来划分时，房地产可以分为出售性房地产、出租性房地产、抵押性房地产、典当性房地产等不同类型。

1.2 房地产业

1.2.1 房地产业的内涵

房地产业是指从事房地产开发、经营、管理和服务的行业或产业。

房地产业并非仅限于流通领域的产业，而是生产、流通兼容的产业，即除了第三产业的性质外，还具有第二产业的性质。一方面，房地产业是土地与建筑产品的经营部门，同时又从事土地开发和房屋建设，具有第二产业的性质；另一方面，房地产业从事房地产产权交易，以及提供中介、咨询、设计、信托等劳务服务，又具有第三产业的性质。因此，房地产业是介于第二产业和第三产业间的复合型产业。随着社会经济和现代房地产业自身的发展，出现了大量从事房地产综合开发经营、纵向组合的大型房地产企业集团，融房地产开发建设和营销为一体，从项目前期策划、开发建设、销售经营直至物业管理一条龙运作服务，承担全程融投资风险，这是现代房地产业发展的主导形式，也是现代纵向组合企业集团生产经营一条龙运作的基本特征。

房地产业是一个综合性的行业，涉及建筑业、金融信托业、建材业、装饰装修业及服务业等行业。根据国家有关文件规定以及我国房地产经济发展的具体情况，房地产业主要包括以下内容：

1）土地开发和再开发。

2）房屋建筑开发和建设。

3）地产经营，包括土地使用权的出让、转让、租赁和抵押。

4）房地产经营，包括房产（含土地使用权）买卖、租赁、抵押等。

5）房地产中介服务，包括信息、咨询、估价、测量、经纪等。

6）房地产物业管理服务。

7）房地产金融，包括信贷、保险和房地产金融资产投资等。

1.2.2 房地产业运行机制

房地产业运行的全过程包括生产、流通、消费三大环节。

1. 生产

生产是通过对自然状态的土地投入人类劳动，进行房屋和基础设施建设，获得房地产商品的过程。这一环节包含土地开发和房屋开发。

1）土地开发是指在依法取得国有土地使用权的前提下，对土地进行地面平整、建筑物拆除、地下管线铺设和道路基础设施建设等，使土地满足生产和生活使用的需要。城市土地开发包括将农业用途的土地转变成为城市综合用地和旧城区拆迁改造、综合利用。

2）房屋开发是指城市各类房屋建筑的开发建设，包括建设的规划、设计、配套施工直至房屋建成交付使用的整个过程。

2. 流通

流通即进行房地产交易活动实现其使用价值和价值的过程，它包括房地产买卖、房地产租赁及房地产抵押。

1）房地产买卖，指房屋所有权和土地使用权的买卖，由于房地产是不动产，具有不可移动性，它的生产和消费在地点上是相同的，只有通过买卖来转移所有权或使用权，其交易活动始终贯穿着权属转移管理。

2）房地产租赁，指房地产使用权的零星出售或分期出售，房地产产权人通过租金的形式逐步收回成本和利润。

3）房地产抵押，指单位或个人以一定量的房地产作为如期偿还借贷的保证物，向银行或其他信贷机构做抵押，取得贷款；贷款到期，借贷需还本付息，同时交纳所抵押品的保管费用，若到期无力偿还贷款，银行或其他贷款机构有权处理抵押品，所得资金首先用于归还贷款。

3. 消费

消费是指房地产的产品经过市场交易进入满足人们某种需求的环节。

作为不动产的房产和地产，具有固定性和使用持久性，而且可以不断增值。因此，在房地产的长期消费过程中，要进行社会化的管理和服务，包括房地产产业管理和房地产产权产籍管理，还有售后的维修保养和有关的物业管理服务。

在房地产的运行过程中，涉及一系列交易关系，形成以房地产交易为中心，旁及房地产金融市场、建筑市场、中介服务市场和物业管理服务市场内外两层的市场结构体系（见图 1-1），即房地产业赖以运行的房地产市场结构体系。

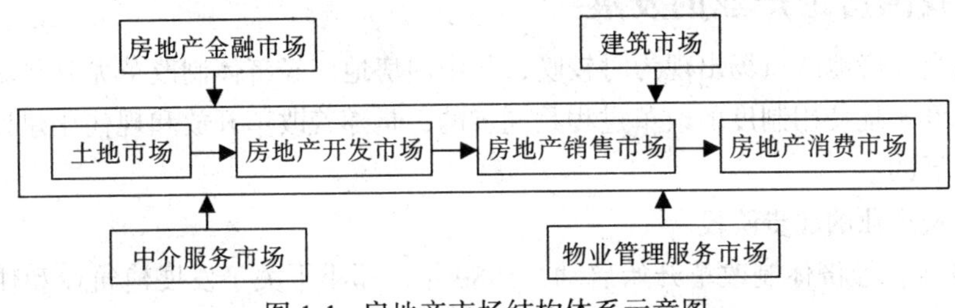

图 1-1 房地产市场结构体系示意图

1.2.3 房地产业的特性

综上所述，房地产业是一种特殊的产业，与其他产业相比有其独特的性质，主要表现在以下几个方面。

1. 先导性

房地产业是工业、商业、城市开发等其他行业的先导，其他行业的建设，必须先有土地、房屋建筑、配套设施作为其发展的基础。因此，在一定时期，房地产业能够显示其对宏观经济运行状况的敏感性和超前性，是经济发展状况的指示器，具有先导性。

2. 高度关联性

房地产业与其他产业部门紧密相关，产业链特别长，具有高度的关联性。房地产业与建筑、建材、冶金、纺织、化工、机械、仪表等 50 多个物质生产部门紧密相关，房地产业的发展直接影响自来水供应业、交通运输业、邮电业、煤气生产供应业、家用电器、家具、装饰产品以及旅游、金融和服务业等行业的发展。

3. 资金密集型和高风险性

房地产开发投资大、周期长，投入资金少则数千万元，多则达到几亿元，甚至几十亿元，而且投资回收期也较长。这些特点决定了房地产业具有高风险性，房地产业可能面临的风险有：自然风险、市场风险、信用风险、通货膨胀风险、经营风险甚至政策风险，这些风险可以为开发商带来丰厚的利润；也可能造成重大投资损失。

4. 区域性强

因为房地产的空间固定性，决定了房地产业较其他行业与当地区域经济发展的关系较更为密切，一般来说，地区经济越发达，房地产业发展就越快。

5. 政策性与法律、法规约束性

房地产具有二元性、固定性、耐久性和高资本价值性，产权关系非常复杂，随着市场经济的发展，这种产权关系变动更加频繁，从地产的出让、转让、抵押到房产的买卖、租赁、抵押等，都与国家的房地产政策有关，且都需要通过法律、法规上的权利关系来界定和规范，并到房地产管理部门进行登记以取得法律保护。

1.2.4 我国房地产业的发展

我国当代房地产市场出现为时较晚，与中国房地产经济体制改革尤其是城镇住房制度改革和土地使用制度的改革过程是同步的，是随着改革开放和现代化建设的进程而逐步发展的。

1. 房地产业的起步阶段

1979 年，经济体制改革开始启动，1980 年，邓小平关于发展建筑业和住房制度改革的谈话，首次提出了住房可以买卖的商品经济思想，1980 年 6 月，中共中央、国务院在批转《全国基本建设工作会议汇报提纲》中，正式提出实行住房商品化政策，准许私人建房、私人买房，准许私人拥有自己的住宅，并进行公有住房出售的试点。商品房开发经营主体开始出现，住房建设投资主体也开始向多元化发展，住房开始买卖，住房的商品性经营开始启动。

2. 房地产业的初步发展阶段

1984 年 10 月，党的十二届三中全会做出《关于经济体制改革的决定》，将改革的重点由农村转向城市。土地使用制度改革起步，在坚持城市土地国家所有的前提下，实行所有权与使用权分离，逐步有偿有期限转让土地使用权，土地供应一级市场开始形成。同时，积极推进住房制度改革，在逐步明确住房商品性的基础上，各地开始了多种形式的房改实践。1991 年，国务院发出了《关于继续积极稳妥地进行城镇住房制度改革的通知》，提出了分步提租、交纳租赁保证金、新房新制度、集资合作建房、出售公房等多种形式推进房改的思路，从体制上为房地产业的发展起了保证和推动作用。这一阶段的土地使用制度改革和住房制度改革，促使房地产业获得初步发展。

3. 房地产业的快速发展阶段

1992 年春，邓小平视察南方时的重要谈话发表，创立了社会主义市场经济理论，极大地解放了生产力，房地产业出现第一个快速发展时期。首先，土地使用制度改革取得突破性进展，一方面，外资企业批租地块快速增多，有的地区甚至成倍、几十倍地增加；另一方面，加大了内资企业土地有偿使用的改革力度，扩大了土地有偿使用的覆盖面。其次，城镇住房制度改革进一步深化，1994 年《国务院关于深化城镇住房制度改革的决定》，明确住房制度改革的根本目标是建立与社会主义市场经济体制相适应的新的城镇住房制度，实现住房商品化、社会化；加快住房建设，改善居住条件，满足城镇居民不断增长的住房需求。提出了近期改革的任务是：全面推行住房公积金制度，积极推进租金改革，稳步出售公有住房，大力发展房地产交易市场和社会化的房屋维修、管理市场，加快经济适用房建设。到1997年，住房公积金制度已在全国大中城市普遍建立，租金改革逐步提升到成本租金水平，公有住房大量出售，住房自有率迅速提高，大大加快了住宅建设。与此同时，房地产开发规模迅速扩张，房地产开发企业数量猛增，商品房投资规模迅速扩大，施工面积、新开工面积和竣工面积大幅增加，房地产开发建设平均以30%以上的速度增长，个别地区甚至成倍增长。改革的深化促使房地产业发展出现第一个高峰期，同时也带来了增速过快的问题。造成某些地区商品房供过于求，住房供给结构失衡，房地产市场进入调整阶段。

4. 房地产业的调整阶段

从1996年开始，房地产业进入调整期。采取了控制土地供给总量、调整房地产投资结构等措施，使土地供应量相对减少，形成外资用地以工业为主、内资用地以住宅为主的投资结构，从而使房地产市场供给保持适度水平，市场供求关系逐步趋向均衡。同时深化住房分配制度改革，1998年发布了《国务院关于进一步深化城镇住房制度改革加快住房建设的通知》，停止实物福利分房，住房分配货币化，并且建立住房抵押贷款制度，增加住宅市场需求量，成为房地产业发展的强大驱动力。我国政府采取一系列政策措施，包括降低契税、购房贷款利息抵扣个人所得税、增加贷款购房成数、已购公房上市、鼓励外地人购房、放开搞活二三级市场，由此房地产业逐步走出低迷阶段。

5. 房地产业的持续发展阶段

从2001年开始，宏观经济态势良好，中国国民经济保持了8%以上的增长率，居民收入也以10%左右的速度增加。同时，城市化进程加快、对外开放扩大、取消福利分房、房地产金融的支持等因素推动了房地产市场走向繁荣。个人购房比例上升到90%以上，住宅市场需求旺盛，带动了房地产投资快速增长，出现了供需两旺的市场格局。存量房交易迅速攀升，房地产市场已达到相当大规模，住房的整体品质有了很大提高。从这一阶段开始，房地产业对经济增长的贡献率显著提高，逐步成长为支柱产业。我国的房地产业仍然在逐步成熟的过程中，目前还存在一些大城市房地产价格过高，增幅过大的问题，2005年以来，国家出台了一系列的政策，如增加贷款利息、调整新建房地产结构、增加税收等，以调整房地产业的发展方向和发展速度，使房地产业能健康、持续发展。

1.3 房地产业与国民经济

1.3.1 房地产业在国民经济中的地位

1.3.1.1 房地产业是基础产业

房地产业是社会经济活动的基本物质前提，是国民经济发展的基本保证，房地产业在国民经济中拥有基础产业的地位。

1. 房地产是社会一切产业部门不可缺少的物质条件，是社会财富创造的重要源泉

首先，原始状况的土地，是不能满足现代社会生活和经济生活的基本需要的，只有通过房地产业的开发经营活动，把特定的土地资源与科技、资金和社会需求有机地结合起来，建造出满足不同生产生活需求的各种房地产，才能创造出更高的经济价值。再者，拥有相应规模的房地产，不仅是任何企业得以存在的基本条件，而且房地产的价值常常构成这些企业最为重要的实体资产，参与企业的经营、建设，从而创造价值。从宏观角度来看，房地产是整个社会财富的非常重要的组成部分，是保证我国未来经济持续、稳定和快速发展的重要条件。

2. 房地产业是人口素质提高的基本条件

在社会生产力的发展中，最基本、最活跃的因素是劳动力素质的提高。而劳动力的再生产，要求社会提供一定水平的生活资料，其中住房是最基本的生活消费品，如果没有住房及与之相配套的文化、娱乐、教育、卫生、体育、公共设施，劳动力的素质就不可能依据社会经济发展的需要而提高。现代住宅不仅仅是一个生存空间，而且是一种发展和享受资料，是居住者运用和发展智力、体现自己的社会价值和进行学习、研究、娱乐以及社交等活动的重要场所。

3. 房地产业的发展，是城市经济发展的基础和前提，是促进城市现代化建设的重要条件

在发展中国家的现代化进程中，工业化、城市化和现代化的步伐是同步的。城市的土地利用和房地产的建设是一个城市的外在形象，是城市经济存在和发展的空间，也可以看作城市文明水准的基本标志，所以房地产业的发展是城市现代化的标志之一。建设现代化城市是一项复杂的系统工程，现代化城市是生态系统和经济系统的有机统一体。在这个系统中，房地产业的健康发展决定了城市能否遵循生态保护和经济发展协调统一的原则，实现土地资源的优化配置与利用，能源、交通、邮电、防护等基础设施是否合理、高效。另外，通过房地产综合开发，可以改善投资环境和投资结构、完善市场体系、促进居民消费结构的调整、吸引投资、改善居民生活环境，从而构筑经济繁荣、社会和谐的现代化城市。城市房地产业发展的规模、结构、布局和水平决定着城市经济发展的规模、结构、布局与水平。

4. 房地产业的发展能促进和带动相关产业的兴起和发展，优化产业结构，实现产业升级

在房地产生产与再生产过程中，需要大量的资金和物资，联系着一大批相关产业，涉及面广，产业关联效应强，因而它的发展，能够促进和带动相关产业的发展。同时，房地产业的发展对我国的产业结构调整起着优化和提升作用，特别是“绿色住宅”“住宅智能化”等理念的推出，使与房地产业有关的高科技产业得到快速发展。

5. 房地产业是国家财政收入的重要来源

房地产是重要的社会财富，房地产业的发展能够为国家带来可观的财政收入。首先，国家可通过征税方式直接增加财政收入，我国与房地产业有关的税主要有房产税、营业税、土地增值税、契税、所得税和耕地占用费等；其次，房地产业能带动众多关联产业的发展，间接创造大量的财政收入。此外，因为我国的土地所有权是属于国家的，国家可以通过各种方式出让土地使用权，从而获得大量的财政收入。

1.3.1.2 房地产业具有支柱产业性质

支柱产业又被称为“主导产业”，是支撑经济发展的关键产业部门。支柱产业应拥有先进的科学技术、在国民生产总值中占有较大比重，并且具有较大的市场发展空间和增长潜力，能带动相关产业的发展，对整个国民经济的发展有着重大影响。

根据我国目前房地产业的现状，我国的房地产业已具备了支柱产业的性质。2003年8月12日在国务院发布的《关于促进房地产市场持续健康发展的通知》中，已正式确定房地产业为支柱产业，明确指出：“房地产业关联度高，带动力强，已经成为国民经济的支柱产业。”

1. 房地产业迅速发展，在国民经济中已占有较大的比重

一般认为支柱型产业在国内生产总值（GDP）中应占有较大比重，一般占6% ~ 8%。近年来，我国房地产业得到了迅速的发展，1986 ~ 2004年的18年间，中国房地产投资的年均增长速度是35.9%，远高于同期GDP增长速度，尤其是1999年以来，房地产开发速度持续增长，2004年我国建筑和房地产业增加值占GDP的比例已接近10%。

2. 房地产市场需求旺盛，潜力巨大

随着经济的发展、城镇居民收入的提高、消费结构的变化，住房消费已成为消费的热点。第一，福利分房制度的取消，使商品住房需求量大增；第二，随着城镇化步伐的加快，城市化率将上升到50% ~ 60%，新增城镇人口迫切需要解决住房问题，而原有的城镇居民也需要进一步改善居住条件；第三，城市的现代化建设，使大量旧房不断拆迁，也增加了商品住宅的需求；第四，由于我国目前比较缺乏投资渠道，房地产作为投资品的需求量也很可观。可见，房地产市场需求的潜力巨大，初步估计，中国的房地产业起码有20年的繁荣期。

3. 房地产业关联度大，能直接或间接地影响很多相关产业的发展

据一些发达国家统计，房地产业的产值每增加1个百分点，就能使相关产业的产值增加1.5 ~ 2个百分点。房地产业首先带动建筑业的发展，还有相关的建筑材料和机械工业的发展；其次带动配套基础设施、公共服务设施和整个城市建设的发展；最后，房地产业的发展还能带动装潢业和相关的消费品工业的发展。房地产业从投资与消费两个方向拉动经济的增长。尤其值得注意的是，房地产业在转换技术结构、带动产业结构高级化的同时，提高了整个社会的科学技术水平和劳动生产效率，促进了经济的大发展。近几年在中国国内生产总值8%左右的增长率中，房地产业及其所带动的贡献率约占2个百分点。

4. 房地产业正在发展成为具有高科技含量的产业

近年来，房地产业的竞争日趋激烈，渐渐由粗放型向集约型发展，大量使用先进设计、新型建筑材料、新工艺和新设备等先进技术，发展智能建筑、智能住宅，尽力把高科技运用到房屋建设中来，实行智能化信息管理、智能化办公、智能化物业管理。

由此可见，我国现阶段房地产业既是基础产业，又是支柱产业。房地产业作为基础产业是长期的或永久性的，而作为支柱产业，一般来说是相对的，只是存在于一个特定时期，通常存在于一个国家经济起飞到经济发展相对成熟后的一个时期内，经济发展相对成熟以后，房地产业作为支柱产业的地位将逐渐下降或消失，继续发挥基础产业的作用。

1.3.2 房地产业与国民经济的相互关系

房地产业与国民经济之间不仅是局部与整体的关系，而且存在着互相制约、互相促进的辩证关系。如何正确处理二者之间的关系，不仅是房地产业能否健康发展的关键，而且也是关系到宏观调控中能否实现国民经济总量平衡和结构平衡的重大问题。为此，对房地产业与国民经济相互影响的因素，必须做具体分析。

1.3.2.1 国民经济对房地产业的影响

在现实经济生活中，国民经济对房地产业的影响因素可用下列经济参数和变量来说明。

1. 国民经济收入是制约和带动房地产业发展的主要因素

一般情况下，国民经济收入与房地产业二者呈现正相关关系。这里所说的国民经济收入指GDP，GDP增加意味着社会总体投资水平和人们消费水平的提高，从而带动房地产投资和住房消费，房地产业发展水平会随之提高，反之则房地产业发展水平会下降。

2. 消费水平对房地产业也有一定影响

消费水平实际就是个人可支配收入减去储蓄后的余额，个人的收入水平是决定消费水平的主要因素。社会消费水平对房地产业的影响可以从两方面考察：一是社会消费总量，即全社会用于消费的总额，社会消费总量越高，房地产商品等高档耐用消费品的需求也相对越大，房地产业增长，反之亦然；二是社会消费结构，即各类消费品在消费总量中的构成，按恩格尔定律，随着人均收入水平的提高恩格尔系数下降，即人们用于食品消费支出的部分占家庭总消费支出量的比重会下降，而用于住房等价值量大的高档耐用消费品的比重则会不断上升。消费结构的这种变化趋势，使住房消费需求扩大，从而带动房地产业的发展出现一个高峰期。中国目前的恩格尔系数已从20世纪90年代初的50%左右下降到40%以下，正是房地产业大发展的时机，当前全国城市房地产业的繁荣印证了这一点。

3. 房地产业的发展需要有金融信贷强有力的支持

房地产金融信贷包括房地产开发贷款和住房消费信贷款，由于房地产商品价值量大，所以房地产业对金融信贷有非常明显的依赖性。而一定时期社会信贷总规模是有一定限制的，同时信贷额在社会不同产业之间的分布又取决于产业收益率、产业结构和国家产业政策的制约。如果房地产信贷规模扩大，就会促进房地产开发和消费，带动房地产业发展；反之则会压缩房地产开发和消费，抑制房地产业的发展。房地产业具有收益率高及风险较大的特点，信贷分布较易向房地产业倾斜，同时也使信贷分布向房地产业倾斜有很大弹性，当房地产业繁荣时，信贷分布向房地产业倾斜度加大，信贷相对规模激增，而当房地产业出现一些问题时，信贷分布向房地产业倾斜度大大减小，信贷相对规模剧降。

4. 利率是影响房地产业发展的重要因素

低利率对房地产业有促进作用。对于房地产开发商来说，房地产开发贷款的利率越低，房地产投资的成本越低，房地产投资更加有利可图，便会刺激房地产业的发展；对于消费者来说，一方面低利率拉动消费，另一方面购房的成本支出较少，所以会促进住房消费。高利率对房地产业有抑制作用，除了上述原因外，高利率还增加了房地产投资的机会成本，并且使房地产投资的风险性加大。

1.3.2.2 房地产业对国民经济的影响

房地产业对国民经济的影响，可通过以下一些经济变量来说明。

1. 房地产业增长率对国民经济的影响

房地产业增长率是反映房地产业整体发展状况的综合性指标，计算房地产业增长率的公式为：

房地产业增长率 = 计算期房地产产业增加值 / 上一年房地产业增加值 ×100%

房地产业增加值是指一国在一定时期内（如一年）提供的房地产商品和劳务的价值总和。

如果房地产业增长率快于一定时期内整个国民经济（指国内生产总值）的增长率，则房地产业对经济增长的贡献率上升，起到带动经济发展的作用。近年来，我国房地产业的增长率就体现了这种状况，对目前国民经济的增长发挥了重要作用。

2. 房地产信贷规模对国民经济的影响

房地产业信贷规模可分为绝对规模和相对规模。绝对规模指一定时期内房地产业信贷量的绝对值，房地产信贷绝对规模扩大，投资量增加，产业发展速度加快，从而房地产业促进国民经济增长；反之则抑制国民经济的发展速度。房地产信贷相对规模指房地产信贷在全部银行信贷中的比例，房地产信贷相对规模上升，反映了房地产业在国民经济中的地位提高，从而房地产业在国民经济中的影响力度加强，反之则影响力度减弱。

3. 房地产需求和供给水平对国民经济的影响

房地产需求是房地产业发展的根本动力，如果房地产需求扩大，一方面拉动房地产业快速发展，另一方面扩大社会总需求，从而促进国民经济增长；反之则抑制国民经济增长。房地产的供给与房地产业的利润率密切相关，一般来说房地产业的利润率提高会刺激房地产投资规模扩大，从而供给量加大，对国民经济有一定的促进作用。但这种促进作用的前提是房地产供给和需求是平衡的，如果供需失调，房地产市场销售不旺，不仅影响房地产业发展，而且拖累国民经济的良性循环和正常发展。

4. 房地产价格对国民经济的影响

近年来，我国房地产价格一路上升，对人民生活和国民经济的发展都造成一定影响。房地产价格如果平稳上升，与居民可支配收入的增加和整个国民经济的发展速度相适应，对国民经济的发展就会起到积极作用。如果房地产价格变化剧烈，无论急剧上涨还是下跌，均会对国民经济产生不良影响，甚至造成严重后果。当房地产价格急剧上涨，必然影响正常的住房消费，容易引发投机，造成财富分配不公，并产生恶性循环，引起房地产价格进一步上涨，造成经济的虚假繁荣。当房地产价格急剧下跌，会造成房地产业无法正常运行，房地产企业大量亏损，甚至破产，导致关联产业遭受损失，甚至造成银行破产，引发金融危机。

综上所述，国民经济的发展可以带动或制约房地产业的发展，而房地产业的发展可以促进或抑制国民经济的发展，两者的发展应保持合适的比例。

1.4 房地产经济学的研究内容

房地产经济学是一门应用经济学，利用经济学的研究方法，研究与房地产有关的经济学现象、经济关系和运行机制，揭示和反映房地产经济运行规律。房地产经济学与经济学是一般与特殊的关系，它在整个房地产学科体系中处于先导和基础的地位。

1.4.1 房地产经济学的定位

房地产业是基础产业，具有支柱产业的性质，是产业链中的重要一环，所以房地产经济学的基本学科定位，应该是产业经济，归属于部门经济学。

房地产经济学又是多学科的交汇，具有交叉学科的性质。房地产经济学与城市经济学有交叉，如城市土地利用与内部空间结构、城市住房、城市经营中的土地经营等，都与房地产经济学有交叉；房地产经济学与资源经济学有交叉，其中土地开发利用和土地资源合理配置，也是房地产经济学的研究重点；房地产金融是房地产经济学的重点研究对象，从而把房地产经济学与金融学紧密联系起来；房地产经济学不仅要受理论经济学的指导，而且土地制度、价值理论、地租理论等都是理论经济学和房地产经济学研究的永恒主题。

房地产经济学是整个房地产经济学科的理论基础，是一门综合涉及房地产业全部运动过程的基础理论学科，其他房地产经营与管理学科，如房地产市场营销、房地产估价、房地产投资分析、房地产金融、物业管理等，都以房地产经济学为基础。

1.4.2　房地产经济学的研究对象

房地产经济学涉及房地产在生产、交换、分配、消费等领域的各种经济现象、经济关系和运行机制，是一门研究和阐述房地产基本经济理论及经营管理的应用经济学。同时，房地产经济学又是一门研究资源配置的学科。如何合理配置有限的房地产资源，最大限度地满足人们日益增长的对房地产商品与服务的需求，已成为房地产经济学日益关注的研究主题。

房地产经济学的研究对象是行业内资源配置及其所体现的经济关系和运行规律。房地产经济学的研究范围与其研究对象联系紧密，是研究对象的具体化。具体来讲，房地产经济学研究内容包括三个方面：

1）房地产运行的体制与政策环境：土地制度、住房制度、房地产产权制度、与房地产有关的金融、税收、市场、价格政策等。

2）房地产经济的基本理论：产权理论、区位与地租理论、地价理论等。

3）房地产经济活动及其运行规律和经济关系：房地产业与国民经济的关系、房地产市场运行规律、房地产资金运行规律、房地产业经济活动的规律以及在经济活动中产生的供求、分配等关系。

1.4.3　房地产经济学的研究方法

房地产经济学是一门综合多学科成果的、应用性较强的学科，研究方法众多。首先一般科学研究的基本方法如抽象方法、系统分析方法等是其不可缺少的研究方法，其次房地产经济学有其研究的具体方法。

1. 规范分析与实证分析相结合

规范分析是研究房地产经济活动“应该是什么”或研究“应该如何解决房地产经济问题”，旨在分析房地产资源配置和经济活动的合理性，涉及理论和价值判断问题。实证分析是客观描述房地产经济事件“是什么”（或“不是什么”），它主要是关于事实的研究，对具体问题进行分析研究。规范分析应与实证分析相结合，缺乏规范分析使房地产经济学研究难以成为一个严谨的科学系统，只能解决片面问题，难以全面解决问题；缺乏实证分析，研究会流于脱离实际的理论研究，不能有效解决房地产经济的实际问题。

2. 静态分析与动态分析相结合

面对纷繁复杂的房地产经济现象，静态分析使问题简单化，抓住问题的核心，有助于做出迅速的判断和解答，但难以拟合变化的过程。动态分析可与现实高度拟合，实现更精确的判断与预测，但是动态分析需要的数据多，模型复杂，难度比静态分析要大得多。两种方法应互相结合，灵活运用，发挥各自优势，才能更好地把握房地产经济的运行规律。

3. 定性分析与定量分析相结合

定性分析就是找出事物的本质及其内在的必然联系，只研究变量之间的关系及变化规律，而不做数量分析；定量分析是在定性分析的基础上，对经济变量之间的数量比例及其变化关系做数量分析，通常要使用经济模型。房地产经济学是一门应用性很强的学科，房地产经济理论必须具有可操作性，这就要求在对房地产经济进行质的研究时，也需进行量的刻画，实现精确的认识，从而更好地指导房地产经济的发展。

4. 宏观分析与微观分析相结合

宏观分析是指从整个社会或社会区域与层面上研究房地产经济问题，研究的出发点着眼于宏观整体性。微观分析从各利益主体及参与者的角度去研究房地产经济的具体活动，是部分的、局部的。只有将宏观分析与微观分析相结合，才能够更加全面地、深入地研究房地产经济问题。

本章小结

1. 作为学习房地产经济学的入门知识，本章阐述了房地产、房地产业的基本概念及其特性，并介绍了我国当代房地产业的发展。

2. 本章分析了房地产业与国民经济的相互制约、相互促进关系，由此引出研究房地产经济学的必要性。

3. 本章简要介绍了房地产经济学的研究内容和研究方法，使读者对房地产经济学有一个总体的把握。

思考题

1. 房地产有哪些特性？
2. 房地产业的内涵是什么？
3. 简述房地产业与国民经济的关系。
4. 如何理解房地产经济学的研究对象？

第2章

房地产产权理论及制度

学习重点

1. 产权的含义
2. 土地使用权的含义
3. 房屋所有权的含义

学习难点

1. 产权界定方式的发展、演进
2. 土地所有权权能
3. 建筑物区分所有权

2.1 产权理论概述

2.1.1 产权的含义

产权是现代经济社会中经常涉及的概念，不同的学术专著对其解释也各不相同。这里所说的产权取其在经济学中的含义，即财产的所有权，是指存在或设定在一切客体之中或之上的完全的权利，财产所有者在法律范围内，享有对其财产的占有、使用、收益和处分的权利。因此，产权是由一束依情况而受限制的权利所构成的权利束。

房地产产权则是产权概念在房地产领域的具体化。我国宪法规定：城市的土地属于国家所有，农村和城市郊区的土地，除由法律规定属于国家所有外，属于集体所有。所以，可供进行房地产开发经营的土地所有权归国家所有，个人只有使用权。因此，房地产产权即房屋所有权和土地使用权的综合，泛指房屋所有人对其房屋享有占有、使用、收益和处分的权利，以及排除他人非法妨害的权利。占有权是指产权人在事实上对自己的房屋享有的控制和支配的权利；使用权是指权利人对其房屋按照房地产的性质和功能加以利用；收益权是指权利人按照法律的规定，有权在履行权利义务的关系中获得益处；处分权则是指在法律允许的条件下，产权人有权根据自己的意愿处置房地产。房和地是房地产产权的物质载体，两者有着密不可分的关系，房产转移时，要附带其下的土地使用权的转移，同样，土地使用权转移也离不开其上房屋所有权的变更。

2.1.2 产权界定方式的发展、演进

由于产权是存在于产权主体和客体之间的一种特殊的权利（相对于房地产来说，产权主体是指拥有产权的国家政府、企事业单位或个人，客体则指房地产中的房屋和土地），其主体和客体的多变性导致产权界限的不确定性，而严格意义上的所有权是确定的，是一定法律允许范围内的至高无上的权利，于是古往今来，人们为获得财产所有权而不断人为地去改变它的产权，即通过拥有产权的方式获得房地产的所有权。

尽管人们为获得财产的产权付出了不懈的努力，但随着经济的发展和市场体系的不断扩大，产权界限越来越复杂，不确定性越来越高，获得相对精确的确定结果所需的资料和成本也随之增加。传统的产权界定方式有如下几种：

1. 习俗界定方式

这是一种适应于生产力水平低下、对财产的占有欲较弱、道德束缚起主要维护作用的原始社会的产权界定方式。原始社会是最初的农业社会，土地作为第一生产力，人们已意识到它的重要性，人为地去划清本部落或氏族土地的边界，本着“先占为主”“井水不犯河水”等习俗来约束自己和他人。由于当时财产关系简单，这种习俗的界定方式维系着当时的原始社会。

2. 暴力界定方式

随着社会的发展，物质财富越来越丰富，人们对财产的占有欲已非道德标准所能约束，于是在人类进入奴隶社会以后，经常会发生一些以扩大土地边界为目的的暴力战争。战争的高频性，导致当时所谓财产的产权也随之变化，人们越是担心自己财产的安全性，越是想发动武力去捍卫它，所以在当时，战争是多发的，产权的归属是极其不稳定的。

3. 国家界定方式

社会的发展使国家这个概念在人们的心目中越来越清晰，作用也越来越大，国家界定产权是指政府依靠国家强制力用行政的手段来确定某些范围内财产权利主体的产权边界。在产权界定过程中，国家的介入是历史的进步，从一定程度上保障了产权主体的利益，减少了许多不必要的武力战争的爆发，进而减少了社会的不安定因素。但随着社会生产力的发展，产权关系越来越复杂，政府依靠国家强制力的界定已远不能与复杂的产权结构相适应，表现出了极大的高误差性，而且随着产权主体的增长化、客体的复杂化，纠纷也纷纷涌入产权市场，政府已明显表现出与其界定权力的不适应性。

4. 市场界定方式

随着经济的发展，市场的调节功能在经济活动中发挥的作用越来越大，于是人们自主决策、公平交易，根据市场行情自主选择最能实现自己所拥有财产价值的交易方式，这种在自愿基础上的市场界定方式既符合市场发展规律，又满足了人们对利润的

需求，在产权界定过程中起到了举足轻重的作用。

以上几种产权界定方式是随着时间的推移、社会制度的转变而逐渐演变而来的，每一种界定方式都与当时的社会时代背景相适应，在当时的社会形态下，都起到了一定的积极作用。然而，在现代市场经济条件下，产权关系更为复杂，对产权的边界要求也更为严格，以往任何一种方式都与现在复杂的市场关系不相适应，于是，市场经济迫使现代人总结了以往界定方式的优点，并赋予法律的色彩，使其在惯例的条件下更富有强制性，形成了法律界定的方式。法律界定是将源于习俗和市场的行之有效的通行界定惯例用法律的形式固定下来，以约束产权主体不得随意违反惯例，或免除产权主体一方对另一方道德上的忧虑。它要求产权主体不得随意违反惯例，解决了其他产权界定方式所无法解决的问题，同时也减少了市场成本和界定费用，稳定了市场秩序，是适应当今市场经济发展的一种较为有效的界定方式。

2.2　土地产权

土地产权是有关土地权利的一束权利集合，是存在于土地之中的排他性权利。土地产权包括土地的所有权、使用权、租赁权、抵押权等多项权利。土地产权同其他财产权一样，必须在法律认可和保护下才能产生并发挥作用，这里主要论述土地所有权和土地使用权。

2.2.1　土地所有权

土地所有权是指土地所有者在法律规定的范围内享有的对土地占有、使用、收益、处分的权利。土地所有权属于财产所有权的范畴，它具有一般所有权的属性，是财产所有权中最重要的一种。土地所有权的主体是土地所有者，客体是土地。

1. 土地所有权权能

在产权经济学中，权利由权能和利益组成：权能是可以做什么，利益是权能的目的和结果。土地所有权可以分解为占有权能、使用权能、收益权能和处分权能。

（1）占有权能。占有权能是指对物的实际控制。在所有权法律关系上，占有表现为权利人不受他人侵犯的对物的实际控制。这种占有是为自己利益而实施的，它可以排除他人的干扰或请求他人消除干扰、危害。

（2）使用权能。使用权能是指对物的有效利用，它是权利人依照自己的意志对物加以利用或不利用的行为权利。这种权利不仅保障权利人的使用行为，同时还可排除他人的不法干涉。占有是使用的前提，所以法律对占有的保护也包括对使用权能的保护。

（3）收益权能。收益权能是指权利人可以由物的使用或者物的自然产出而获得经济利益的权利。在法律上，主要表现为权利人可以获取土地收益或主张他人归还土地收益的权利。收益权是一项独立的权能，在土地占有权、使用权出让后，可以仍然保留收益权。

（4）处分权能。处分权能是指权利人对物的权利变化做出决定。它可以决定土地权利的出让、转让、出租、抵押等。而权利人对土地利用状态的改变不属于处分权能。

土地所有权的以上四项权能可以统一由所有权人行使，这时形成绝对、统一的所有权，也可以分别由不同的人行使，形成分离、分割的状态，如土地使用权出让等。如果说土地所有权是一级权能，则占有、使用、收益、处分等权利是二级权能。二级权能具有相对的独立性，它们在一定条件下同一级权能相分离时，一级权能不会因此而丧失，其条件是拥有二级权能者对土地所有者应尽一定的义务或在一定期限后将分离的二级权能复归于土地所有者。

2. 土地所有权的类型

不同社会制度条件下，土地所有权类型是不同的。按土地所有权的发展历史和不同国家土地所有权状况，可以把土地所有权分成六种类型：部落和氏族所有、家族所有、个人所有、集体或合作社所有、法人所有与国家所有。

（1）部落和氏族所有。原始社会的游牧部落和定居后的氏族占据地区的土地由部落、氏族所有，这是早期土地的所有形式，这种土地所有权形式延续到封建社会结束。但是，目前世界一些地方还存在着这种所有权的残余。

（2）家族所有。由氏族所有权演化而来的家族所有权实质上是家族成员共同所有，但由家长行使管理权。这种所有权形式在中国、欧洲、印度等国家或地区出现过，并形成了当时的法律体系。

（3）个人所有。个人所有权可以是单个人所有，也可以是两人以上的群体共有。单个人拥有在市场经济国家都是允许的，但权利的行使受到限制。共有也是一种古老的权利形态，主要表现为土地的合伙经营。

（4）集体或合作社所有。集体所有权在原始社会就有。但是，现代意义上的集体或合作社所有是19世纪从欧洲开始的，后来在一些社会主义国家被普遍推行。我国的《土地管理法》第八条规定：“农村和城市郊区的土地，除由法律规定属于国家所有的以外，属于农民集体所有；宅基地和自留地、自留山，属于农民集体所有。”

（5）法人所有。法人是人们为谋求社会和经济的目的而组成的具有法律人格的实体，如公司。19世纪以后，公司数量激增，成为拥有土地所有权的重要主体。目前，我国的现代企业拥有的是土地使用权，而不是土地所有权。

（6）国家所有。在封建社会，国家大量拥有土地所有权。古代中国曾经在一个相对较长的时期实行土地专属国家所有的制度。当代世界各国都有土地属于国家所有的制度，只不过国家所有土地所占的比例在各国不同。例如，美国联邦政府就拥有6.47亿英亩的土地，占美国全部土地的29%，私人拥有的土地为13.66亿英亩，占美国全部土地的 60%。我国《土地管理法》第二条规定："中华人民共和国实行土地的社会主义公有制，即全民所有制和劳动群众集体所有制。"第八条规定："城市市区的土地属于国家所有。"

3. 我国土地所有权的基本特征

在我国，土地所有权的特征表现在以下几个方面：

（1）权利的主体是特定的。国家土地所有权的主体只能是国家，农村劳动群众集体土地的所有权主体只能是劳动群众集体，除国家和农村劳动群众集体外，任何组织和个人都不可能成为土地所有权的主体。

（2）土地所有权行使的绝对性。与债权相比，土地所有权不待他人积极作用而实现。而债权的行使必须以债务人的积极协助（即履行债务）为条件。

（3）土地所有权行使的排他性，即法律上的"独占性"。这意味着他人不得干涉土地所有者行使土地所有权。

（4）土地所有权具有追及力。当土地为他人非法占有时，无论被任何人或任何组织控制，所有者都有权索回。例如国家所有的土地被个人或某个组织非法占有之后，国家可以不受任何限制地保持追索权。但是集体所有土地的追索权要受时效的限制。

（5）土地所有权能的完整性。土地所有权是一种充分的、完全的物权，包括从占有到处分的全部权利。相比而言，土地的地上权、地役权、抵押权等物权，都只是对土地起一部分作用的权利。

（6）土地所有权能组成部分的可分离性和可复归性。上面提及的四种土地权能，可与土地所有权相分离。但只要给予一定的补偿，或限定一定的期限，这些组成部分又可复归为所有者。例如，国有土地使用权有偿转让后，只要租期届满，国家就有权收回土地的使用权。这种分离和复归，正是土地所有者行使土地所有权的一种表现。

2.2.2　土地使用权

1. 土地使用权的含义

我国的土地所有权由国家或集体所有，是不能进入市场进行交易的。为了实现土地所有权的价值，促进土地的合理利用，有必要将土地所有权能和收益权能从所有权中分离出来形成新的财产权，这就是我们目前所讲的具有相对独立性的土地使用权。因此，在我国，所谓土地使用权，是指全民所有制单位、集体所有制单位、其他性质的单位或个人等土地使用者在法律允许的范围内对依法获得使用权的国有土地或者集体所有土地所享有的占有、使用以及部分收益和处分的权利。它是土地使用制度在法律上的体现形式。

2. 土地使用权的基本特征

土地使用权作为一种基本民事权利，具有以下特征：

（1）权利的主体十分广泛。我国法律规定，国家机关、企事业单位、农民集体和公民个人以及“三资”企业，凡具备法律条件者，都可以成为土地使用权的主体。

（2）土地使用权不得随意改变。土地使用者只要依法行使土地使用权，任何人和单位不得非法干涉，不得擅自变更或强行收回土地使用权；在土地使用权受到他人侵犯时，使用者有权请求法律保护。

（3）土地使用权是法律特别设定的一种物权。并非所有的使用权都是物权，例如因租赁活动而产生的承租人的使用权就只是一种债权。

（4）土地使用权派生于土地所有权。这是指土地使用权来源于土地所有权，它对土地所有权有某种从属性，即没有所有者的同意，土地使用权是无法产生的。

（5）土地使用权权能构成的有限性。土地使用权跟土地所有权不一样，所有权是一种充分的、全面的物权，而使用权只包括部分收益权和极小的处分权。

（6）土地使用权可以买卖、转让。这是与土地所有权的重要区别之一。

2.2.3 土地的他项权利

在我国，土地的他项权利是指土地所有权和使用权以外的各项土地权利。土地的他项权利是土地的利用的社会性、广泛性和多重性的具体反映。

他项权利的主体具有特定性。他项权利拥有者必须是与土地所有权或使用权拥有者有着密切关系的单位和个人，如邻里关系、土地使用权租赁关系、土地使用权抵押关系、地上附着物权属关系等。他项权利的发生，有的是由于土地所有权和使用权拥有者通过协议出让了部分权利，有的是法律明文规定的。他项权利与土地使用权的客体一般为同一块土地，它既依附于土地的所有权和使用权，又是对土地所有权和使用权的一种限制，这种限制往往影响土地所有者和使用者对土地的充分利用，从而影响土地所有权和使用权的价值。中华人民共和国成立前，在土地私有制条件下，除土地所有权以外，设定在他人所有土地（包括国有土地）上的一切权利统称为土地他项权利，包括地上权、永佃权、地役权、典权、抵押权和租赁权等。目前，我国实行土地公有制，土地他项权利的种类不多，但随着土地使用制度的改革，已逐步派生出各种各样的他项权利。土地的他项权利有抵押权、租赁权、地役权、耕作权、借用权、空中权和地下权等。

1. 抵押权

经有偿出让的土地使用权可以用来抵押。抵押开始，抵押权人即取得土地使用权的抵押权，这个抵押权必须经土地登记机关加以确认。抵押终止，抵押权即告消失。抵押人破产的，抵押权人可以从土地使用权拍卖转让收益中得到补偿。

2. 租赁权

经出让的土地使用权可以出租，承租人对所承租的土地有租赁权，这是中国的一种较为特殊的土地他项权利。租赁权经土地登记可以保护土地承租人在租期内对土地的合法使用。

3. **地役权**

我国《民法通则》对相邻用地的通行、排水等权利相邻关系的形式做了规定。这种在他人土地上通行、排水的权利称为地役权。相邻关系是通过法律规定的，不必经相邻各方约定而对土地所有权和使用权进行限制，所以不需要再作为土地他项权利予以确认。但将邻里之间的通行权、排水权等进行权利登记，可以更好地保护土地产权各有关方面的合法权益。

4. **耕作权**

耕作权指按照规定或约定，在已经明确土地使用权的土地上，在不妨碍土地使用人的土地使用权的条件下种植农作物，在大型靶场、试验场内有限制地种植树木和农作物等。设置这种他项权利，主要是从合理利用土地的原则出发。耕作权一般都长期地依附于土地使用权，取消这种他项权利时，还要给耕作权人以适当补偿。

5. **借用权**

通过借用而使用别人的土地，可以认为借用人具有借用权。这是中国特殊历史条件下产生的一种他项权利形式。20 世纪五六十年代，通过借用协议使用土地的相当多，且一般协议内容简单，有的有期限，有的没有期限，有的写明不作某用途时即退还等。这些土地往往通过补签协议、增加限制条件继续借用，对借用方进行权利上的明确，有利于土地使用的稳定性。

6. **空中权和地下权**

空中权和地下权主要是针对地表土地使用权而言的。空中权如桥梁、渡槽、架空电线、空中楼阁（水中、地面以柱角支撑的亭台、房屋）等对地上空间的使用权。地下权如地下隧道、地下商场等对地下空间的使用权。空中权与地下权的成立是以地表土地使用权已经确定且与空中、地下权利主体不一致为条件的。这是一种可以独立转让、抵押和出租的权利，其权利内容和价值与土地使用权有时基本相同。

总之，土地他项权利是一种发展和变化中的土地权利，对其进行确认和登记，一方面，可以区别土地所有权和使用权与他项权利的地位关系，保障土地所有权和使用权的正常行使不受干扰；另一方面，对土地的所有权和使用权进行明确的限制，保护了土地所有权和使用权以外的有关土地的合法权益不被忽视和损害。此外，设定他项权利，还有利于土地所有权和使用权各项权能的分离和实现，对完善土地的权属管理和适应土地使用制度的改革有重要的作用。

2.3 房屋产权

2.3.1 房屋所有权的概念和特征

房屋所有权是指房屋所有权人在法律规定范围内，对房屋行使的占有、使用、收益、处分并排除他人干涉的权利。房屋是人们生产与生活所必不可少的生产资料，是人们安居乐业的基本生活条件，因此，房屋所有权在所有权制度中占有十分重要的地位。

房屋所有权具有如下特征：①客体的特定性。房屋所有权的客体为房屋。房屋是土地上人工建造的建筑物，包括生活用房、商业用房、办公用房等。②主体的广泛性。房屋所有权与土地所有权的主体不同。其主体范围相当广泛，国家、法人、社会团体以及任何自然人都有可能成为房屋所有权的主体。③交易的自由性。除法律另有规定外，房屋属于流通物，可以在民事主体之间进行自由交易。当然，房屋的交易应当按照法律规定进行，不得进行非法交易。

2.3.2 房屋所有权和产权类型

1. 房屋所有权的类型

一个国家的房屋所有权类型是同这个国家的社会制度、经济发展水平和传统文化等方面相关的。由于我国正处在一个新旧体制交替的过渡时期，因此房屋所有权的种类很多，主要可以分为两类：

（1）根据房屋的坐落位置，房屋所有权可以分为城镇房屋所有权和农村房屋所有权。

（2）根据房屋的归属关系，房屋所有权可分为公有房屋所有权、法人房屋所有权和私有房屋所有权。

2. 房屋产权的类型

由于我国目前尚处于住房体制变革时期，因此出现了各种形式的住房价格，与此相适应，出现了各种形式的房屋产权。

（1）标准价产权。标准价最早见于1992年年初国务院办公厅批转的国务院住房制度改革领导小组《关于全面推进城镇住房制度改革的意见》。当时标准价包括住房造价、征地和拆迁补偿费用。1994年《国务院关于深化城镇住房制度改革的决定》中明确规定：以标准价购买的住房产权称为部分产权。部分产权的房屋所有权人对房屋有占有、使用的权利，有限的收益权和处分权可以继承。购买5年后可以进入市场流通，在同等条件下，原单位有优先购买权。售房收入扣除有关税费后的收益，按政府、单位、个人的产权比例进行分配。这里的产权比例不是出资比例，而是三者的产权份额比例。从法理上说，部分产权是房屋的一种按份共有权。标准价每年由各地方政府颁布，且渐渐向成本靠近。自1998年以后，标准价逐渐从市场消失，对应地不再产生新的部分产权。

（2）成本价产权。成本价包括住宅建造中的征地和拆迁费用、勘察设计和前期工程费用、建筑安装工程费、住宅小区基础设施费、管理费、贷款利息和税金七项费用。旧住宅的成本价按售房当年新房成本价扣除折旧后的价格计算。

按成本价购买的住房，产权归个人所有，属于狭义的房屋完全产权。一般住用5

年后可以入市交易，其收益在补交土地使用权出让金或所含土地收益后，按规定完税后归个人所有，政府、单位不参与收益分配。

（3）微利房产权。微利房是在建设房屋的过程中政府给予一定的优惠政策，使房屋的造价降低，以此来换取开发商销售时的低价房。经济适用房就是典型的微利房，在开发过程中政府免收地价。微利房是面向中低收入家庭的。不管是微利价还是市场价，购买房屋都是正常的房地产交易行为，所以，从产权上来看并没有太多的区别，只不过房屋转让时的受让人有所不同。微利房的产权是一种较完整的产权，只有这样才能促进房地产市场的正常发育，也才能让老百姓放心地买房。

（4）市场价房屋产权。市场价购买的房屋是完全产权房屋，所有权人享有充分、完全的所有权。

2.4 建筑物区分所有权

建筑物区分所有权指业主对建筑物内的住宅、经营性用房等专有部分享有所有权，对专有部分以外的共有部分享有共有和共同管理的权利。

2.4.1 专有所有权

专有所有权又称“专有权”或“特别所有权”。建筑物的专有部分是指在构造上能明确区分，且具有排他性并可独立使用的建筑物部分。可见，建筑物必须同时具有构造上和使用上的独立性，由一定平面的长度与一定立体的高度构成，与其他专有部分或共用部分以墙壁、天花板、地板相间隔。区分所有权人对其专有部分享有自由使用、收益及处分的权利，其性质属于单独所有权。

2.4.2 共有部分共有权

共用部分共有权也称“共有所有权”。建筑物的共有部分指供区分所有人共用、属于区分所有人共有的部分。凡由法律直接规定属于共有的部分为法定共有；而由区分所有人约定使某专有部分成为共有的部分称为约定共有。建筑物的共有部分一般包括共有、共用的门厅、阳台、屋面、楼道、厨房、厕所以及院落、上下水设施等。共有所有权是指建筑物区分所有权人依照有关法律或管理规约的规定，对区分所有建筑物的共用部分所享有的占有、使用及收益的权利。我国有关的管理法规规定，建筑物的共有部分，在使用上坚持共同共有的原则，不分份额，并规定所有人和使用人对建筑物的共有部分应共同合理使用并承担相应的义务。

2.4.3 共有部分共同管理权

共同管理权，是指享有专有部分所有权的业主对全体业主的共同财产和共同事务的管理权。共同管理权的法律特征如下。

（1）共同管理权是专属于业主的自治权利。共同管理权是法律赋予业主共同管理公共事务的权利，共同管理权同样源于专有部分所有权，是专有部分所有权的延伸，同时也是业主的建筑物区分所有权的内容之一。共同管理权不能与专有部分所有权分离而单独转让，共同管理权的范围会受到专有部分所有权的制约。业主的共同管理权受到侵害或者有受到侵害的危险时，可以获得民事法律上的救济。

（2）共同管理权以专有部分所有权为基础。只有取得专有部分所有权的业主，才能享有共同管理权。物业管理公司对建筑物或者小区内物业享有的管理权，也是基于代表业主利益的业主委员会的委托或者授权而取得。

（3）共同管理权是针对共有财产和公共事务的权利。共同管理权的性质决定了其不能非法干预业主对专有部分所有权的行使。共同管理权还包括对小区业主生活中共同事务的管理，例如业主可否饲养宠物、业主可否将住宅改为经营性用房等。

2.5 我国的土地制度

2.5.1 我国的土地所有制

我国目前的土地所有制结构为典型的“二元结构”：土地国家所有制与土地集体所有制并存。《中华人民共和国宪法》《中华人民共和国土地管理法》与《中华人民共和国城市房地产管理法》对全国土地的所有权进行了明确的界定。

1. 土地集体所有制

土地集体所有权制度，具体采取的形式是社会主义集体经济所有制度，即由各个社会主义集体经济组织代表该经济组织的全体人民占有属于该集体的土地，行使占有、使用、收益和处分的权利。根据《中华人民共和国宪法》第十条规定：“农村和城市郊区的土地，除法律规定属于国家所有的以外，属于集体所有；宅基地和自留地、自留山，也属于集体所有。”《中华人民共和国土地管理法》第八条也规定：“农村和城市郊区的土地，除法律规定属于国家的以外，属于农民集体所有；宅基地和自留地、自留山，属于农民集体所有。”与土地国家所有权相比较，土地集体所有权有以下特征：第一，由于集体所有的土地只属于各个劳动群众集体所有，所以集体所有权在全国范围内没有一个统一的主体。在我国，集体所有权的主体有三种类型：村农民集体，是目前我国农村土地所有权最主要的一种主体，依照法律集体所有的土地属于村农民集体所有，由村民委员会或村农业生产合作社等农业集体经济组织经营管理；农业集体经济组织的农民集体，比如村农民集体所有的土地，已经分别属于村内两个以上农民集体经济组织所有的，可以属于各该农业集体经济组织的农民集体所有；乡（镇）农民集体所有，已经属于乡（镇）农民集体经济组织所有的，可以属于乡（镇）农民集体所有。第二，集体土地所有权的客体具有广泛性。第三，国家十分重视集体土地所有权的保护，因为集体所有制经济是我国社会主义公有制经济的重要组成部分，集体所有的土地为农业集体经济组织的重要生产资料，在我国人口众多、土地面积相对数较小、后备土地资源有限的情况下，保护土地集体所有权同样具有非常重要的意义。

2. **土地国家所有制**

土地国家所有制具体采取的形式是社会主义国家所有制度，即由社会主义国家代表全体劳动人民占有属于全民的土地。行使占有、使用、收益、处分的权利。根据《中华人民共和国宪法》第九条规定："矿藏、水流、森林、山岭、草原、荒地、滩涂等自然资源，都属于国家所有，即全民所有；由法律规定属于集体所有的森林和山岭、草原、荒地、滩涂除外。"第十条规定："城市的土地属于国家所有。"《中华人民共和国土地管理法》也规定："城市市区的土地属于国家所有。"因此，我国实行的土地国家所有制度有以下特征：一是在所有权主体方面，国家所有的土地只属于国家，其实质为全民所有。因为国家对土地的占有、使用、收益和处分，能够反映人民的意志并为人民的整体利益服务，所以，只有国家才能作为土地国家所有的主体；二是在所有权客体方面，土地国家所有权的客体具有相当的广泛性，根据有关法律规定，土地国家所有权的客体范围除包括城市市区的土地之外，还包括农村与郊区依法没收、征用、征收、征购、收归国有的土地，国家未确定为集体所有的各种土地以及其他土地；三是在所有权的行使上，土地国家所有的特点是，由于国家为政治组织而非经济组织，国家虽拥有土地的使用权，但一般不直接经营土地，而是将国有土地交由全民所有制单位、集体所有制单位、其他组织和社会成员经营。

2.5.2　城市土地使用权制度

土地使用制是指人们使用土地的程序、条件以及在使用时必须遵循的规章制度的总和，它属于社会经济关系的范畴。土地使用权是土地使用制的法律体现形式。在我国，通过土地使用制度的改革，逐步建立了与社会主义市场经济体制相适应的城市土地产权制度、城市土地使用制度。

1. **土地使用权出让**

土地使用权出让是由政府垄断经营的，它是政府以土地所有者的身份，将土地使用权以一定的方式、一定的出让金、一定的使用期限出让给使用者。依照《中华人民共和国城镇国有土地使用权出让和转让暂行规定》，出让的地块、用途、年限、价款和其他条件，由政府的土地、城建、规划、房产等管理部门共同拟定。当事人双方的合法权益均受法律保护。

土地使用权出让，可以采取协议、招标、拍卖三种形式进行。拍卖是在指定的时间、公开的地点，在政府的土地使用权拍卖人主持下，由最高出价者获得；招标是在规定期限内，由符合条件的单位与个人以投标形式竞投指定地块的使用权，最后由招标者择优而定；协议方式是政府与土地利用者协商土地使用权的出让金和其他条件，达成协议，签订土地使用权出让合同。

土地使用权的出让年限，因行业与项目的不同而有所差别。按照《中华人民共和国城镇国有土地使用权出让和转让暂行规定》，各类用地的最高出让年限如下：居住用地 70 年；工业用地 50 年；教育、科技、文化、卫生、体育用地 50 年；商业、旅游、娱乐用地 40 年；综合与其他用地 50 年。

根据《中华人民共和国土地管理法》的规定，只有国务院、省、自治区和直辖市人民政府才具有土地征用和土地出让的审批权。

2. 土地使用权转让

土地使用权转让，是土地使用者将土地使用权再行转移的行为。按照土地使用权出让、转让条例的规定，原行政划拨用地在补交地价款，签订有偿使用合同之前不得转让。从土地一级市场获得的土地，未按合同规定的期限和条件开发利用的，也不得转让。土地使用权转让，应签订转让合同，进行使用权转移登记。土地使用权一经转让，原土地使用权出让合同中规定的权利与义务随之转移。通过转让获得土地使用权的受让者，土地使用年限为该土地出让合同中规定的年限减去原土地使用者已使用年限后剩余的年限。

土地使用权转让时，地上建筑物与其他附属物随之转移。如果地上建筑物及其他附属物的产权非单一所有，存在多人（或组织）共有的关系，这些财产共有人对财产所依附土地也存在共有关系。当这种财产所有人发生财产让渡时，除非明确规定，财产只作为不动产转让，其相应的土地使用权也发生转移。

对于土地使用权转让，政府有权进行调控。当转让价格明显低于市场价格时，政府有优先购买权。当转让价格不合理上涨时，政府也可以采用经济、行政、法律的手段进行调控。

3. 土地使用权出租与抵押

土地使用权出租，是土地所有者或占有者为获取租金，将土地使用权连同建筑物及其他附着物向他人租赁的行为。土地使用权出租须签订租赁合同，租赁合同的签订不得违反国家有关法律、法规及土地使用权出让、转让管理办法的规定。双方当事人权益受国家法律保护。

土地使用权的抵押，是土地使用权占有者作为抵押人，为获取资金、将土地使用权连同土地上的建筑物及其他附着物作为财产保证，与提供资金的抵押权人签订抵押合同的行为。抵押期满或抵押期间，抵押人不能偿付债务或抵押人解散、破产的，抵押权人有权依照国家有关法律及抵押合同的规定，处分抵押财产，并对处分所得有优先受偿权。

4. 土地使用权终止与收回

土地使用权终止与收回，是由多种因素引起的转让合同规定提前终止收回；正常履行合同规定因灾害造成土地灭失而终止等；出让、转让期满收回；本履行出让、但为公共利益提前终止收回；因自然灾害造成土地灭失而终止等。

2.6 我国的住房制度

2.6.1 我国原有的住房制度

住房制度与房地产业的发展息息相关。如果说改革开放 30 多年来，我国的房地产业有了一个迅猛的发展的话，那么我们不得不同时提及我国的城市住房制度，因为二者是息息相关的。我国城市住房制度的演变代表了我们住房消费在观念上的转变，住宅是人们最基本的生活资料之一。同时，在现代社会中，住宅也成为一种文化，一种消费潮流的象征，从一个国家或一个地区的住宅消费水平就可以直接看出该国或该地区的房地产业发展状况，进而联系到其经济的发展水平和速度。

城镇住房制度，是国家在解决城镇居民住房问题方面实行的基本政策和方式方法体系。其主要内容是：城镇住房建设投资方式、住房供应方式、住房分配方式、住房经营方式、住房社会保障方式和住房管理方式等方面，包括有关住房问题的方针、政策、目标、方法等，这些方面的总和就是城镇住房制度。

传统住房制度，是在 20 世纪 50 ～ 70 年代经过 20 多年的时间，随着传统计划经济体制的建立而建立起来的。传统住房制度是传统计划经济体制的重要组成部分，是与传统经济体制相适应的。传统住房制度最基本的特征是:国家包;福利制（低租金）;所有制单一；政企不分。传统住房制度主要弊端是：行政性的实物分配，不仅违背了按劳分配的原则，而且成为住房分配不公的重要原因；实物分配和低租金，使投资有去无回，无法实现住宅简单再生产和扩大再生产；实物分配和低租金，以及没有固定的投资渠道，无法使住宅业形成产业，严重地影响和制约着房地产业、建筑业和建材业的发展。

传统住房体制实施的结果，最终导致了住房短缺，而且也永远无法满足住房消费者不受经济承受能力制约地对实物巨大需求的欲望；进一步加深了住房供求矛盾，使住房问题成为经济社会发展中的一个十分敏感的问题。摆脱住房供求矛盾，解决居民住房问题，唯一的出路就是进行住房制度改革，把住房纳入市场经济运行的轨道。

2.6.2 我国住房制度的改革历程

城镇住房制度改革是经济体制改革的重要组成部分。中国传统的城镇住房制度是一种以国家统包、无偿分配、低租金、无限期使用为特点的实物福利性住房制度。这种住房制度存在着一系列严重弊端和难以克服的矛盾，其根本问题在于不能有效地满足城镇居民的住房需求，不适应社会主义商品经济的客观要求。因此，对这种传统的城镇住房制度必须进行全面彻底的改革，实现机制转换，建立具有中国特色的新型住房制度，实现住房商品化、社会化。

中国城镇住房制度改革大致经历了下列三个阶段。

1. 1978 ~ 1990 **年，为城镇住房制度改革的探索和试点阶段**

1978年邓小平同志提出了关于房改的问题。1980年4月，他提出了出售公房、调整租金、个人买房建房的住房制度改革的总体构想，明确了住房要走商品化的道路，为改革指明了方向。同年6月，中共中央、国务院批转了《全国基本建设工作会议汇报提纲》，正式宣布我国将实行住宅商品化的政策。1979年开始，在低租金、实物分配住房制度不变的情况下，进行向居民全价售房的试点，中央拨款给西安、柳州、梧州、南宁四市，建房向居民出售。1980年试点扩大到50个城市，1981年又扩大到23个省、直辖市、自治区的60多个城市及部分县镇。

1982年开始首批在郑州、常州、四平及沙市进行试点，实行“三三制”补贴出售公房，即政府、单位、个人各负担房价的1/3。1984年国务院批准北京、上海、天津三大直辖市扩大试点。截至1985年年底，全国共有160个城市和300个县镇实行了补贴售房，共出售住房1 093万m^2。这是探索性改革，没有涉及租金、房价等商品性因素，只是酝酿了下一步的改革。

自1986年以后，城镇住房制度改革取得了重大突破，掀起了第一轮房改热潮。1986年2月，成立了“国务院住房制度改革领导小组”，下设办公室，负责领导和协调全国的房改工作。这一时期的特点是改革低租金、提租补贴、租售结合、以租促售和配套改革。1986年，国务院组织烟台、蚌埠、唐山三市制定试点方案进行试验，出现了著名的“烟台模式”。在总结试点经验的基础上，1988年1月国务院召开了“第一次全国住房制度改革工作会议”，同年2月，国务院批准印发了国务院住房制度改革领导小组《关于在全国城镇分期分批推行住房制度改革的实施方案》。这是我国第一个关于房改的法规性文件，充分肯定了试点城市的做法和经验，确定了房改的目标、步骤和配套政策，对全国房改的工作进行了部署，标志着住房制度改革进入了整体方案设计和全面试点阶段。

2. 1991 ~ 1994 **年，为城镇住房制度改革的全面推进和综合配套改革阶段**

1991年城镇住房制度改革取得了重大突破和实质性进展，结束了一段时期以来的徘徊局面，进入了全面推进和综合配套改革的新阶段。1992年2月，国务院正式批复了上海市的住房制度改革方案。同年5月1日，《上海市住房制度改革实施方案》正式出台实施，上海市实行了“五位一体”的房改实施方案，推行住房公积金制度，开辟了新的稳定的住宅资金筹集渠道。上海市住房制度改革方案的实施对全国的房改产生了巨大的影响和推动作用，引起了所谓的“上海效应”。

1991年6月，国务院颁发了《关于继续积极稳妥地进行住房制度改革的通知》，其中明确规定了城镇住房制度改革的根本目的，重申了城镇住房制度改革的有关政策，提出了部分产权理论，要求实行新房新制度，强调了国家统一政策的严肃性。

1991 年 11 月，国务院办公厅下发了《关于全面推进城镇住房制度改革的意见》，这是城镇住房制度改革的一个纲领性文件，明确了城镇住房制度改革的指导思想和根本目的，制定了城镇住房制度改革的总体目标和分阶段目标，提出了城镇住房制度改革的四项基本原则，规定了城镇住房制度改革的 12 大政策，要求在 1992 ~ 1993 年内在全国范围内全面推进城镇住房制度改革。这标志着城镇住房制度改革已从探索和试点阶段，进入全面推进和综合配套改革的新阶段。

3. 从 1994 年开始，为城镇住房制度改革的深化和全面实施阶段

1994 年 7 月 18 日，国务院下发了《国务院关于深化城镇住房制度改革的决定》（以下简称《决定》），它是在认真总结 10 多年房改实践经验的基础上制定的，是指导今后一段时期房改工作的主要政策文件。《决定》确定房改的根本目的是：建立与社会主义市场经济体制建设相适应的新的城镇住房制度，实现住房商品化、社会化；加快住房建设，改善居住条件，满足城镇居民不断增长的住房需求。房改的基本内容可以概括为“三改四建”。“三改”即改变计划经济体制下的福利性旧体制，包括改变住房建设投资国家、单位统包的体制为国家、单位、个人三者合理负担的体制；改变各单位建设、分配、维修、管理住房的体制为社会化、专业化运行的体制；改变住房实物福利分配的方式为以按劳分配为主的货币工资分配方式。“四建”即建立与社会主义市场经济体制相适应的住房制度，包括建立以中低收入家庭为对象、具有社会保障性质的经济适用住房供应体系和以高收入家庭为对象的商品房供应体系；建立住房公积金制度；发展住房金融和住房保险，建立政策性和商业性并存的住房信贷体系；建立规范化的房地产交易市场和发展社会化的房屋维修、管理市场，从而逐步实现住房资金投入产出的良性循环，促进房地产业和相关产业的发展。《决定》要求全面推行住房公积金制度，积极推进租金改革，稳步出售公有住房，加快经济适用住房的开发建设，做好原有政策与《决定》的衔接工作等。《决定》标志着城镇住房制度改革已进入深化和全面实施阶段。

本章小结

产权即财产的所有权，是指存在或设定在一切客体之中或之上的完全的权利，财产所有者在法律范围内，享有对其财产的占有、使用、收益和处分的权利。

土地产权包括土地的所有权、使用权、租赁权、抵押权等多项权利。我国的土地所有权由国家或集体所有，是不能进入市场进行交易的。我国的土地使用权具有相对独立性，可以进入市场流通。

房屋所有权是指房屋所有权人在法律规定范围内，对房屋行使的占有、使用、收益、处分并排除他人干涉的权利。

建筑物区分所有权指业主对建筑物内的住宅、经营性用房等专有部分享有所有权，对专有部分以外的共有部分享有共有和共同管理的权利。

由于我国实行社会主义公有制，具有不同于国外的土地制度和住房制度。

思考题

1. 什么是产权？什么是房地产产权？
2. 土地所有权的权能有哪些？
3. 我国的土地使用权有何特征？
4. 房屋所有权和产权的类型有哪些？

第3章
地租理论与区位理论

学习重点

1. 地租的概念
2. 级差地租与绝对地租
3. 城市地租与农业地租的关系
4. 房地产经济中的区位理论应用

学习难点

1. 级差地租与绝对地租
2. 房地产经济中的区位理论应用

地租、区位理论是房地产经济学中最重要的理论之一。研究城市房地产首先就涉及研究地租、区位理论及其发展过程和各种学术流派的问题。本章就这方面的问题进行介绍，以使读者对地租、区位理论及其应用有一个基本认识。

3.1 地租理论

3.1.1 地租的概念

在日常生活中，一般人认为“租”是因使用他人的物品（土地或房产）而支付给所有人的代价，如房租等。当经济学家使用“租”这个词时，“租”则有了不同的意义。通常，“租”是指所有的生产要素在生产过程中获得的超过成本的报酬。

任何社会只要存在土地所有权、土地使用权，且两者是分离的，这种社会形态就有地租产生的基础，就会有地租。从历史上看，土地所有权与土地使用权分离，主要是在封建社会发展起来的。封建制度下的地租，反映了地主对农民全部剩余物甚至必要生产物占有的生产关系。资本主义地租所反映的经济关系与封建地租不同，它不是占有直接生产者的全部剩余物，而是租地资本家或租地农场主为取得土地的使用权而支付给土地所有者的、超过平均利润的那部分剩余价值，在资本主义的各个产业部门中都存在着这种由超额利润转化成的租金。社会主义社会也存在地租，它反映了社会主义市场经济条件下土地所有者和使用者之间的经济关系，是国家土地所有权或集体土地所有权在经济上的实现形式，是实行土地有偿使用、调节土地权益关系及合理配置土地的重要经济标准。

3.1.2 西方地租理论

3.1.2.1 古典经济学的地租理论

1. 威廉·配第的地租论

配第曾经着重研究了地租问题。他是从他的劳动价值论和工资论出发研究地租的。

配第所分析的地租是农业工人生产的全部剩余价值，他的地租论实际上是英国古典政治经济学中最初形态的剩余价值理论。他明确了地租是一种扣除，是农产品的价值除去生产资料的价值（即种子）和劳动力的价值（即工资）之后的余额。他在其1662年出版的名著《赋税论》中说："假定一个人能够用自己的双手在一块土地上面栽培谷物；即假定他能够做耕种这块土地所需要的种种工作，如挖掘、犁、耙等，并假定他有播种这块土地所需的种子。我认为，这个人从他的收获之中，扣除了自己的种子，并扣除了食用及为换取衣服和其他必需品而给予别人的部分之后，剩下的谷物就是这一年这块土地的当然、正当的地租。"他还第一次提出了地租和工资在数量上的对立关系。配第还从土地位置即距离市场远近不同以及土地丰度的差别方面阐述了级差地租。在经济学史上，配第第一个提出了级差地租的概念。马克思指出："配第比亚当·斯密更好地阐明了级差地租。"但由于阶级和历史的局限性，配第错误地把利润包括在地租之内，把地租等同于全部剩余价值。

2. 亚当·斯密的地租理论

斯密是最早系统地研究地租理论的古典经济学家。他认为地租是随着土地私有制的产生而出现的范畴，是资本主义社会里地主阶级的收入。

他在1776年出版的《国民财富的性质和原因的研究》中，把资本主义社会的居民按基本收入分为工人阶级、资产阶级和地主阶级，相应的基本收入为工资、利润和地租。他认为，地租是租地资本家为了取得土地使用权而支付给地主的代价，这个代价是农产品价格超过补偿预付资本和平均利润的余额。从本质上看，土地是地主的资本，地租是土地资本所带来的利息。亚当·斯密还肯定了绝对地租的存在，只是尚未明确提出绝对地租的概念。但亚当·斯密的地租理论观点有些混乱并前后矛盾，即他一方面承认地租是劳动的产品，另一方面又说地租和利润不是来源于工人的劳动，而是有独立的来源，即由土地和资本产生。

斯密对地租论的贡献主要包括以下几方面：首先，他说地租是劳动生产物的扣除，正确地确定了工人的无偿劳动是地租的源泉；其次，他把地租同土地私有权联系在一起，为正确地阐明地租的来源引出了一条正确的道路；最后，他认为生产主要食物（谷物）的土地的地租决定其他部门的地租水平。

3. **大卫·李嘉图的地租理论**

在古典经济学中对地租研究最充分的是李嘉图，他以他的劳动价值论为基础，对级差地租进行了深入的研究。

他把地租论与劳动价值论联系起来，从而第一次给地租论提供了科学基础。他在劳动价值论的基础上具体说明了级差地租的形成，指出了在中等、优等地上取得的超额利润如何转化为地租，从而否认了斯密等人所谓的地租是“纯粹自然的恩赐”“使用土地的自然报酬”之类的错误观点，在一定程度上说明了地租的实质。李嘉图从利润与工资的对立中引证出利润与地租的对立，从而揭露了资本主义社会工人、资本家、地主三大阶级之间的矛盾和对立。

同样，由于资产阶级的阶级局限性，使李嘉图的地租论也包含了不少错误。在他的地租理论中，只有级差地租，而没有绝对地租。另外，他还把级差地租形成的条件说成是形成的原因，没有认识到地租产生的根本原因是土地所有权和土地经营。土地肥力、位置不同是形成地租的条件，而土地有限和经营的垄断才是级差地租产生的真正原因。

3.1.2.2 新古典经济学的地租理论

1. **克拉克的地租理论**

约翰·贝茨·克拉克提出了地租是由土地的边际生产力决定的原理，并认为地租是总产量扣除工资的金额，即“经济剩余”。在其经济理论中，地租不是一个独立的范畴，它被认为与资本无本质差异。地租被视为土地资本的利息，是利息的派生形式。这样地租就不是来自劳动，而是来自土地了。

2. **马歇尔的地租理论**

阿尔弗雷德·马歇尔认为，土地是一种特定形式的资本。他把生产要素分为土地、劳动、资本三类。凡是依靠劳动而来的有用物质归入资本类，凡是不依靠劳动而成为有用物质的归入土地类。

3.1.2.3 马克思的地租理论

马克思以科学完整的劳动价值论、生产价格论和剩余价值论为理论基础，通过对古典经济学家地租理论的继承与批判，创立了地租理论。

1. **地租的实质**

资本主义地租，其实质是农业资本家为取得土地使用权，而支付给土地所有者的超过平均利润的那部分剩余价值，是由农业工人所创造的。土地所有权垄断是资本主义生产方式的历史前提。实际的耕作者是雇用工人，他们受雇于农业资本家。农业资本家为了得到使用自己资本的经营场所（土地），就必须支付给他所使用的土地的所有者一定货币额。不管这一货币额是为耕地、建筑地段，还是为矿山、渔场、森林等支付，统称为地租。农业资本家绝不会因为要支付地租而减少他的平均利润，也就是说农业资本家取得平均利润，而土地所有者取得超额利润——地租。在这里，土地所有权是地租的前提，地租是土地所有者权得以实现的经济形式。

2. 级差地租

级差地租是同土地的等级相联系所形成的地租额差别，被称为级差地租。

在农业生产中，土地是最基本的生产资料，但它和其他生产资料不同，其他生产资料人们可以大量制造，而土地是天然存在的，数量有限。当它被某个资本家占用以后，别的资本家就不能占用，也不能创造。由于土地有限，农业资本家除了对生产率高的土地投资外，还必须对生产率低的土地投资。因为只是对生产率高的土地投资，农产品还不能满足社会的需要，从而引起价格上涨，直至涨到生产率低的土地上投资也能得到平均利润为止。在这种情况下，生产率高的投资所得产品的个别生产价格较低，而交换时则按社会生产价格出售，这样这种投资就得到一部分超额利润。由于资本主义经营垄断的存在，就使得各个农场之间的竞争受到阻碍，因而生产条件较好的农场，就能够比较长期稳定地获得超额利润。这部分超额利润就转化为级差地租，由农场主交付给土地所有者。

由此可见，级差地租是由农产品个别生产价格和社会生产价格的差额形成的，即由超额利润转化而来的。它产生的原因是资本主义土地经营的垄断，它的来源是农业工人所创造的剩余价值。这部分剩余价值之所以归土地所有者占有，是因为土地私有制的存在，土地条件的优劣，是级差地租产生的自然基础。

马克思在分析级差地租时，按其形成的基础不同，把级差地租分为两种形式：级差地租第一形态（级差地租Ⅰ）和级差地租第二形态（级差地租Ⅱ）。

（1）级差地租Ⅰ。级差地租Ⅰ是指等量资本投在等面积的不同条件的土地上，因土地的肥力和位置的差别所产生的超额利润转化带来的级差地租。同等量的资本投入到不同等级等量的土地上，由于土地肥力不同会带来不同的产出。同理，土地位置也是影响企业成本与收益的重要因素，由于企业位置的差异会影响到运输成本，使运输成本不同，所以，占据不同位置的企业会获得不同的生产效益。无论是土地肥力的差异，还是土地位置的差异都可以归结为土地等级的差异，而只要土地的等级不同，就会产生级差收益（见表 3-1）。

表 3-1　级差地租 Ⅰ 的形成及地租量

土地等级	所耗资本（元）	平均利润（元）	产量（千克）	个别生产价格（元）		社会生产价格（元）		级差地租 Ⅰ（元）
				每千克产品	全部产品	每千克产品	全部产品	
劣等地	100	20	200	0.6	120	0.6	120	0
中等地	100	20	250	0.48	120	0.6	150	30
优等地	100	20	300	0.4	120	0.6	180	60

从表 3-1 可知，面积相同的优、中、劣三块土地，虽然投资水平相同（均为 100

元），但由于肥沃程度不同，其产量分别为 300 千克、250 千克和 200 千克。均按 20% 的平均利润率计算，其单位产品的个别生产价格分别为 0.4 元、0.48 元和 0.6 元。在市场上，如果以劣等地的个别生产价格（0.6 元）为社会生产价格，那么全部产品的社会生产价格就分别为 180 元、150 元和 120 元。由此，优、中等地就可以获得 60 元和 30 元的超额利润。

（2）级差地租Ⅱ。级差地租Ⅱ是指在同一块土地上连续追加投资，各种资本的生产效率不同。生产效率较高的资本产生的超额利润，被土地所有者占有时所转化的级差地租叫做级差地租Ⅱ（见表 3-2）。

表 3-2　级差地租 II 的形成及地租量

土地等级	所耗资本（元）	平均利润（元）	产量（千克）	个别生产价格（元）		社会生产价格（元）		级差地租（元）	
				每千克产品	全部产品	每千克产品	全部产品	I	II
劣等地	100	20	200	0.6	120	0.6	120	0	0
优等地	100	20	300	0.4	120	0.6	180	60	0
在优等地上追加投资	100	20	350	0.34	120	0.6	210	0	90

从表 3-2 可知，在优等地上追加投资 100 元，由于新投资的劳动生产率提高，每千克产量的个别生产价格降为 0.34 元。如产品仍按社会生产价格（即劣等地的个别生产价格）每千克 0.6 元出售，全部产品可得 210 元，其中比劣等地全部产品价格 120 元多出的 90 元就是优等地追加投资所得的超额利润，它将转化为级差地租Ⅱ。

级差地租Ⅰ和级差地租Ⅱ具有如下一些共同点和区别。

1）级差地租Ⅰ和级差地租Ⅱ都是等量资本投在土地上有不同生产率的结果，但又有区别。级差地租Ⅰ是等量资本投在不同土地上具有不同生产率的结果，而级差地租Ⅱ是等量资本连续投在同一土地上有不同生产率的结果。

2）两种级差地租都是形成地租实体的超额利润的一种形式。而且这种超额利润形成的方式也是一样的。但是，超额利润转化为级差地租形式，则有显著不同。对级差地租Ⅰ，超额利润转化为地租是没有困难的。由于土地肥力、位置的差别是显而易见的，在地主和资本家订立租约时，很容易确定下来。但是，形成级差地租Ⅱ的超额利润，是由于资本家在同一块土地连续投资的生产率不同的结果，事先很难预料。因此，连续投资而产生的超额利润，在租约有效期内往往是归资本家所有。只有在改立租约时，地租才会用加租的方法，把这部分超额利润转化为地租。所以，在级差地租Ⅱ的形式上，地租和资本家之间在租期长短方面存在着尖锐的矛盾。

3. 绝对地租

劣等地是没有级差地租的。但假如劣等地不给土地所有者带来任何好处，土地所有者就会宁愿让土地荒芜，绝不肯白白供农业资本家使用。所以，即使是劣等地，也必须使土地所有者获得一定量的地租。这种不以土地好坏为转移，都必须绝对交纳的地租，就叫绝对地租。

4. 垄断地租

所谓垄断地租，指的是由一特殊地租的产品垄断价格带来的垄断超额利润所形成的地租。

某些地具有某种特别优越的自然条件，能生产出某种名贵和稀有产品。这种产品就可以按照不仅高于生产价格也高于价值的垄断价格出售。这种垄断价格既不以生产价格为基础，也不以价值为基础，而是由购买它的需要和支付能力决定。这种垄断价格超过价值的部分，构成垄断超额利润，即垄断地租的实体。土地私有权的存在，决定了这种垄断超额利润最终要转化为垄断地租归土地所有者占有。

带来垄断地租的地块的实际地租或总地租应等于级差地租与绝对地租之和再加上垄断地租，即等于垄断市场价格与个别生产价格之差。

例如，某啤酒生产胜地生产出来的啤酒，卖价比一般啤酒的卖价高得多，究其原因，就在于它是由该地所特有的地下优质矿泉水加工制成的，当这块具有特殊稀有功能的土地的经营权被该厂垄断以后，一般啤酒厂只能望而兴叹，无法与其竞争。生产啤酒的地下优质矿泉水提供了一种垄断价格，这种垄断价格会提供一个很大的超额利润；在土地所有权与使用权分离的条件下，这个由超额利润转化的地租，就是垄断地租。由于垄断价格既不是取决于它的生产价格，也不是取决于它的价值，而是取决于购买者的购买欲望和支付能力。因而，具有这种购买欲望和支付能力的人越多，其价格也就越高，垄断地租就越多。所以，正如马克思指出的：“在这里，是垄断价格产生地租。”这种垄断地租在城市某些特别繁华的中心地段、特别有利的深水码头以及著名的旅游景点也在一定程度上存在着。

3.2 城市地租

3.2.1 城市地租的概念

城市地租和农业地租产生的基础与表现形式都是一样的，也存在绝对地租、级差地租（包括Ⅰ和Ⅱ）和垄断地租。随着社会经济的发展，城市的土地关系表现得更为活跃，城市地租也表现出更为重要的交际意义，对城市地租及其特殊性的研究也就更为重要。

3.2.2 城市地租的形式

1. 绝对地租

马克思认为，土地所有权的存在，是绝对地租产生的根本原因。因为在土地所有权与使用权分离的条件下，土地所有权的存在（或者说垄断），会对土地投资造成一种绝对的限制，“那些因对一部分土地享有权利而成为这种自然物所有者的人，就会以地租形式，从执行职能的资本那里把这种超额利润夺走”。由此可知，决定绝对地租是否存在的是土地所有权的垄断，而与土地的用途无关，所以农业用地存在着绝对地租。而城市用地也同样存在绝对地租。

城市绝对地租与农业绝对地租之间既有共同点，又有不同点。其共同点是：城市绝对地租与农业绝对地租具有相同的实体，都是超额利润即劳动者创造的剩余劳动的一部分；而且城市绝对地租以农业地租为基础。由于城市土地与农村土地相邻，所以从城市到农村，地租的水平是逐渐变化的；并且城市边缘处土地的地租由周围农村土地的地租来确定，也就是说，城市地租额以与其毗邻的农业土地的地租额为最低界限。这一最低界限就是城市劣等地所能提供的绝对地租。必须指出，这仅是城市绝对地租的低限，而且不仅这种劣等地要提供绝对地租，其他更优的土地也要提供绝对地租。但是，城市劣等土地不提供城市级差地租，它们一般与周边的农业用地相接，处于城市的边缘地区。这样，城市中等地和优等地既要提供城市绝对地租，还要提供城市级差地租。那么，城市绝对地租的来源是什么呢？由前面对现代资本主义农业绝对地租的讨论可知，这种绝对地租只能来源于垄断价格。具体来说，只要城市土地上建的这些工厂、商店、娱乐场所或银行等为社会所必需，那么它们所生产的商品和提供的劳务的市场价格，势必高于其成本价格加平均利润，这两者之间的差额就构成城市绝对地租的来源。

城市绝对地租与农业绝对地租之间的不同点：首先它们是由不同的产业提供的。城市土地作为第二、三产业活动的场所和基地，城市绝对地租是由使用城市土地的第二、三产业的企事业单位提供的。另外，地租量也不同。城市劣等地的绝对地租最低应该与面积相当的可比周边农业优等地所提供的全部地租相等，而不是等于该土地作为农业用地时的绝对地租量。

2. 级差地租

级差地租是指凭借土地自然条件和人类对土地开发经营上的差异而形成的地租。在自然条件下，马克思认为“首先是位置在这里对级差地租具有决定性的影响”。同农业用地一样，城市土地也同样存在着优劣等级的差别，使用较好城市土地的企业和单位，会因此获得较高的级差收益。尽管城市土地所有权与城市土地级差收益的产生无关，但是与城市土地级差收益转化为地租有关，在城市土地所有权与经营权相分离的条件下，城市土地经营者因垄断较好土地经营权而获得的级差收益，必须以地租的形式转交给城市土地所有者，这种地租就是城市级差地租。

城市地租，主要表现为级差地租。城市土地具有不同的地租形态，但对于城市土地的利用来说，土地区位（俗称位置）起到特别重要的作用。因为土地区位影响着不同用途土地的地域分布，也影响着土地使用者的选址决策和生产效益等。如果我们以城市功能中心某一地块的地租作为标准地租，那么距离此标准地租地块的远近，将在极大程度上决定其地租的高低。因此，与农业用地相比，城市土地地租的高低不是以土地肥力因素为主，而是以土地区位因素为主，由土地区位引起的级差地租表现为主要的城市地租形式。比如城市中商业用地地租表现出从市中心繁华地段向城市边缘地段逐渐递减的趋势。

城市级差地租，由于其形成条件不同，而具有两种形式，即城市级差地租Ⅰ和城市级差地租Ⅱ。城市级差地租Ⅰ是投在地理位置不同的城市土地上的等量资金具有不同的生产率的结果。在农业中，产生级差地租Ⅰ的原因主要有两个：①土地肥力不同；②土地的位置不同。而就城市土地来说，产生级差地租Ⅰ的主要原因是：土地位置的差别。如大城市中心区每平方米的土地收益，大大超过非中心区。这种使用不同位置的城市土地产生的级差收益，就是城市级差地租Ⅰ。如地处南京市新街口的新百商场等百货商厦经济效益特别高，因而此处的地租也要远远高出周围地区。

城市级差地租Ⅱ是由于在同一块城市土地上连续投资具有不同收益的结果。由于在同一块城市土地上追加投资可以提高该地的效率，从而可以增加土地的收益。如，在同一块城市土地上追加投资建设高层楼房所带来的收益大大超过低层建筑的收益。这种在同一块城市土地上连续投资增加的收益就是城市级差地租Ⅱ。例如上海浦东的陆家嘴地区，在20世纪90年代前还比较冷清，后来由于中央开发浦东的决策，国家从总体规划、基础设施、招商引资等多方面追加投资和改善环境，经过七八年的建设，陆家嘴地区高楼林立、马路纵横、商业繁荣、车水马龙，人们通俗地说这个地段的土地升值了，实际上是指这个地区土地的级差地租Ⅱ大大增加了。

3. 垄断地租

垄断地租是指由于城市中某些特殊地块具有稀有功能，由对这些稀有功能的垄断所带来的生产经营商品的垄断价格所形成的垄断超额利润转化成的地租。它是继城市级差地租和绝对地租这两种基本的地租形式之外的一种特殊的地租形式。由于垄断价格取决于购买者的购买欲望和支付能力，而与它的生产价格和价值关系不大，因此，具有这种购买欲望和支付能力的人越多，其价格也就越高，垄断地租就越多。那些由名牌名店形成的特殊地块和由名胜形成的特殊地块，如北京的全聚德烤鸭店所在地、杭州的西湖、苏州的虎丘等。许多人会慕名而来就餐或旅游，由于这些特殊地块的土地经营权被某些企业垄断着，尽管这些地方的价格是垄断价格，人们也乐意购买。这种垄断价格会给生产经营者带来一个可观的超额利润，由此转化成的地租就是垄断地租。

3.2.3 城市地租的特性

1. 城市地租在量上一般应高于农业地租

城市土地是由农业土地转化而来的。而这种转化只有当土地所有者的收益大于其原来的收益时才会发生。城市作为周围农村的货物集散地和中心市场，处于区域中心地的重要地位，使城市土地的开发程度和集约利用程度远远高于农村土地，因此其地租水平也高于周围的农业用地。对于城市级差地租Ⅱ来说更是这样，它在数量上要比农业级差地租Ⅱ大得多。由于农业生产受气候、技术等多方面的制约，使农产品的产量不可能成倍地提高，农业土地追加投资所产生的级差地租Ⅱ也不可能很大。然而，城市级差地租Ⅱ就不同了，由于随着技术的不断进步，新技术、新材料大量涌现，城市所能吸纳的投资也逐渐增加，同时，随着市政基础设施追加投资的落实，企业对原有营业用房的扩建、装修等追加投资的见效，其追加投资的效益会逐步提高，超额利润可能成倍增加，由此转化成的级差地租Ⅱ会大幅度增长。

2. 区位级差地租是城市地租的主要形式

地租形态有多种，但对于城市土地的利用来说，土地区位起着特别重要的作用，因为土地区位影响着土地的利用功能分布，区位也影响土地使用者的选址决策和生产效益等。因为使用有利区位建筑地段的企业，如靠近销售市场、交通运输条件好、处于经济文化中心，市场容量大，获得信息等特种资源容易而且费用较低，因此他们能大幅降低经营成本，提高效率，获得较高的超额利润。应该注意，这个位置指的是经营地块与城市中心位置的距离，这个中心指的是城市功能中心，而不是地理位置中心。

3. 商业用地地租是城市地租的典型形态

位置（土地区位）是影响城市土地利用的主要因素，城市中各类用地的利用也都以位置作为主要标准进行评价。但是，对于不同用地类型而言，位置对它们的影响是有差异的，有些用地受位置的影响大；有些用地受位置的影响小。而其中以商业用地对位置的反应最为敏感，且商业用地地租表现出从市中心繁华地段向城市边缘地段逐渐递减的趋势，而其他用地地租的变化则不明显，如某些工业用地从市中心向城市边缘的地租变化表现为平行线甚至为递增的变化规律。因此，商业用地地租的变化与通常所讲的城市地租的变化规律基本是一致的，或者更恰当地讲城市地租的变化主要是以商业用地地租的变化为依据的。所以说，商业用地地租是城市地租的一种典型形态。

4. 城市地租具有相当大的垄断性

城市垄断地租主要是由于占据较好的位置而形成的垄断价格产生的。这种较好的位置一般被称为“黄金地段”，如上海的南京路、北京的王府井大街等，其地租要远远高出周围地区，由于这种地段的形成是长时期投资积累而成的，一般较难改变，且随着时间的变化，价格还呈现不断上升的趋势。因此，城市中心区土地较农业用地供需矛盾更大，其地租也具有更大的垄断性。

5. 城市土地投资的地租效应具有明显的外部性

城市的开发和建设需要大量的城市基础设施建设投资和房屋建设投资，在一般情况下，对城市建设投资的增加，都会带来地租的相应增加，而且这种效益不仅限于投资所在的地块，也会影响和带动周围地区的发展和租金的上升，呈现出明显的正外部性。如从城市与周围农村的关系来看，城市的发展对其城郊、周边的农村甚至小城市都有极大的促进和带动作用。

3.3 区位理论

3.3.1 区位的概念

区位（location），即（空间）位置，但又不仅仅是位置。区位是在（自然地理）位置的基础上，增加了人文作用的因素后所形成的综合性位置。这一位置与人类经济社会活动、人的认知心理等有密切的联系。区位理论（location theory），简称区位论，是关于人类经济社会活动空间组织优化分布及其空间中相互作用关系的学说。

房地产业有句名言：第一是区位，第二是区位，第三仍是区位。可见，选择最佳区位（地理位置）对房地产业至关重要，房地产增值很大程度上是区位增值。

3.3.2 区位理论

区位理论是以研究人类社会不同经济活动空间布局规律的一系列理论的统称。依据不同的研究客体，各种区位理论可划分为农业区位理论、工业区位理论和商业服务业区位理论三大类，其中杜能的农业区位论、韦伯的工业区位论、克里斯·泰勒的中心地理论分别是各类区位理论的代表。

1. 农业区位理论

古典区位理论最初的发展是德国学者杜能提出的农业区位理论——孤立国理论。杜能根据在德国北部麦克伦堡平原长期经营农场的经验，在1826年出版的《孤立国同农业和国民经济的关系》一书中，系统地提出了农业布局的区位理论。该理论的中心思想是要阐明农业土地的不同经营方式，不仅取决于土地的自然特性（如肥力等），更重要的是依赖其社会经济的空间要求，其中尤以不同用地到农产品消费地（市场）的空间距离影响最为突出。为了清晰地表述这一观点，杜能假设了均质的、单中心的、自由竞争的、等距离运输费用的封闭区域的研究前提（即“孤立国”模式），并从农产品的销售价格、生产成本、运输成本和利润的均衡关系出发，最终推导出围绕着封闭的市场中心，农业土地的经营方式按集约化程度的高低呈同心圆状的空间规律，即由内及外分别为自由农作区（城郊农业）、林区、轮载作物区、轮作休闲区、三圃式农作区、放牧草场等（见图3-1）。

此后杜能对其理论进行了修正，减少他的假设前提，使他的区位图更加符合实际条件。他认为，现实存在的国家与孤立国有下列三点不同：①在现实存在的国家中找不到孤立国中所设想的自然特点完全相同的土地。在整个国家的范围内，要想使土地的肥沃程度一样是完全不可能的。②在现实国家中，没有一个城市不是靠近可以通航的河流或运河旁边的。③每个具有一定国土面积的国家，除了它的首都以外，都还有许多小城市分散在全国各地。当这些前提变化后，孤立国的外形也会发生变化。杜能假设河道运输的成本只有陆上大道的 1/10，这时轮作种植也就会大大扩大，并沿着河流延伸到孤立国的边界；相反，畜牧业圈会大为缩小，在河流的附近会完全消失。杜能还根据自己农庄的实际资料，进行了各国农业地带距离的实际分析，并提出在非均质多中心地区和非等距运输情形下理论模式的改进（见图 3-2）。

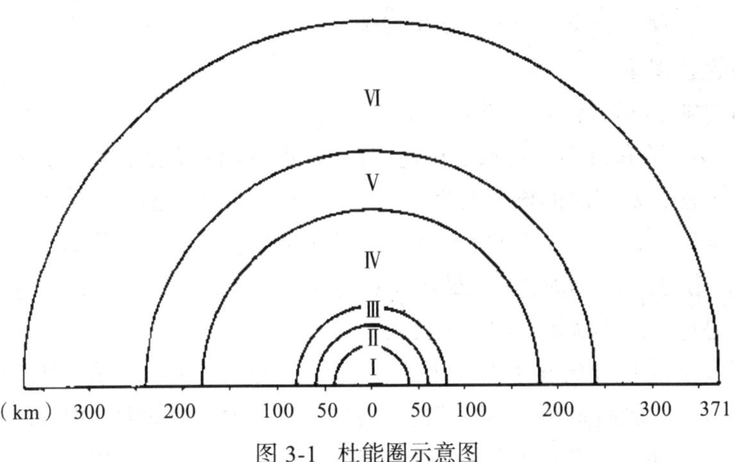

图 3-1　杜能圈示意图

Ⅰ—自由农作区（城郊农业），种植易腐鲜果、蔬菜、发展乳牛等。
Ⅱ—林区，林木用作燃料、建材。
Ⅲ—轮载作物区，主要向城市供应商品谷物、根类作物。
Ⅳ—轮作休闲区，种植小麦、玉米、稻谷等及畜产品。
Ⅴ—三圃式农作区，耕地划分三块，分为黑麦、大麦等及休闲，并供应加工畜产品。
Ⅵ—放牧草场，作为纯牧区。

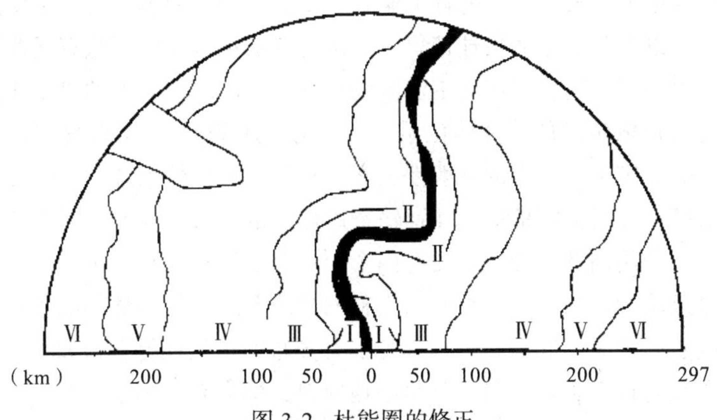

图 3-2　杜能圈的修正

Ⅰ—自由农作区（城郊农业），种植易腐鲜果、蔬菜、发展乳牛等。
Ⅱ—林区，林木用作燃料、建材。
Ⅲ—轮载作物区，主要向城市供应商品谷物、根类作物。
Ⅳ—轮作休闲区，种植小麦、玉米、稻谷等及畜产品。
Ⅴ—三圃式农作区，耕地划分三块，分为黑麦、大麦等及休闲，并供应加工畜产品。
Ⅵ—放牧草场，作为纯牧区。

由于杜能理论是严格建立在特定历史条件下的，随着社会生产力的进步和农业技术的发展，其与现实存在的农业区位间的差异也越来越大。尽管如此，只要还存在着面向集中的消费市场而进行的农业生产和因距离而引起的运费差异，杜能的理论就会有一定的意义。杜能理论的突出贡献在于两点：其一，它以抽象的理论演绎和对空间区位的关注奠定了区位理论基本的研究思想；其二，它首先透彻地分析揭示了区位级差地租的存在，这也成为现代各种区位理论的基础。

2. 工业区位理论

19 世纪中叶以后，西欧的机器大生产空前发展。在西欧钢铁工业兴盛的背景下，出现了对区位因子和最小运费点的讨论。1909 年，德国经济学家韦伯运用工业区位因素分析的方法，对当时的鲁尔工业区进行研究后，出版了两本关于工业区位论的著作，即《工业区位论——区位的纯理论》和《工业区位论——区位的一般理论及资本主义理论》。韦伯认为，决定工厂最佳位置的因子，除运输成本外，还有劳力成本和集聚，这就是他的最小费用点的三个指向。

韦伯假设：①假设气候条件、地质地貌条件、种族及技术熟练程度等是相同的。②一些自然资源一般遍布各地，而其他一些自然资源即包含能源在内的原料的分布只能在一些地点存在。③劳动力并不是无所不在，其分布已预先确定。工资是固定的，但每个地区的工资水平不一定相同，获得固定工资的劳动力的供应是无限的。④消费地点已经预先确定。假设每个工厂都把产品出售给一个特定的市场，生产分布状况影响消费者的分布状况。⑤运输费用是重量和距离的函数，运输费用的增加与运行里程及载重量是成正比的。

韦伯工业区位论的核心是在配置工业时，要尽量降低成本，尤其是要把运输费用降到最低限度，以实现产品的最佳销售。他认为一般性区位因素只有运输费用、劳动力费用和集聚力费用，运输费用对工业区位的基本定向起最有力的决定作用。劳动力费用则被称为对运输定向的工业区位系统的“第一次变形”。集聚被归结为由外部经济条件引起的向一定地点集中的一般性因素，它是工业区位系统的“第二次变形”。

（1）运输区位分析。厂址应选在运输费用最低的地方，这是确定工业区位问题的核心。决定运输费用高低的因素主要有两个。一个是运输的距离远近，它与运费成正比。另一个是运输的重量，这一重量与原料的性质有关。根据原料的基本性质，将原料分为两大类：一类是广布原料，即到处都有分布的常见性材料，如粮食、水、黏土等，它对运费没有什么影响；另一类是限地原料，即只有个别地区有分布的稀有性原料，如煤、石油及各种金属矿等。根据选址的不同，它对运费有重大的影响。可进一步将稀有性原料分为增重原料、纯粹性原料（加工后基本成为制成品，很少失重）和失重原料。由此，韦伯提出了原料系数的概念，所谓原料系数，是指运进工厂的稀有性材料重量与运出工厂的产品总重量之比。运输法则的一般规律是：

原料系数 >1 时，生产工厂应设于原料产地。

原料系数 <1 时，生产工厂应设于消费中心区。

原料系数＝ 1 时，生产工厂可以设于原料产地，也可以设于消费中心区。

按照此基本原理，韦伯对一个市场和一种稀有原料地、一个市场和两种稀有原料地以及一个市场和多种稀有原料地等不同情况进行了分析，并运用了著名的“区位三角形”模式（区位三角形的三个顶点分别为两种稀有原料和市场的所在地，工业区位应设在总运费最小的一点），用以证明和选择运费定向区位（见图 3-3）。

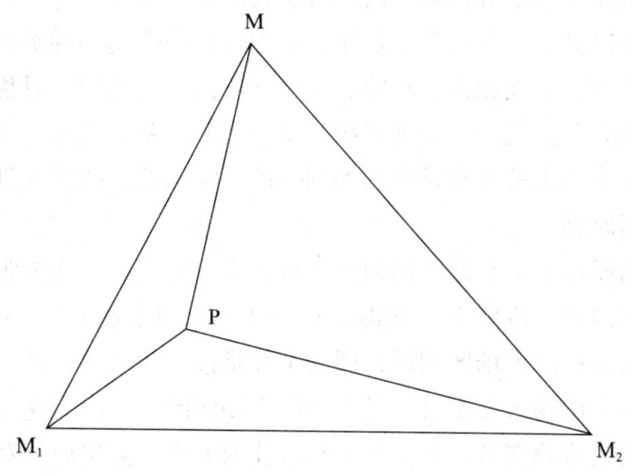

图 3-3　工业区位三角形

（2）劳动力区位分析。韦伯在单纯考虑运输费用因素对工业区位的影响后，加入了劳动力成本的影响，对上述工业区位模型进行修正。他认为当某一地点由于工资费用非常低廉而对企业有利时，可将企业市场区位从运费最低点吸引到工资成本最低点，使运费定向区位产生第一次空间“偏离”，但条件是只有当工资成本节约额大于运费增加额时，工厂才能从运费最小点移向劳动供给点。

（3）集聚（分散）分析。由于工业企业的规模经济、分工协作与资源的共享所产生的集聚经济效益，使集聚因素对工业区位选择有着重要的影响。而分散因素是与集聚因素同时并存、方向相反、相辅相成的，它也必会对工业区位的选择有重要作用。因为，若干工厂集中在一个地方，在产生显著的集聚经济效益的同时，一方面会使地租、房租等增加；另一方面也带来城市的污染和环境的恶化。一般来说，集中程度越高，分散因素的影响也就越大。一个地点的工业集中程度是“集中因素”和“分散因素”两方面力量相互作用的结果。

集聚（分散）效益使运费和劳动力定向的区位发生第二次空间偏离，将工厂从运费最低点引向集聚地区或分散地区。同样发生变化的条件是集聚（或分散）获得的利益大于工业企业从运资最低点迁出增加的费用额，企业就可以进行集聚和分散。

韦伯的理论思想和区位模型突出的贡献主要有：①第一次引入“区位因素”的概

念，并进行了全面的分类研究；②提出了原材料系数概念，对运输费用的区位多边形分析十分透彻；③首次提出了集聚力的重要影响。

3. **中心地理论**

中心地理论，又可称为中心地点论，是由德国地理学家克里斯·泰勒在20世纪30年代初系统提出来的。他在1933年发表了《德国南部的中心地方》一书，通过对该地区的研究得出了三角形经济中心和六边形市场区分布的区位标准化理论。克里斯·泰勒在研究工作中力求解释城镇的相对位置而不是绝对位置。

克里斯·泰勒也提了一系列假设条件：①地域是一个均一的平原，避开了自然地形和人工障碍的影响，土地肥沃，资源、人口和收入分布均匀，对货物需求、消费方式都是一致的。②有一个统一的交通系统，交通费和运距成正比，朝各个方向移动都可行。③居民及其购买力的分布是连续和划一的。④消费者的活动具有空间上的合理性，即遵循短距离原则。

克里斯·泰勒探讨了中心地对周围地区承担服务的范围，认为距离最近、最便于提供货物和服务的地点，应位于圆形商业地区的中心，因为对于一个孤立中心地的市场而言，圆形是最合理的市场区图形，圆的半径是最佳的服务半径。但在多个中心地并存的情况下，圆形市场区就不再是最合理的市场区图形，因为这时相邻中心地的服务范围会产生空白或重叠交叉，从而得不到最佳的效果。克里斯·泰勒从几何上，根据周边最短而面积最大和不留空挡的原则，推导出市场区最合理、最有效的市场图形是正六边形体系。同时，由于中心地提供的货物和服务有高级、低级之分，对周边地区的重要性不同，低级中心地的门槛较低，最大销售距离和范围较小，而相应高级中心地的门槛较高，最大销售距离和范围较大。因此，克里斯·泰勒认为，不同的货物和服务的提供点都能够按照一定的规则排列成有序的等级体系，一定等级体系的中心地不仅提供相应级别的货物和服务，还提供所有低于那个级别的货物和服务，如图3-4所示。

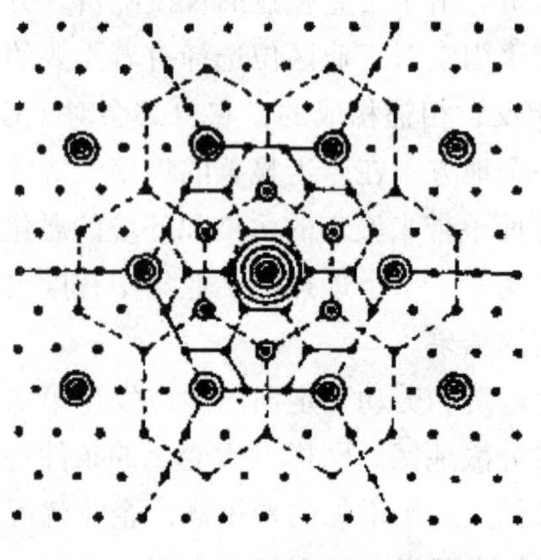

图3-4 六边形城市空间分布模型

中心地理论的基本概念是：任何企业的任何一种产品，总会有一个最大的销售范围，并至少要占有一定范围的市场区，也就是产品的最大销售限界。在这样一个限界内，可能达到的最大销售额就是该产品的限界值。其中，各级城市都分别在相应的市场区中起着商品集散与加工中心的作用，因此，被统称为“中心地”。这种中心地可以是一个城市聚集区，也可以是一个乡镇。

由于中心地理论的基本内容是将商业服务业的布局区位和中心城镇聚落地分布有机地加以统一考察，并最终推导出一定区域内中心地（或城市）职能等级、数量和空间分布的系统理论，因此也被称为聚落区位论或城市区位论，并成为其后广泛开展的区域规划、城市规划中的城镇体系布局规划的极具影响力的基础理论之一。

3.3.3　区位理论在房地产中的应用

随着城市化水平的日益提高和房地产业的快速发展，城市土地区位已变得越来越重要，特别是商业用地显示出强烈而且敏感的区位效益。

1. 房地产区位因素

决定或形成城市土地区位的因素主要包括以下五个方面。

（1）自然条件和环境方面的因素。这些因素都是由自然形成的，也可称为自然区位因素，是形成和决定土地区位的最基本因素。

（2）交通和通信方面的因素。它是形成和决定城市土地区位的重要因素。这一条件的好坏不仅关系到原材料采购、产品生产和销售过程中的费用、时间及便利程度，也关系到能否及时准确地获得进行经营决策所需的经济信息。它包括城市内部及对外（其他城市、地区和国家）的交通和通信条件。

（3）生产、生活、社会服务等基础设施方面的区位因素。这里主要是指除交通、通信以外的其他生产、生活和社会服务等基础设施状况，如道路的质量、煤气化、电气化程度、自来水的供应量、污水污物和垃圾的排污处置能力，等等。这些因素一方面直接决定、影响社会生产和生活质量的优劣和水平的高低；另一方面又影响投资者、生产者以及消费者的选择决策。

（4）人口和经济集聚方面的因素。在这一因素中，一是人口的数量，包括常住人口、上班人口和流动人口。它关系到劳动力市场的总规模和消费市场的规模。二是经济集聚程度，包括城市中各产业的发展程度、规模、数量和集中程度。这种大规模集中带来专业化和分工协作的好处，使相关产业部门提高效率并迅速得到发展，也有利于各种专门人才、专家汇集，便于筹资融资、收集信息，有利于商务往来和见面谈判等。三是居住、出行、采购、娱乐、旅游等条件状况。这些因素关系市场容量，又关系到收集各种经济信息方便、及时和准确的程度，还关系到相互交往、联系、谈判是否方便，能否捕捉到市场机会。因此，这是决定、形成土地区位的关键性因素。

（5）社会文化方面的因素。这一因素主要包括居民消费水平、结构、生活消费习惯、居民文化道德水平、劳动力素质、文化教育和科学研究机构的发展状况。

2. 房地产区位选择

房地产开发商和投资者、使用人、银行利用区位理论，可以确定当地市场范围内的风险较小或有更大优势的区位，可以深入了解具体项目的特定区位与总体环境的关系，更好地评估预期收益的风险和机会。我国城市房地产开发的主体是房地产开发投资企业，主要投资于商业房地产和居住房地产，对它们区位的选择标准如下。

（1）选择商业房地产区位的标准

1）应处在商业区，以利于利用其外部经济效益。

2）临街或道路状况良好，即至少要一面临街，街道标准较高。

3）交通及通信要方便。

4）有足够的人口流量。

5）有较好的增值潜力。

（2）选择居住房地产区位的标准

1）周围应有优雅、舒适、清静的自然环境，如临水及靠近绿地则更好。

2）交通、通信和人际交往要方便。

3）生活服务配套设施齐全。

4）有便利的购物、出行条件。

5）有良好的社区文化环境，包括完善的文化娱乐设施、健康积极的风俗习惯和良好的治安状况。

6）具有较高的增值潜力。

[分析研究]

上海市区生产服务业及办公楼区位研究（节选）

上海市区办公楼的分布特点

为促进上海城市功能的转变，20 世纪 90 年代上海市实施了重点发展第三产业的政策。与此同时，为鼓励区级政府发展城市经济的积极性，上海市政府实施了“两级政府三级管理”的政策，扩大了区级政府管理经济和城市建设的权限。各区把土地批租作为城市更新改造的推动力，而重点则放在办公楼的建设上。这是由于一方面上海市、区两级政府均意识到办公楼建设在城市经济发展中的重要作用、办公楼作为标志性建筑带来的形象工程的开发效应，加上只有办公楼才能支付市中心地段旧城改建产生的高额地租，因而对办公楼建设在政策上都给予了高度支持。另一方面国内外办公楼开发商也因看好上海作为国际城市重新崛起产生的机遇纷纷进入上海办公楼市场。这些客观原因促成了 20 世纪 90 年代上海办公楼市场迅速膨胀。从 1993 ~ 1998 年 5 年中，上海 11 个城区共增加办公楼面积 784 万 m^2，增长了 120% 以上，其中大多为营业性办公楼。

20 世纪 90 年代初，上海城市总体规划提出在浦东陆家嘴和浦西外滩建设上海新 CBD；在上海市区的东、南、西、北四个方向建设花木、徐家汇、真如和五角场四个副中心的规划设想。但办公楼实际的建设结果与城市规划的上述目标相差较大，除徐家汇外，其余 3 个副中心均未建设。其原因一方面是由于城市总体规划中对副中心的规划考虑欠周详，如虹桥开发区仅作一般开发区看待，未考虑它的功能实质上就是副中心；而真如、五角场目前的区位条件太差，难以成为办公副中心。另一方面是由于各区纷纷制定了各自办公区的建设规划，致使副中心的规划更难以实现。图 3-5 显示 20 世纪 90 年代上海市区新增办公楼最多的区分别是长宁、静安、徐汇 3 个区，它们新增办公楼均超过了 100 万 m^2，三区合计占全市新增办公楼面积的 49.1%。但除传统工业区杨浦区外，其他各区根据自己的规划也都新增了数十万平方米的办公楼，形成了一批区级办公中心，如静安区的南京西路办公区、普陀区的武宁办公区、卢湾区的淮海东路办公区、闸北区的不夜城、虹口区的大柏树等（见图 3-5），其结果使上海办公区的分布呈多中心的特点，其数量与东京并居国际大都市的第一位。此处重点介绍浦东、黄浦、长宁 3 个办公区，其余仅做扼要概述。

1. 浦东陆家嘴金融贸易办公区

陆家嘴金融贸易区是我国唯一的以金融贸易为主要功能的开发区，已建和在建的现代化大楼有 306 幢，规划办公楼建筑总面积超过 400 万 m^2。目前已有一批国内外金融机构在此设分行级的机构，此外还有上海证券交易所及商业贸易机构。

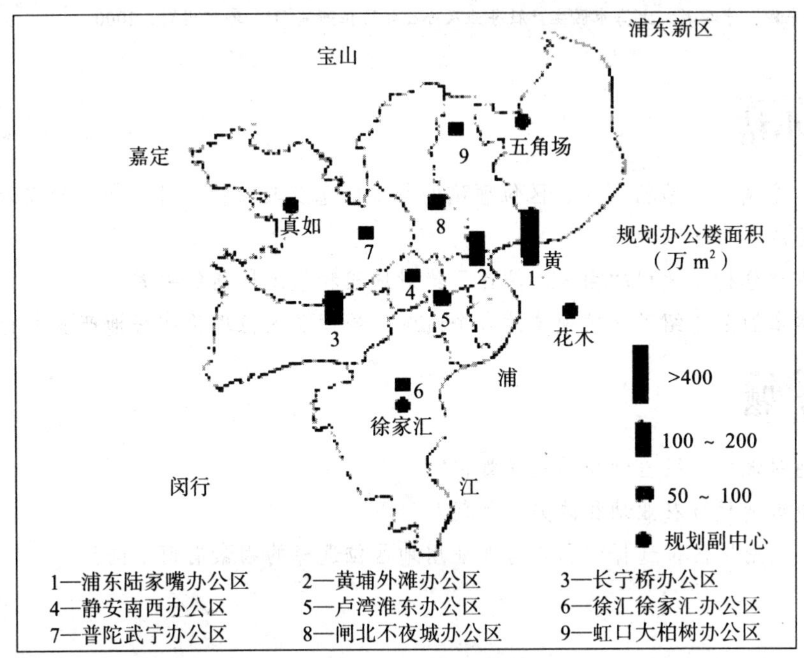

图 3-5　上海市中心城区办公楼分布示意图

2. 黄浦外滩办公区

黄浦区位于上海的市中心，面积仅4.6km^2。该区中山东一路（外滩）至河南中路，苏州河以南至金陵东路范围内为CBD的组成区域，面积约0.95km^2。这里正逐渐成为上海高层次的金融贸易功能区，办公楼的建筑总面积达100多万m^2。

3. 长宁虹桥办公区

自1986年虹桥经济技术开发区成立以来，这片占地0.652km^{2}的区域就成了长宁区繁华的热点。拥有延安西路高架和内环线以及毗邻虹桥国际机场的交通优势，虹桥办公区办公建筑面积将达到100多万m^2，主要功能为商贸。

4. 其他各区办公区发展概述

上海静安区是上海商业、商务最集中的地区之一，在南京西路1.8km^{2}的范围内崛起了以上海商城为中心连同周边地区共22幢现代化办公楼的办公区，总建筑面积将达到130万m^2。普陀区办公楼主要集聚在武宁路（金融文化功能为主）和中山北路（物贸功能为主）地区，区内有现代化办公楼20余幢。卢湾区的办公楼依托“高雅淮海路”，重点集聚在淮海中路的东段。徐汇区的徐家汇地区，是上海城市副中心之一，以徐家汇商城为中心，在其2.4km^{2}的核心区域内，已集聚了数十幢办公楼。闸北区则重点建设不夜城地区，它位于上海新客站的周围，占地1.42km^2，规划商务办公设施100万m^2，规划为上海商务副中心和商业中心。虹口区的大柏树地区则以内贸办公为主要功能。上述各办公区建筑面积约达50万～100万m^2，杨浦区和南市区的办公区也正在规划建设之中。

资料来源：宁越敏. 上海市区生产服务业及办公楼区位研究[J]. 城市规划，2000.

本章小结

1. 本章阐述了地租理论、区位理论的基本概念及其特性，并介绍了研究地租、区位理论等的各种学术流派。

2. 本章分析了地租的由来，阐述了绝对地租和级差地租的关系。

3. 本章简要介绍了区位理论的各个流派，论述了区位理论在房地产业中的应用。

思考题

1. 绝对地租与级差地租的关系如何?

2. 城市地租与农业地租的关系如何?

3. 住宅用地区位选择的因素与商业用地区位选择的因素有何不同?

第 4 章

房地产市场

学习重点

1. 房地产市场的概念与特征
2. 房地产供求的内涵
3. 房地产市场分级运行

学习难点

1. 影响房地产市场需求的因素
2. 影响房地产市场供给的因素

4.1 房地产市场概述

4 .1.1 房地产市场的概念

市场，狭义上可以理解为商品交换的场所；广义上可以理解为商品交换关系的总和。房地产市场，是房地产商品交换的场所和领域，也是房地产商品一切交换关系的总和。对房地产市场的含义可以从以下两个方面来理解：从空间意义上说，房地产市场是指进行房地产买卖、租赁、抵押等交易活动的场所，或者说是房地产供需双方进行商品交换的场所；从经济本质上说，房地产市场是指整个社会房地产商品交换关系的总和。与其他市场相比，房地产市场在构成要素、结构体系、运行程序、运行机制的功能等方面，都具有自己的一些特征。它是社会统一市场体系中的重要组成部分，而且是这一市场体系中最为活跃、最具有显著特性的专门市场之一。

房地产市场是房地产商品交换过程的统一，是连接房地产开发、建设与房地产消费的桥梁，是实现房地产商品使用价值和价值的经济过程。它是由房地产市场的主体、客体、媒介、价格、资金运行机制等多种要素构成的系统，其中的各个要素之间相互联系、相互作用，从而构成一个完整的房地产市场。

房地产市场的主体是指房地产市场上的行为人，即房地产市场上房地产商品的供求双方。供给方开发、建设或经营房地产的目的，是通过出售或出租而获得收益或利润；需求方则通过向供应方提供货币而从供应方手中获得房地产商品。房地产市场的主体可以是政府、事业单位，也可以是企业、个人、外商、外国政府等。

房地产市场的客体是指房地产市场交易的对象，主要包括房产商品和地产商品。在我国，地产商品主要是指土地的使用权。作为市场，需要有相当数量的不同品质、不同类型的房屋产品供人们选择和交换。此外，货币资金虽不是房地产商品，但它也是房地产市场的客体，还有房地产抵押贷款、证券也可视为房地产市场的客体。

房地产市场的媒介体是指房地产交易活动的中介机构，具体可以分为交易媒介体和融资媒介体。交易媒介体主要是指房地产经销商、代理商、经纪人、房地产信托公司、信托投资公司以及房地产交易所等；融资媒介体是指为房地产的供应和需求提供资金的金融机构，如住房储蓄银行、住房合作社及各类商业银行。

4.1.2 房地产市场的特征

房地产市场既有一般市场的特征，又由于房地产商品的特性而具有独特的地方，房地产市场的特性是由房地产商品的特殊性质决定的。房地产市场作为一个相对独立的社会市场系统具有自身的特征。

1. 地域性

房地产作为不动产所具有的不可移动性，决定了在房地产市场上不存在房地产商品物质实体的移动。一般商品尽管在一定程度上存在市场的地域性，但随着交通的发达、运输效率的提高和运输费用的节省，相距遥远的地区也会形成统一的市场供需圈，形成全国性乃至全球性的市场。然而在房地产市场上，由于房地产商品自身的不可移动性，不同供需圈的房地产难以互相替代，在不同的区域之间难以形成统一的市场竞争，通常只能在特定的区域内展开竞争，从而使房地产市场的竞争受到一定的限制，因而难以形成统一的市场竞争和市场价格。房地产商品只能就地开发建设，就地使用和消费。房地产市场是典型的地方性市场，各个地区房地产市场运行状况在很大程度上取决于当地的经济发展程度、居民收入水平、人口数量与结构、地方政府的政策等因素。

2. 不完全竞争性

完全竞争的市场必须具备以下几个条件：一是产品是同质的、无差别的；二是市场上有大量的卖者和买者，任何一个买者或卖者都不能单独影响市场价格；三是不存在公共物品，各种生产要素可以完全自由地流动；四是市场信息畅通，市场主体在价格、供求数量等方面拥有完备的信息。

房地产市场虽然具有一般商品市场的竞争性，但由于房地产商品具有不同于一般商品的一系列特性，多种因素引起的房地产市场的竞争性没有一般商品市场的竞争那么广泛和自由。

1）供给和需求主体的有限性。由于土地的有限性、不可再生性、经济供给的稀缺性，国家垄断土地一级市场，使房地产市场具有强烈的垄断性，所以能进入房地产市场从事开发投资的只是少数开发商，从而导致房地产市场供给主体间的竞争不充分、不广泛。同时，由于房地产交易额巨大，房地产商品使用周期长，因而居民一般不经常参加房地产交易活动。因此，房地产市场的需求主体在数量上是有限的，这也使房地产市场竞争的广泛性和充分性受到很大的限制。

2）信息的不充分。在房地产市场上，房地产商品一方面受地理位置布局的限制；另一方面又受其所处在一定地段上的自然空间的制约，因此房地产商品差异大，也正因为这种差异，造成了市场上的信息不可能充分。

3）房地产商品的异质性决定了房地产市场产品具有差异性。由于房地产空间上的固定性和唯一性，完全相同的房地产实际上是不存在的，这就意味着房地产开发企业难于向房地产市场提供没有差异的商品。同时，房地产空间上的固定性也决定了其缺乏流动性。

4）房地产市场是区域性市场。

5）国家的强烈干预。由于房地产的稀缺性、对国民经济发展的特殊重要性、房地产利用后果的巨大社会性，因而导致国家对房地产交易进行强烈干预。无论何种社会制度的国家，政府都以社会管理者的身份，对房地产交易进行宏观管理、调控和监督。

由以上分析可以看出，房地产市场不可能是一个充分竞争的市场，而是一个垄断竞争的市场。

3. 开放性

房地产市场虽然具有较强的地域性，但同时又是一个开放的市场。房地产市场在其运行的过程中，不断与其他要素市场进行着信息或物质的交流和交换；在其发展和完善的过程中，更需要其他要素市场的配合，因此它是一个开放性的市场。

4. 滞后性

相对于一般商品市场而言，房地产市场对房地产商品的供求关系反应不够灵敏。房地产商品开发投资额巨大，开发周期长。当市场上出现某种房地产商品供过于求时，由于开发商已经投入大量资金，施工正在进行，而不能停止，因为一旦停止建设，将造成更大损失；反之，当市场上某种房地产商品出现供不应求时，虽然开发商可以采取某种措施加快施工进度，但也不能像其他工业商品生产那样，迅速适应市场需求拿出商品来投放市场。房地产交易是通过法定契约来完成的。由于房地产商品使用年限长，交易双方一般都需要有较长时期的权利和义务，虽然在合同中有的规定可以转让或中止合同，但签约双方一般都不愿意这么做。特别是当整个社会需求下降时，房屋所有人、使用人都宁愿拥有房屋，而在相当长时期内不愿削价出售、低价出租或放弃它们，从而也就无法刺激需求，导致市场对房地产商品的短期供求变化反应迟钝。

4.1.3 房地产市场的功能

房地产市场的功能是指房地产市场所发挥的有利作用或效能，它是通过房地产市场运行机制对房地产开发流通的调节作用表现出来的。房地产的运行机制与一般商品市场的运行机制有共同之处，这就决定了房地产市场的功能与一般商品市场功能的共同性。在国家宏观调控下，正确有效地发挥房地产市场的功能，对生产、流通和消费等方面都能起到良好的调节作用。房地产市场的功能主要有以下几种。

1. 交换功能

交换功能是一切市场机制中最基本的功能。房地产作为一种特殊的商品，也是价值和使用价值的矛盾统一体。房地产开发商为了实现其开发的商品房的价值，就必须到市场上让渡其商品房的使用价值；而商品房的消费者为了取得其使用价值，以满足居住、生产、办公的需要，也必须到市场购买自己所需要的商品房。所有这些买卖交换活动，都必须在房地产市场才能得以进行，如此循环反复，体现了房地产市场的交换功能。换句话说，房地产市场也正是为了满足这种流通和交换而存在的。

2. 信息的传递与反馈功能

市场是房地产经济运行的信息中心。市场的职能就在于展示行情，为买者和卖者提供信息，使他们做出正确的决策。一方面，房地产开发商通过市场可以获取足够的房地产供求信息，了解同行业的竞争情况，以便制订合理的生产经营计划，改进生产技术，调整产品结构，适应市场需求。尤其是在消费导向的市场条件下，社会需求变化快，差异性大，并向多元化和个性化方向发展。社会消费倾向和需求动态的变化，反映了信息的传递，对企业生产经营方向与经营决策起着重要的导向和调节作用。另一方面，房地产需求者或消费者也要凭借市场供应商品的数量、品种、价格等信息，进行比较分析，来选择适宜的房地产商品。由此可见，房地产市场信息的反馈、传导和扩散，能有效地促成供需各方在最佳条件下实现自己的选择，从而促成交易，活跃经济。

3. 优化房地产资源配置的功能

房地产是一种最基本的社会资源，其配置合理与否直接关系到国民经济的健康发展。房地产资源的有效配置是指房地产经济中的各种资源（包括人力、物力、财力、土地等各种房地产生产要素）在各种不同的使用方向之间的合理分配。一般商品市场的优化资源配置功能表现为使各种有限的生产要素直接流向最需要的部门和企业，而在房地产市场上，由于房地产是不动产，其配置功能要通过改变原有房地产的用途才能得到发挥。改变房地产用途的方法有两种：一种是置换使用者，如将传统工业部门用地腾出来后，改用做经营商业和金融业，这是一种主要方式；另一种是原有的使用者自己主动改变原有房地产用途，转向利润更高的行业。

在缺少市场的条件下，房地产要素只能通过计划配置，这一方面造成了社会上房地产要素的严重短缺现象，即闲置与短缺并存的局面；另一方面，房地产开发经营者的积极性和需求者的自主权被长期削弱，使房地产成为市场机制的禁区。通过建立房地产市场，利用市场机制推动房地产的纵向或横向流动，有利于房地产资源的优化配置。在房地产市场中，由于竞争机制和价格机制的作用，迫使企业合理利用资源，提高土地利用率和资源产出率，真正做到地尽其利，房尽其用，使资源配置适应市场需求。

4. 刺激功能

在房地产市场上，生产同样价值的产品，谁的效率高，投入少，谁就能生存发展下去，反之则被淘汰。同理，相同的投入要素，谁创造的社会价值大，谁就能存在和发展；反之则被淘汰。房地产市场通过其客观的价值评价功能，为开发商提供了衡量各个企业的生产效率高低和商品质量优劣的公正标准，给房地产开发和经营商提供了一个广阔、平等、机遇均衡的竞争舞台。企业为了在市场竞争中占据有利地位，必须想方设法采用先进的技术装备，提高劳动生产率，降低生产成本，加强经营管理，改进营销管理策略，从而使自己立于不败之地。房地产市场的刺激功能对消费者同样有效，消费者也尽量寻求最有效的消费方式，即用最少的资金来获得最能满足自己需要的房地产。

5. 平衡与调节功能

房地产市场的平衡与调节功能主要是指市场通过其价格信号的变化，随时调节房地产市场的供求关系，促使房地产商品总供给与总需求趋于平衡。一方面，当某种房地产商品供不应求时，其市场价格就会上扬，从而增加其生产者的投资能力，还可以吸引其他投资转向对这种房地产商品的需求。这样供给增加了，需求相对减少了，供求就会回到某种平衡的范围。另一方面，当某种房地产商品供过于求时，其市场价格就会下跌，导致其生产者的赢利减少，投资能力降低。或者转向生产其他产品。同时因市场价格下跌，能在一定程度上刺激其需求。市场一方面通过价格对可供给量进行分配，另一方面也引导开发商向需求上升的项目增加投入，减少对需求不足的项目的投资。市场价格变动引起的供求关系变动，反映了市场机制在平衡房地产供求方面的积极作用。

以上是房地产市场功能与一般商品市场功能的共同性。但是，房地产市场的功能与一般其他市场相比，还有着以下一些特殊性。

一是房地产市场传递信息的功能相对一般商品市场来说要慢。前面我们说过，房地产市场上的交易和定价，往往是悄悄地进行的，鲜为人知。这说明，房地产市场传递信息的功能比其他市场要慢得多。为了收集和分析房地产市场信息，需要耗费更多的精力和费用。而在房地产市场上，一般来说，谁获得的信息最多、最充分，谁获得的利润也将最丰厚。

二是房地产市场优化房地产配置的功能要通过改变原有房地产的用途才能得到发

挥。一般商品市场优化资源配置的功能表现为使各种有限的生产要素直接流向最需要的部门和企业。而房地产市场则有所不同。因为房地产是一种不动产，房地产市场发挥功能，不能通过移动房地产的位置来达到，只能通过改变原有房地产的用途才能达到。改变原有房地产的方法有两种：一种是置换使用者；另一种是原有的使用者已主动改变原有房地产的用途，来适应城市经济发展的需要。

4.2 房地产需求与供给

4.2.1 房地产需求

4.2.1.1 房地产需求的含义与特点

房地产生产、流通、分配和消费的目的，都是为了满足需求。需求在房地产供求关系中处于决定性的地位。

所谓需求，是指在一定时期内，消费者在某一价格水平下，根据其预算及偏好和物品或劳务为其带来的效用，而在市场上所愿意且能够购买的物品和劳务的量。房地产需求，是指在一定的时期内，在某一价格水平下，房地产消费者在市场上所愿意且能够购买的房地产商品量。在这里，消费者包括生产经营性的消费者和个人消费者。在经济学中，需求一直都是与支付能力联系在一起的，如果消费者愿意购买而没有购买能力，它就不能称为需求，它只是消费者的一种需要或欲望。

在一般情况下，价格与消费者愿意购买的数量成反比，而收入与需求成正比。因此，经济学中所描述的需求曲线、需求函数、需求定理等一般原理对房地产商品来说也是适用的。同时应该看到，房地产商品是与土地相联系的一种特殊商品，因此房地产需求具有特殊的特点。

1. 房地产需求中的土地需求是一种引致需求

土地在房地产经济中一般是作为一种生产要素投入到经济生活中的。除了农业用地外，人们需要的并不是土地本身的生产力，而是表现为一种要素的投入，其需求是由人们对其上的各类房地产产品的需求引起的。

2. 区域性

房地产的区域性由其位置的不可移动性决定。一般商品可以运输到全国甚至世界各地销售，如彩电、化妆品等。房地产属于不动产，其位置不可移动。一个城市的房地产需求必然绝大部分来自这个城市的工商企业和居民。另外，房地产需求的区域性还表现在同一城市内对不同地段的需求的差异性很大，特别是对商用房地产和写字楼等服务性用房的需求。

3. 与城市住房制度有极大的关系

在计划经济体制下，实行低租金福利分房制度，这对居民消费者来说是一种不受支付能力约束的住房需求。严格地说只是一种欲望，算不上需求。这种非市场需求所产生的结果是长期的住房供不应求，只能靠行政分配来实现。在双轨制住房分配的制度下，同样也抑制了正常的住房需求。目前，推行的住房分配货币化政策，使商品房的正常需求逐步形成。

4. 层次性

房地产需求的层次性包括两层含义。第一层是从消费者偏好角度讲需求的层次性。比如，不同收入阶层对住宅的需求不同。第二层是从社会需求总量的不同形态角度讲的需求层次。一般分为房地产现实需求和潜在需求两个层次。

4.2.1.2 房地产需求的层次

房地产需求在房地产市场中具有重要的意义。首先，房地产需求是房地产市场运行的原动力，没有房地产需求就没有房地产市场的价格、供应、资金运动及市场本身。其次，房地产需求是房地产市场研究的重要内容，是房地产供给的起点和归宿。需求规模、水平、速度和结构的变化，预示和推动着房地产供给的变化，并影响着房地产交易价格、资金周转、市场要素及市场本身的变化。最后，房地产需求是检验房地产经济体制、机制完善程度的重要尺度。房地产需求的满足过程，也是房地产从开发到消费的经济运行过程。新需求的产生，在总量和结构上是上一轮需求满足的结果及其影响，也是新一轮供给的起点。没有一个良好的市场环境和体制保证，需求的满足很难达到较理想的状态。

房地产需求具有丰富的内涵和复杂的运行过程。房地产需求一般可以分为以下四个层次。

1）房地产的现实需求。这是房地产消费者当期能实现的需求。这部分需求直接参与了现实经济运行，是与现实供给相对应的一对供求概念，也是短期分析的总需求。当期没有实现的需求暂时沉淀下来，称为意愿沉淀需求。当需求的增加会带来相应量的供给时，称为有效需求。

2）房地产的可能需求。它是借助于货币形式所形成的总需求。它不可能全部形成现实需求，总会有一部分变成沉淀需求。

3）已实现的需求。它是需求运动的终点。从现实需求到已实现的需求，中间需要一个交易过程。

4）房地产边界需求。它是使开发能力处在充分使用状态的需求。当房地产需求处在边界需求时，资源系统就不存在可以利用又没有利用的闲置资源。在经济运行中，现实需求恰好等于边界需求的情况是非常偶然的。如果现实需求量大大超过边界需求，就是总量膨胀型需求；反之，现实需求远远小于边界需求，就是总量不足型需求。边界需求是长期分析总需求的运动起点。

4.2.1.3 影响需求总量变化的因素

1. 国民收入水平

国民收入水平及其分配状况决定企业、居民和财政的收入。

1）企业收入状况。它决定企业的积累和扩大再生产的实力。企业效益好，收入就高，扩大再生产的欲望也就强烈，对生产性房地产的需求就大。扩大再生产的规模越大，生产用房地产的需求量就越大。

2）居民收入。居民收入尤其是居民的可支配收入是决定家庭一切消费需求的最重要因素。房地产作为高价值的耐用商品，需要消费者支付的资金数额大，要求消费者必须具有良好的收入水平。人均可支配收入水平的高低，直接决定消费购买力的大小，进而决定市场需求的大小。房地产需求与居民的人均可支配收入呈正相关关系，一国居民消费的恩格尔系数高低更能说明居民花在吃、穿以外商品的消费比例。

3）财政收入。它直接影响政府的购买支出和转移支付，从而影响政府用于房地产上的投资和对低收入居民家庭住房的补贴。政府财政收入状况越好，可用于住房的补贴和房地产投资的开支也就越多。住房补贴多了，居民购房能力就会提高，住房的有效需求量也就会增加。

4）房地产需求的收入弹性。收入的变动对房地产需求变动的影响程度可用房地产需求收入弹性表示。设 EI 为需求收入弹性，则：

$$EI = (\Delta Q / Q) / (\Delta I / I)$$

式中，Q 为需求量，ΔQ 为需求的变动量；I 为收入量，ΔI 为收入变动量。由于需求量与收入呈正向变动关系，所以 $EI>0$。

一般来说，房地产需求的收入弹性是建立在房地产需求变化与消费者的收入量变化之间关系上的一个弹性概念，用来表示消费者对某种房地产需求量的相对变化对于消费者收入量的相对变化的反应程度。一国或一个地区的经济发展水平与国民收入水平有着密切的联系。不同的经济发展阶段和水平，其对房地产需求的收入弹性是不同的，这主要是居民消费结构变化在起作用。在我国现阶段，随着住房制度改革的深化和居民收入水平的不断提高，城镇居民的消费热点逐步转向房地产，居民住房支出的比重不断增加。因此可以这样说，在我国现阶段，房地产需求对收入是富有弹性的，这是收入增加和消费结构变化共同作用的结果。

2. 宏观政策

政策因素对房地产的生产性需求和消费性需求都有重要的影响。

影响消费性需求的政策主要由住房政策、财政政策和货币政策。长期以来，我国实行的是低租金实物福利性的住房分配制度，租金相对于收入来说是很低的。在这种条件下，“等、靠、要”的住房消费观念严重制约着住房市场的发育。单位能无偿分房，租金又如此低，使得即使有能力购房的职工也不会主动去买房。因此，进行住房制度改革，彻底抛弃住房旧制度，实现住房商品化和社会化；住房分配实行按劳分配为主的货币工资分配方式。同时实施合理的财政和货币政策，建立具有社会保障性质的，以中低收入家庭为对象的经济适用房供应体系，就成为我国当前的紧迫任务。住房制度的改革，一来可以使职工对福利实物分房的依赖丧失；二则可以通过给予财政住房补贴，加强银行住房消费信贷的发放力度，提高居民住房购买力，将巨大的潜在需求转化为现实的有效需求。到 2000 年，全国共有住房平均租金标准按使用面积已达每平方米 1.75 元，其中 36 个大中城市公有住房平均租金标准由 1999 年的 1.67 元调整到 2.20 元。绝大多数地区，居民共有住房租金支出占双职工家庭平均工资的比重为 6% 以上，高的已达 10% 以上。且在全国范围内基本停止了实物分房制，使得个人购房在房地产市场上的购房比例迅速上升，带来了新一轮的住房消费热潮。

3. 价格水平

房地产同其他生活消费品一样，在通常情况下，社会需求量与其价格水平之间存在反向变动的关系。需求是价格水平的函数，当房地产价格水平上升时，其需求下降；反之，则增加。

4. 对未来的预期

投资行为或消费行为，不仅受现实经济形势的影响，同时也受市场主体对未来经济发展预期的制约。需求行为是否实现或什么时候实现，取决于需求者对上述经济外部环境的判断，特别是对未来经济发展形势的预期，不同的预期会产生不同的现实需求。需求者对未来经济形势的预期，同样也将直接影响对房地产的需求。从房地产的投资需求来看，如果预期未来的经济形势不好，则目前市场对土地的需求量和可作为投资的物业的需求量就会减少，购买意愿下降，更多的购买者会选择持币观望，而不是购买，更多的潜在需求难以转化为现实需求。总之，如果未来的经济形势好转，投资者期待经济回升后可获得更多的超额利润使投资者的购买意愿上升，会有更多的购买者选择购买，而不是持币观望，更多的潜在消费就会转化为现实需求，刺激当前的土地和物业需求。

对于以消费为目的的住宅需求者来说，更关心近期投入的最小化，而不是远期收益的最大化。因此对住宅价格涨跌的预期将左右住宅消费者的购买行为。当预期住宅价格下跌时，尽管市场上的住宅价格已经很低，购买者往往会选择持币观望，使有效需求作为潜在需求沉淀下来。在这种情况下，将需要政府采取措施进行干预，刺激市场的有效需求。当预期住宅价格将要上涨时，情况将会向相反的方向发展，需求则会增加。

4.2.1.4　影响需求结构变化的主要因素

1. 城市人口的数量和结构及家庭可支配收入水平

城市人口的数量和增长速度，决定市场对住宅客观需要的规模和增长速度，而城市人口的结构和家庭结构则既影响住宅的规模又影响住宅的结构。家庭小型化、分散化越快，对住宅需求量的增加也会越快。人口增加和家庭小型化，所造成的对住宅需求量的增加，将使房地产市场需求结构中住宅需求的比重上升。同时，当家庭可支配收入变化时，对住宅的需求数量和档次都将发生变化，它不仅影响住宅在房地产中的比重，也会影响不同档次住宅之间的比例关系，如当家庭收入水平提高后，消费者会选择面积更大和档次更高的住宅。

2. 经济发展战略和经济结构的调整

不同的经济发展战略不仅会对产业结构产生影响，同时也会对房地产结构造成影响，如外向型经济发展战略的成功实施，大量的外资企业涌入中国，将会提高高档公寓、别墅和高档写字楼的需求量，从而改变房地产市场的需求结构，外销量的份额越大，市场需求中的中高档物业所占的比重就越大。

经济结构的调整将直接改变房地产的需求结构。重点发展第三产业，必然引起对写字楼、商业用房等与此有关的房地产需求的增加；大力发展加工工业和高新技术产业，将会带来对工业厂房需求量的增加。

3. 各类房地产之间的比价

由于不同类型的房地产建造成本、土地价格、税费和风险等的差别，导致单位销售面积房地产的价格也不同，自然形成不同的价格比。当某类物业的价格水平变化，而其他类型物业价格不变时，其需求量将会发生变化，必将引起需求结构的变动。为了刺激住宅需求，清理不合理的税费，进一步降低住宅开发成本，促使住宅价格下降将是一条有效的措施。如我国推行的安居工程和近年来所采取的降低地价和市政设施配套费措施，便抑制了住宅市价上升，有力地推动了商品住宅的销售，提高了普通住宅在各类物业销售中的比例。

4. 政府政策

政府可以利用价格、税收、利息和折旧率等经济杠杆调节各微观经济组织的投资和消费行为；可以通过制定住房政策，解决中低收入水平居民的住房难问题。政府可以利用经济政策这一手段，使从市场上取得该类物业所花的代价增加或降低，促使该类物业需求量减少或增加，从而使房地产市场的需求结构得到调整。1994年以来，为了解决城镇中低收入居民的住房问题，国家在实施安居工程中，使部分中低收入者的住房困难问题得到解决，同时，刺激了住房消费，提高了普通住宅需求在市场需求中的比重。

5. 宏观经济波动

宏观经济波动对房地产需求结构的影响主要取决于其需求弹性的大小。当我们客观考虑宏观经济波动对房地产业的影响时，便可以发现，一般需求弹性小的物业受宏观经济环境变化的影响也小，需求弹性大的物业受宏观经济波动的影响也大。这就是由于不同类别的物业需求状况对价格变动的反应程度不同，存在着某种差异。一般来说，决定物业需求价格弹性的因素主要有物业的可替代程度、租金比率、需求迫切程度和使用期限。凡易替代、租金占总支出比例高，需求迫切性小、使用期限短的物业，需求的价格弹性就大，受宏观经济波动的影响也大；反之，则小。具体到不同种类的物业时，如工业、办公、商业和住宅物业，其需求弹性及其受宏观环境的影响程度依次递减。需求弹性增减幅度不同，使房地产的需求结构随着经济的周期波动不断变化，需求弹性小的物业需求量变动幅度小，需求弹性大的物业需求量变动幅度大。

4.2.2 房地产供给

4.2.2.1 房地产供给的含义

房地产供给的内涵可以从宏观和微观两个层次进行把握。从宏观经济的角度来看，所谓房地产供给是指房地产总供给，是指在某一时期内，全社会房地产供给的总量，分实物总量和价值总量。从微观经济的角度来看，房地产供给是指生产者在某一地区和某一价格水平上愿意而且能够租售的房地产商品量。这里房地产的供给主要是指特定市场的供给，既包括新生产的房地产商品，也包括过去生产的存货。

房地产的供给和房地产的需求相类似，要具备两个条件：一是生产者出售和出租的愿望，这主要取决于以价格为主的交易条件；二是供应能力，这主要取决于房地产生产者的经济实力和经营管理水平，两者缺一不可。在市场经济条件下，以价格为主的交易条件是主要的。一般情况下，价格下跌，市场供给量减少；价格上升，市场供给量增加。

房地产的供给的类型主要分为：

1. 边界供给

现实经济运行中业已形成的供给，总是以一定制度和技术条件下利用现有的资源可能开发出的、最大房地产供应量为最后边界。因此，边界供给也可以理解为最大开发能力限制下的供应量。

2. 可能供给

可能供给是指在一定时期内社会正在开发和已经开发出来的房地产总量。主要包括已经开工、在建和已竣工、尚未交付使用的房屋建筑数量，已做好“几通几平”的或已成片开发的建筑用地数量。可能供给随时可进入市场，是房地产总供给的原始来源。但它不能全部成为现实的供给，总有一部分形成滞存。可能供给使供给的潜在形态变成现实的物质形式。

3. 现实供给

现实供给是指已进入流通领域，可供销售和出租的供给。由于并不是所有的现实供给都能符合需求者的意愿。因此现实供给可分为有效供给和非意愿性替代供给。有效供给是指那些与有相应支付能力的房地产购买（或承租）者的意愿性需求相一致的供给。非意愿性替代供给是指那些虽不能满足购买者或承租者的初始需求，但仍能卖或租出去的供给。有效供给占现实供给的比重，可以反映资源利用效率。

4. **已实现的供给**

有效供给和非意愿性替代性供给通过交易过程成为已实现的房地产供给。这时供给的最后阶段，它意味着房地产供给的价值和使用价值的最终实现，包含着一定量的有效供给和非意愿性替代供给。由有效供给变成已实现的供给必须经过一个现实的交易过程，发生实际的购买或承租行为，并使房地产的使用权或所有权发生转移。因此，有效供给是一个事先性的供给概念，而已实现的供给是一个事后性的供给概念。

4.2.2.2 房地产供给的主体

房地产供给主体是指房地产交易活动中向市场提供交易对象的单位和个人。

1. **政府**

政府是房地产市场最重要的供给者之一，也是一个特殊主体。首先，在我国，城镇土地归国家所有，政府的土地管理部门是土地产权的代表者。政府通过转让或出租土地使用权的方式向企事业单位和居民个人提供土地。我国土地进入市场是以城市土地使用权有偿出让的方式进行的。国家作为城市土地的所有者，通过各种形式，有偿出让城市土地的定期使用权。因此，在以国家垄断土地所有权为基础的一级市场中，国家是唯一的土地供应者。

在一级市场上，各级政府或有关部门按照有关规定代替国家土地所有者的权能，即城市土地的支配权和管理权，将土地以指定的地段、面积、使用期限、用途和其他条件，通过招标、协议、拍卖等方式，提供给土地使用权受让者开发和经营。在具体的市场交易操作上并不一定由政府直接承担。在土地资源配置市场中，必须以法规的形式确定国有土地产权代表及其组织机构形式，使土地产权关系规范化，以适应土地资产要素市场化的需求。

在房地产一级市场中，土地使用权的出让只限于国有土地，不包含也不允许集体土地出让。各类土地开发或使用者在使用集体土地时，首先必须采用征地形式，使集体土地转化为国有土地，使国家成为土地的拥有者和出让者，然后再按照法律和正常程序出让。任何集体土地的直接出让都是不合法的，不属于正常的房地产交易。土地受让方可以是多种性质、多种成分的经济组织，如国内的国有和集体企业、外资独资企业、中外合资企业各类房地产开发经营公司和土地的直接使用者。这些受让者将土地进行适度的开发，将“生地”变成“熟地”并进入二级市场，向用地单位转让或出租建筑地块。在这一过程中，经营土地开发的专业房地产开发公司是二级市场中的土地供应者。

其次，改革前后我国政府出资兴建了大量的房屋，这些房屋除一小部分按照等价交换的原则卖出或出租给个人外，其余的大部分房屋都被单位的个人当作福利品近乎无偿的使用着，随着住房制度市场化、社会化改革的逐步展开，这部分房屋成为政府向房地产市场提供的公有住房。1995 年全面启动的安居工程（后来称为经济适用房），又使政府成为一种特殊的新型供应者。安居工程是政府为了解决中低收入居民、住房困难户的住房问题，实施土地供应、税费减免、价格控制等配套措施，由政府以贷款方式投资普通住宅建设的一项工程。这项工程中的政府行为含有市场行为因素，具有一定的“中国特色”。安居工程酝酿于 1993 年，1995 年全面启动，到 1995 年年底已在 88 个城市开始实施，1996 年又继续加大力度，增加 62 个城市，使安居工程总投资规模达到 375 亿元，建设规模达 4 359 万平方米。2001 年，建设部又提出大力开发经济适用房，这一举措深得中低收入居民的欢迎。

2. 房地产开发公司

房地产开发公司是以开发、经营房地产为主的企业，是市场中最基本的开发经营主体，它是房地产商品的主要供给主体。

房地产公司同其他企业相比，既有其共性，也有其特殊性。共性表现为：公司的宗旨是实现经济活动的综合经济效益；其经营机制是一种“自主经营、自负盈亏、自我约束、自我发展”的经济机制，它具有从事独立业务的法人资格。其特殊性也就是房地产公司的专业化性质，即它专门从事房地产的投资、开发、经营或物业管理等经济活动。

我国房地产公司是房地产商品化的产物，是随着房地产商品化的进程而逐渐发展起来的。从 1978 年开始，随着人们对社会主义商品经济认识的深入，逐步意识到房地产的商品属性，于是开始出现从事房地产开发经营的房地产公司。但是，这一阶段的房地产公司都是从原来的房地产事业单位改组过来的，基本上是政企合一，大都同时挂着“统建办公室”和“房地产开发公司”两块牌子，到了 1984 年党的十二届三中全会，房地产公司的企业性质才得到确认，企业化经营成为房地产公司的一致性要求。这一性质的确认，极大地推动了房地产事业的发展。首先，迅速地涌现出一大批在组建时就与政府脱钩的开发公司；其次，大量带有政府职能的开发公司开始向企业转轨，政企分离；最后，不能直接过渡到企业的房地产公司，也被迫采用了“事业单位企业化经营”的形式。目前，房地产开发公司已是具有独立法人资格的企业，实行自主经营、独立核算、自负盈亏，并对国家承担经济责任。

3. 居民

在农村，农民的住房基本上都是自己所有的；在城镇，也有不少居民有自己的住房。当自有住房的房主拥有剩余的房屋时，他们就会将剩余房屋出售或出租。从而成为房地产供给中重要的供给主体之一。

4.2.2.3　影响供给总量变化的主要因素

1. 价格因素

房地产租金和售价的涨跌是房地产市场供求关系变动的反映，同时又会反过来影响下一时期的供给和需求。房地产与其他商品一样，一般情况下，价格越高，开发商的获利可能性就越大，供给量也就越多。虽然房地产的短期供给价格弹性小于一般工业产品，但是其长期供给还是富有弹性的，随着价格的波动和时间的变化，供给也会相应变化。这在现实中表现为房地产供给的滞后性；房地产价格上扬，市场房屋供应量不会马上增加，往往在短期只是引起一级房地产市场土地需求的上升，一个生产周期后才显现增量房地产供应量的增加。我国在 20 世纪 90 年代初期商品房价格急剧上涨，导致了土地需求的激增，但商品房供应量的激增到 90 年代才显露出来。当市场供过于求，房屋的空置面积增多时，价格上涨会得到抑制或下降。供给的减少短期内表现为初始投入或开工减少，在建工程继续进行，经过一个生产周期后才显现出供给量的下降。

土地价格是房地产成本的重要组成部分，据测算我国目前土地费用约占商品房价格的 20%。地价是通过影响房屋成本进而影响开发商的利润来影响房屋供给的。各级政府除通过土地批租量来调控房地产市场供给量外，通过调整地价也能调节房地产的开发量。

2. 开发成本

在房地产的开发过程中，开发商投入了大量的资金、劳动力、技术和其他生产要素，这些生产要素价格发生变化势必影响开发成本。如果相关生产要素价格上升，开发成本就会增加，在房价不变或增加少于成本的增加时，开发利润势必下降，房地产供给量有可能相对减少；反之，则房地产的供给量有可能相对增加。但是，开发成本的升降，并不一定能完全决定房地产供给总量的增加和减少。这主要是因为房地产的利率通常都很高，当开发成本增多而未能使房地产利润率降低到低于社会平均利润率时，进入房地产业的投资就不会减少，房地产供给量也同样不会减少。房地产价格上涨速度常常超过开发成本的上涨速度，房地产供给量并不随着开发成本的增加而减少。只有在房地产价格不变，或开发成本上升速度超过价格上涨速度，且房地产业利润率处于正常水平（社会平均利润率与行业风险报酬率之和）时，开发成本上升才会使房地产供给量呈现出减少的趋势。

3. 政策因素

政府的土地供应计划、财政金融政策都会影响房地产市场的供给。在计划中扩大土地供给量，地价就有可能下降，房地产开发成本就可能减少，以后的房地产供给量就会增加。反之，紧缩土地供给量，地价就可能上升，房地产开发成本就会增加，房地产供给量增多的势头便有可能被抑制。

政府也可以通过税收、财政补贴和政府投资等财政政策来对房地产的供给进行调节。在其他条件不变的情况下，提高房地产业的税率可以起到抑制房地产投资，减少房地产供给量的作用；反之，则起到增加房地产供给量的作用。财政补贴可看作一种负税收，与税收的作用正好相反。如对房地产企业开发普通住宅予以低息财政贷款和银行贷款贴息，就会降低开发成本，调动企业从事普通住宅投资的积极性，促使普通住宅供给量的增加。在企业不愿进入或无力开发的房地产项目上，通过政府直接投资，也能有效地增加房地产市场的供给量。

房地产开发离不开金融的支持，金融政策对房地产市场供给量有着重大的影响，其手段主要是贷款规模、贷款投向、利率水平等。房地产开发的规模、速度和总量，除受到土地供给的制约外，还受到房地产投资来源的制约。房地产业是资金密集型行业，其发展需要大量的资金。这些发展资金不可能完全通过企业自筹来解决，它只能是其中的一部分，其他的资金主要是通过金融市场这一筹资渠道来筹集。不同的金融政策将直接影响开发商通过金融市场筹资的难易程度和成本高低。

4. 对未来的预期

对房地产未来的预期一般是根据其发展周期来进行的。房地产的经济周期与宏观经济发展周期之间存在着密切的相关性，只是房地产经济发展周期略领先于宏观经济发展周期。房地产开发商往往以房地产经济波动周期为重要依据，做出房地产开发项目的报建、动工、施工和销售时间等决策。

5. 房地产交易条件

房地产作为商品进入流通领域后，其交易程序复杂，操作技术性强。因此房地产供给的最终实现需要完备的交易条件，包括完善的市场功能，健全的法律体系，便捷的市场设施和有效的信息传递手段，相当数量和丰富经验的中介组织，以及高效率、公正的市场管理、仲裁机构等。

从某种意义上讲，进入市场的难易程度和限制条件、市场竞争和规范程度以及竞争的激烈程度对供给有重要的影响。当进入市场的限定性条件少，房地产投资回报率预期较高时，会使社会资金及各类经济组织迅速转入房地产市场。完备、合理的交易条件可以使供需双方减少交易成本，加快交易进程，使房地产市场储备量和潜在的供应量顺利进入市场供应层次，进而增加市场的房地产供应量。

4.2.2.4 影响供给结构变化的主要因素

1. 利润机制

在市场经济条件下，企业的预算约束较强，追逐利润是投资开发者行为产生的内在因素。当某类物业开发的利润率明显高于其他的物业时，开发商会千方百计获取资本利润率高的某类物业用地或变更原有的土地用途来开发该类物业，尽管受到取得既定用途土地后城市规划对变更土地用途的严格制约。如果不同物业间的单位资本利润率不相等，在可能的前提下，投资开发者会将投资从单位资本利润率低的某类物业转移到单位资本利润率高的物业上去。投资开发者将不遗余力地设法绕过障碍，实现物业开发方向的变更。这样就会造成房地产市场供给结构中，资本利润率高的物业比重上升，资本利润率低的物业比重下降。

2. 竞争机制

市场通过竞争机制实现优胜劣汰。当某类物业看好时，开发商为在竞争中取胜，往往竞相开发，导致供大于求，由畅销变为滞销，竞争逐步加剧，引起价格下跌，开发利润水平由高到低。该物业的后续投资者入市不得不越来越谨慎，充分考虑参与竞争的后果。为了生存，投资又会流向其他利润高的物业或采取其他的措施。他们有可能争相变更土地用途，也可能持币观望，或者放弃已取得开发权的土地，转向竞争激烈程度相对较低的其他物业开发。市场竞争迫使开发者根据市场的需求及时调整物业开发方向，其结果是市场供给结构发生合理变化。

3. 对未来的预期

对未来的预期也就是开发商对未来市场走势的判断，它直接影响其决策，并左右其开发行为。精明的投资者在选择某个方案之前要进行广泛而周密的市场调研，并对项目进行反复的可行性论证。开发对象的选择以经济调查和经济预测为基础，经济调查和预测的结果决定开发商对未来的市场预期。如果开发商预期未来某类物业可能走俏，将会伺机转向该类物业进行开发，在未来一段时期后，该类物业的上市量将会增加，未来市场上的供给结构也会发生变化。如 2001 年北京申奥成功，开发商们预期申奥成功可以大大提高北京的人气，前来投资和旅游的国内外人士会逐渐增多，于是很多开发商就开始抢地盘，尤其是高档物业用地，使当时北京的地价节节高升。合理预期对房地产开发的影响将越来越大。

4. 政策导向

政府干预是市场机制的有效补充。在符合市场运行规律的前提下，政府对某类物业制定有利的政策，该类物业的供给就会增加；反之，则会减少。政府干预，尤其在供求失衡和供求关系不合理等市场机制失灵的情况下，效果尤为显著。如近年来，由于有效需求不足，房地产的空置一直居高不下，1999 年以来各地停止实物分房后，住宅的一部分有效需求被启动，房地产业又进入正常的发展轨道。

4.2.3 房地产市场供需均衡

所谓房地产市场供给与需求的总量均衡，是指房地产商品在某一价格水平上，开发商所愿意供给的总量与购买者所愿意需求的总量正好相等，既不存在短缺也不存在过剩现象的经济状态。在这种状态下，不存在使价格进一步变化的压力。由于房地产的供给和需求都是动态的，在不停的变化之中，所以，供需双方的均衡是相对的、有条件的，而非均衡是绝对的、常见的，但其趋势是均衡的。

如图 4-1 所示，总供给曲线 S 和总需求曲线 D 的交点为供求均衡点。这时对应的价格 P_0 称为均衡价格，所对应的需求量或供给量 Q_0 称为均衡数量。

总供给曲线 S 告诉我们，在市场上开发商能得到的价格，与他们所愿意出售的商品房数量之间的关系是一条向上倾斜的曲线。总需求曲线 D 告诉我们，商品房购买者必须支付的每单位价格，与他们所愿意购买的量的多少之间的关系是一条向下倾斜的曲线。当价格起先高于市场上的均衡价格水平，如图 4-1 所示的 P_1 时，开发商就将试图开发和出售更多的房子，从而超过了购买者所愿意购买的数量，过剩将被逐步积累起来。为了阻止进一步过剩并卖掉这些过剩的房子，开发商将降低房屋的售价，导致价格下降，需求量将上升，直到价格下降至均衡价格 P_0 为止。当价格起先低于市场的均衡价格水平，如图 4-1 所示的 P_2 时，与上述相反的情况将会发生。这时开发商所愿意开发和出售的房子的量少于购买者所愿意购买的数量，短缺现象发生，消费者为了得到这有限的房子会试图对现有的房子相互出高价，这将给价格向上以动力，促进生产，抬高价格，扩大生产，直至价格上升至均衡价格 P_0 为止。

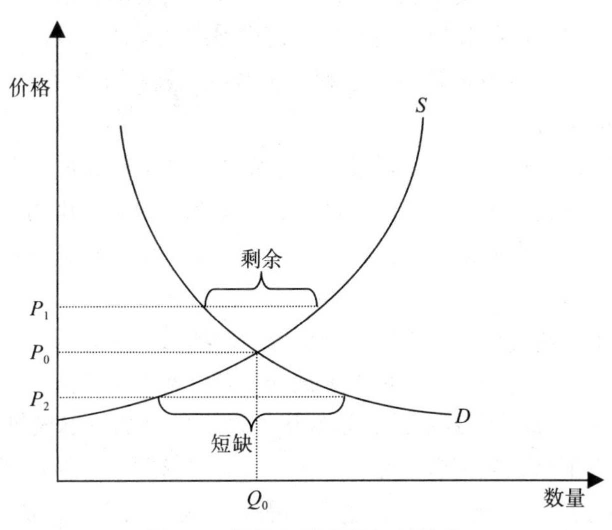

图 4-1　供给与需求的初始均衡

根据上述原理，理解房地产供给和需求的均衡状态，必须把握以下几点。

1）均衡态的形成是供给和需求这两种力量相互作用的结果。因此，为了促使供给与需求的均衡，必须把注意力放在房地产市场供给和需求两个方面，切不可片面。

2）在任一给定的价格水平下，都会生产和消费一个确定数量的房屋，这是上述供给和需求曲线有效的前提。这种情况只有在市场处于竞争状态或在总体上处于竞争状态的情况下才有意义。也就是说，卖方和买方几乎没有能力去单独影响市场价格。

3）在进行理论分析的时候，人们常常把房地产价格作为自变量，而把房地产供给或需求量作为函数。然而房地产市场在实际运行中，情况会复杂得多，多变得多，哪个是自变量，哪个是因变量应根据具体情况来确定。供给和需求的数量不但受多种因素的影响，而且也会反过来对房地产价格产生重大的影响，人们通常所说的供不应求价格上涨，供过于求价格下跌也就是这个道理。

4）供给和需求的均衡包含两层含义，即宏观和微观两个层次。在宏观上表示房地产总供给数量和总需求数量的均衡，在微观上表示某一特定地区的市场、特定种类房地产商品的供求均衡，供求结构吻合，交易便可顺利进行。由此可见，房地产供给和需求均衡态的实质就是房地产商品的实现问题。

4.3 房地产市场的运行机制

4.3.1 房地产市场的运行机制

房地产市场是房地产交易关系的总和。要使房地产交易关系得以形成，必须具备下列三个元素：一是房地产交易主体，即从事房地产交易的当事人；二是房地产交易客体——主要包括房产商品和地产商品；三是房地产交易法规及其监管者、市场的管理者。在房地产投资、开发和流通的过程中，这些元素相互联系和相互作用的集合，形成房地产市场的运行机制。

所谓市场机制，是指市场在运行过程中，发挥其功能的凭借。即市场在运行过程中凭借什么来调节社会资源在各个不同部门和企业之间的分配比例。一般情况下，市场机制主要包括下面几个方面：价格机制、竞争机制、供求机制及利率机制。

1. 价格机制

价格机制主要是通过价格涨落来影响房地产市场的供求关系。房地产商品的价值是其价格形成的基础，价格围绕价值上下波动。若价格高于价值，投资者就会向房地产业增加投资或有新的投资者加入，导致房地产供给增加，形成供给大于需求的局面。这时价格又会下跌，投资者也相应减少，直至供求关系重新达到平衡。对消费者来说，由于价格过高，抑制了房地产消费，因而呈现供大于求，从而导致价格下跌，直至供求关系达到平衡。相反，若价格低于价值，投资者就会对房地产业减少投资或投资量减少，导致房地产供给减少，形成供给小于需求的局面。这时价格又会上升，投资者相应增加，直至供求关系达到平衡。同时，消费者会增加房地产消费，使房地产需求增大，形成供给小于需求的局面，从而导致价格上升，直至供求关系达到平衡，价格与价值相符合。在房地产市场中存在出售和出租两种经营方式，所以房地产价格包括出售价格和出租价格，这两种价格之间的比例关系也会影响房地产市场的供需关系。

另外，价格机制还反映着市场主体之间的物质经济利益关系，也就是通过价格的涨落，实现经济收入的分配和再分配，从而直接影响市场主体的经济利益。

2. 竞争机制

所谓竞争，就是发生在变换主体之间的物质经济利益关系。竞争存在的前提是交换双方存在着独立的经济利益。竞争机制是指房地产商品生产者之间、商品购买（或承租）者之间、生产者与购买者之间，随着供求关系的变动而展开的竞争。

它是房地产市场机制中的动力要素，没有竞争，市场的内部运动就会停滞。竞争不仅给房地产生产者以动力，也给消费者以导向。竞争的结果是优胜劣汰，实现资源的最优配置和生产要素的优化组合。

（1）房地产市场竞争方式。一般有价格竞争和非价格竞争。价格竞争是竞争的基本方式，主要通过价格竞争，迫使生产者不断扩大生产规模和经营规模，降低物质消耗和生产费用，力争在市场中实现自身的价值。非价格竞争主要包括技术、质量、宣传、服务等形式竞争，是价格竞争的一种辅助手段，其目的主要是争夺购买者。在购买者中间树立良好的形象，取得消费者的信任，以扩大市场占有率，排斥其他竞争者。

（2）房地产市场的主要形式。在发达商品经济条件下，房地产市场也和其他商品市场一样，具有完全竞争市场、垄断竞争市场、垄断市场三种形式。

1）完全竞争市场。在现实中是不存在的，只是存在近似的情况，完全竞争通常具有四个条件：一是有人数众多的进行小规模交易的买卖者；二是商品是同质的，即任何一个商品在所有消费者看来是完全相同的；三是可自由进入或退出市场；四是完全的市场信息或知识，即生产者和消费者对市场的有关信息是完全掌握的。

2）垄断竞争市场。垄断竞争市场是指市场存在较多生产者、经营者之间的竞争，这是西方资本主义国家房地产市场的主要形式。它与完全竞争市场的区别主要在于：市场上经营者不是大量的；商品存在着千差万别；经营者和消费者不能完全掌握市场信息。

3）垄断市场。垄断市场是指市场只有一个主要经营者，商品价格由垄断者决定。

3. 供求机制

房地产供求变化是房地产市场运行的主要表现形式，而房地产市场供求之间的对立运动及其相互制约关系，又是通过房地产供给和需求之间的数量关系、结构关系和时空关系表现出来的。供求机制是房地产市场运作的最基本机制。供求关系的变化导致价格的涨落，反过来又刺激和抑制供给和需求。供求关系的变动与价格、竞争、货币等机制有着密切的关系，它们相互联系、相互制约、相互影响、相互作用，发挥各自的功能又共同发挥功能，以实现房地产市场对资源配置的基础性作用。

房地产市场供求机制与一般商品市场上的供求机制相比有所不同。从短期来看，有可能出现供大于求、供小于求和供求平衡三种状态。从长期来看，由于土地的供给具有稀缺性，附着于土地上的物业也就更具有稀缺性和有限性这一特点。加之随着人们生活水平的提高，人口的增多，人们对房地产商品的需求在不断扩大，所以总的发展趋势是供不应求。因此房地产的供给价格和需求价格趋向平衡是很少见的，市场价格主要由房地产需求价格来决定的。另外，在特定时期，房地产市场还会出现结构性的供求不平衡，即某类房地产商品供不应求，而另一类房地产商品供过于求。

4. 货币机制

货币在商品交换中起着一般等价物的作用，连接着供求双方。货币有调节房地产市场供求和影响房地产市场价格的功能，并可通过货币政策的运用得以实现。货币政策分为两种：扩张性和紧缩性货币政策。在不同时期，政府针对房地产市场状况的不同，可分别采取不同的货币政策。

1）扩张性货币政策，如放松银根、扩大货币供应量等政策。在房地产市场出现需求不足，房地产经济增长乏力，甚至出现负增长时，中央银行应采取扩张性货币政策，刺激有效需求的增长和投资的增加。可供选择的政策手段主要有增加货币发行量、降低法定储备金率、降低贴现率、在公开市场上购进政府债券等。其中，任何一项政策措施，都会产生扩大货币供应量的扩张效应，多种手段的联合运用则效果更为显著。

2）紧缩性货币政策，如紧缩银根、减少货币供应量等政策。当房地产市场出现需求过旺、投资过热时，中央银行应采取紧缩性货币政策，以抑制需求和投资膨胀势头。相应的政策手段主要有提高法定储备金率、提高贴现率、在公开市场抛售债券，以及采取道义上的劝告、控制分期付款和抵押贷款等。运用这些政策措施都会产生紧缩货币供应量的紧缩效应。

应该指出，货币机制有自身的局限性，其作用的大小受到各种因素的制约。例如，在整个经济萧条期，作为国民经济“晴雨表”的房地产业首先受到冲击，房地产市场疲软。为搞活市场，中央银行一般要采取扩张性货币政策，但商业银行出于自身利益的考虑，不愿承担风险，信贷规模仍不能扩大，增加货币供应量的政策就难以奏效。相反，在经济繁荣期，房地产业发展迅猛，房地产市场十分活跃，此时，尽管中央银行采取紧缩性货币政策，但因市场上利息率偏高，商业银行仍乐于多放贷款，从而无法真正减少货币供应量。

另外，公开市场业务也往往由于公众的不配合而流于形式。如在经济萧条时，中央银行购买债券，但公众不一定出售；在经济繁荣时，中央银行出售债券，但公众不一定购买。因此，政府在运用货币机制调节房地产市场运行时，必须考虑各种政策措施的冲击程度、政策效应的时间差、政策发生影响的范围大小、政策受到的阻力大小等因素，针对不同的经济形势，采取不同的政策措施，并把各种政策措施合理搭配运用，以收到预期的效果。

4.3.2 房地产市场的分级运行

在现实的房地产市场上，房地产商品的交易和流通实际上是在不同层次上进行的，并且在各个层次上运行特征存在相当大的差异，因此，有必要对房地产市场的分级运行进行一定的分析。

房地产市场的结构层次通常分为一级、二级和三级市场。房地产一级市场即土地使用权的出让是指政府垄断土地供给的发行或批发市场。在我国房地产一级市场中，国家将土地使用权纵向让渡给开发企业和土地使用者。一般情况下，又可以把这一层次分为两个方面：一是以土地使用权纵向出让为内容的土地批租市场；二是以土地使用权纵向出让为内容的土地租赁市场。土地出让的批租市场和租赁市场，包括同步进行的土地征购市场组成的国家垄断的一级市场。土地一级市场的卖主在我国为国家或其授权的管理部门，其职能是固定的。价格是在市场经济条件下，由供求双方的联合作用形成的，由国家控制和调节，因而带有相当大程度的垄断性。一级市场的本质是土地所有权和使用权分离的过程。在这个市场上，有一种情况需要注意，就是集体土地所有权的让渡问题。按照我国法律规定，我国的土地制度是社会主义公有制，分为全民所有制土地和劳动群众集体所有制土地。前者简称国有土地，后者简称集体土地。集体土地是不能出让的，必须先征为国有才能进行出让。

房地产二级市场主要是房地产的增量市场。一方面，已经开发完成的土地在市场上进行转让；另一方面，已经建造完毕的建筑物向广大房地产用户出售或出租。土地开发企业在合同规定的批租期内，将已开发好的土地按批租合同规定的用途和其他使用要求，有偿转让或转租给土地使用者，也可直接兴建商品房出售或出租。二级市场也可以称为土地或房地产开发市场。

房地产三级市场即投入使用后的房地产交易以及抵押、租赁等市场。二级市场可以说主要是房地产物质生产过程，三级市场是平等市场交易主体公开、公平交易房地产产品及其权利的市场。在这个市场上，房地产商品的交易是比较分散的、小批量的，交易的是不同程度的旧产品，房地产经纪人的作用将更加突出。培育、活跃三级市场，对调整居民、企业和本地与外地的房地产需求和消费都有重要意义。因此在我国，存量房地产市场的拓展有着广阔的前景。三级市场的交易主体和交易内容及方式等更加丰富多彩和灵活多变，它们是房地产业被划分为第三产业的主要标志。房地产市场结构层次如表 4-1 所示。

表 4-1　房地产市场结构层次

<table>
<tr><td rowspan="14">房地产市场</td><td rowspan="2">一级市场</td><td>土地征购市场</td></tr>
<tr><td>土地批租市场</td></tr>
<tr><td rowspan="4">二级市场</td><td>房地产转让市场</td></tr>
<tr><td>房地产租赁市场</td></tr>
<tr><td>房地产抵押市场</td></tr>
<tr><td>房地产信托市场</td></tr>
<tr><td rowspan="8">三级市场</td><td>房地产租赁市场</td></tr>
<tr><td>房地产买卖市场</td></tr>
<tr><td>房地产调换市场</td></tr>
<tr><td>房地产典当市场</td></tr>
<tr><td>房地产按揭市场</td></tr>
<tr><td>房地产拆迁市场</td></tr>
<tr><td>房地产售后服务市场</td></tr>
<tr><td>物业管理市场</td></tr>
</table>

房地产这三级市场是相互促进、相互并存的。一级市场是国家垄断的出让市场，二级市场是开放的转让市场。一级市场是二三级市场成长、发展的前提和基础，一级市场的交易量将在很大程度上决定二级市场交易量，二级市场的活跃必然促进三级市场的兴旺。这样，一级市场的垄断经营和二三级市场的充分自由竞争，共同构成一个完整的、有机的房地产市场体系，发挥整体功能，促进房地产资源的优化配置和房地产业的繁荣发展。

各级房地产市场在运行过程中，表现出以下几个方面的特征。

第一，从市场主体来看，一级市场的市场主体是国家或地方政府以及国家授权的管理部门。二级市场的市场主体是各类房地产开发企业。三级市场的市场主体是房地产商品的用户或消费者。

第二，从市场组织的情况来看，一级市场是垄断竞争型，其垄断的因素来源于土地所有制和对房地产业外部性的管制。二级市场的竞争性成分较强，但市场结构仍不是完全竞争的类型，仍带有一定程度的垄断性，其垄断性来源于土地经营权的垄断。三级市场的竞争程度远远大于一二级市场，相对而言，竞争程度最高，同时市场结构的开放程度也比较高。

第三，从市场上存在的经营方式来看，一级市场一般采取有限期拍卖、招标或逐年收取土地使用费、地产税等的方式，一二级市场则采取出卖或出租已开发的土地或连同其上的建筑物的方式，三级市场上一般采取转让或出租土地或连同其上的建筑物的方式。

4.3.3 房地产市场的发展

20 世纪 90 年代以来，我国的房地产市场有了很大的发展，但与社会主义市场经济的要求仍然存在较大差距。目前的主要问题是：

1）土地使用有偿出让与无偿划拨并存的“双轨制”，制约了土地资源的合理利用、优化配置及对土地供应量的宏观调控。

2）商品房价格体系未理顺，价格构成不合理，商品住宅价格偏高，同现阶段的居民收入水平不相适应。

3）房地产市场体系不健全，二级市场供求失衡，三级市场活力不足。

4）房地产中介服务市场尚不规范，从业人员的道德和业务素质均较低。

5）市场交易欠规范，虚假广告、欺诈顾客等不正当竞争行为时有发生，涉房经济纠纷上升，严重影响市场正常的运行秩序。以上问题也可归结为政策上的障碍并未完全排除，法规建设与配套滞后以及执法不严等原因导致。

同时，房地产市场存在明显的地域差别。全国各地基础不同、起点不同、发展程度不同、积存的问题也不同。沿海与内地、不同的城市之间，房地产市场都有很大差异。这种状况也制约了市场需求的扩大和房地产市场的进一步发展。

4.3.4 房地产市场发展的举措

房地产业是社会主义市场经济的一个重要产业经济部门，发展房地产业保持市场渠道的畅通是一个主要环节，社会主义房地产市场的发展举措主要体现在以下方面：

1. 房地产市场的前提条件是要有足够的、价格适当的房地产产品

市场的繁荣是决定于投入市场的房地产产品，住房的供给量是决定市场繁荣的前提条件。而这种住房产品应是适合于我国生产力发展、人们工资水平、购买力水平的产品。因此，要有多种规格价格的，适合于不同消费层次的房地产产品。如果开发企业仅以赢利为目的而生产高档的、豪华的住宅是解决不了一般职工的需要和引导市场繁荣发展的。

2. 住房生产部门要有足够的开发资金，保证房地产品再生产和扩大再生产

住房生产要有稳定的、足够的投资，并且通过市场经营环节回收资金以再生产，这样才能保证住房市场有稳定、更多的产品供给，这样就要求住房生产部门提高生产率，降低成本，保证质量，为广大居民提供合理价格的住房。如上海市筹资 10 亿元，如果造价为每平方米 1 000 元，一年可造 100 万 m^2 住房，但由于开发高档住宅，每平方米造价达 3 000 元，一年则只能造 33.3 万 m^2。这样投入市场的房屋面积就会大大减少，所以，住房生产部门怎样利用有限的资金，开发出更多的价格适中的住宅是个大问题。目前海南省等地高档住宅空房率高达 40%，这不但解决不了缺房户的困难，而且生产资金无法回收。所以要使房地产市场繁荣，住房生产部门在产品的档次、价格上应适合我国现有的生产力水平。以更多的房地产产品投入市场，尽快实现价值，回收资金以扩大再生产。

3. 加强对房地产市场的法制管理

房地产市场是房地产品交易的场所，对参与到市场中的主体和行为都应加强法制、法规、政策管理。保证市场秩序，促进市场繁荣和发展，特别要加强对房地产资金市场、交易市场的管理。防止虚假投资，欺骗顾客和质次价高的房屋投入市场，损害消费者利益。

[热点话题]

再次加息既抑制房地产市场需求又增加供给

中国人民银行决定，自 2007 年 3 月 18 日起上调金融机构人民币存贷款基准利率。金融机构一年期存款基准利率上调 0.27 个百分点，由现行的 2.52% 提高到 2.79%；一年期贷款基准利率上调 0.27 个百分点，由现行的 6.12% 提高到 6.39%；其他各档次存贷款基准利率也相应调整。

本次上调金融机构人民币存贷款基准利率，有利于引导货币信贷和投资的合理增长；有利于维护价格总水平的基本稳定；有利于金融体系的稳健运行；有利于经济平衡增长和结构优化，促进国民经济又好又快的发展。

两会刚结束，加息就如期而至，这次加息对于房地产市场而言，既能抑制需求，又能增加供给，控制房价。

第一，对于购房需求，特别是投资型购房需求，抑制作用是比较明显的。房屋租金这几年一直是保持平稳的，高档物业的租金还稳中有降，加之今年要强制征收房屋出租租金收益5%的综合税，多套大面积住房的持有税（物业税），再一加息，而且肯定会再加，购房投资的收益率将进一步下降，相比如火如荼的股票基金市场，投资型购房需求将明显受到抑制。当然，自住型购房需求也会受到一些影响，但影响不大，因为这部分需求才是相对刚性的。

第二，本次加息有利于增加二手房供给，特别是高档大户型投资类住宅。由于税收、加息导致的投资收益率下降，再加上证券市场的牛气冲天，不少持有高档大户型投资类住宅的投资客户会选择出售房产套现，这在一定程度上会增加且整体带动二手房的供给，缓解目前二手房房源紧缺、供不应求的局面。其实，在春节后，已经开始出现部分高端楼盘二手大户型轻度抛盘的情况了。目前还无法判断这是不是倒下的第一块多米诺骨牌和它的连锁反应，但在今年保障性住房、中低价商品房，二手房全面增加供给的大背景下，房价上涨的势头也该缓解了！

资料来源：摘自房地产门户搜房网。

本章小结

1. 本章简要介绍了房地产市场的内涵及房地产市场的各组成要素。

2. 本章分析了房地产市场的供给理论和房地产市场运行机制的知识，使读者对房地产市场理论有一个全面的了解。

思考题

1. 房地产市场有哪些特性？

2. 房地产市场的内涵是什么？

3. 简述房地产一、二、三级市场之间的关系。

4. 如何理解房地产供给均衡状态？

第 5 章

房地产价格

学习重点

1. 房地产价格的特点
2. 房地产价格的构成
3. 房地产价格的影响因素
4. 房地产估价的原则与方法

学习难点

1. 房地产价格的构成
2. 房地产估价的方法

5.1 房地产价格的含义与特点

5.1.1 房地产价格的含义

5.1.1.1 房地产价格的含义

价格是商品价值的货币表现。房地产价格是房屋建筑物价格和土地价格的统一，是房地产商品价值和地租资本化综合价值的货币表现。从一般意义上讲，房地产价格是指土地开发及房屋生产、经营等环节的价格，是房地产商品与货币相交换的比例，房地产价格是房价与地价的统一体。体现在现实当中，可以是每平方米建筑面积的价格、每栋建筑的价格、每套房屋的价格等。

5.1.1.2 房地产价格的重要性

房地产价格在整个价格体系中，处于基础价格的重要地位。在生产领域，房地产是一切商品生产的空间和场所，房地产价格的有关支出必然纳入生产成本，成为商品价格的构成部分；在消费领域，住房消费是劳动力再生产费用中的重要组成部分，劳动力的价格是由劳动力生产和再生产的成本费用来决定的，住房作为最基本的价值量最大的生活资料，必然纳入劳动力再生产成本，因而住房价格必然成为劳动力要素价格的构成部分，最终影响一切商品的价格。

房地产业是国民经济的支柱产业，房地产价格既是经济问题，也是社会问题。住房商品化以来，我国人民的住房条件得到很大改善，但同时房地产价格的快速增长也成为热点话题，计划经济时代由于住房供应紧张而产生住房难问题，现在由于无力支付巨额房价也会产生住房难问题。房地产价格不及时加以调控，将不利于房地产市场持续健康发展，并有可能演变为全局性问题，危害整个国民经济的平稳运行。

5.1.1.3 房地产价格的作用

房地产价格作为生产要素价格，既影响商品生产的物质成本，又影响工资成本，作为基础性价格，房地产价格水平一定程度上决定着市场总体价格水平。住房作为重要的消费资料，住房价格对调节居民的生活水平有重要的功能和作用。

房地产价格具有传导信息的功能和作用。房地产价格是房地产市场供求状况的反映，房地产市场供求的主体就可以通过房地产价格，判断房地产市场的供求状况，为房地产的生产领域、分配领域、流通领域、消费领域的各类经济主体，即为政府、企业、个人，提供可靠的信息，使他们在房地产经济活动中，做出正确的决策。

价格作为市场经济最重要的调节机制，还发挥着调节房地产市场供求总量和结构的重要作用。表现为可以调节房地产供求关系，房地产价格高，开发商有利可图，就增加开发量，由此增加供给，但因为房价高，消费者减少购买，从而需求缩小。这样就会出现供过于求，价格又会逐步降低，直至供需平衡。反之房地产价格低，开发商无利可图，就缩减开发量，由此减少供给，而房价低，促使消费者购买，又会增加需求，这样就会出现供不应求，价格又会逐步升高，直至供需平衡。这就是价格的杠杆调节作用，最终实现供求总量平衡。同时，不同类型、不同层次的房地产价格结构的合理化，还可以促使房地产供给结构与消费结构相适应，从而达到房地产结构平衡。在这里，房地产价格机制与供求机制是交互作用、共同发挥其调节功能的。

5.1.2 房地产价格的特点

由于房地产商品本身的特殊性，房地产价格与一般商品价格相比具有一系列特点。

1. 房地产价格具有明显的权利价格特征

由于房地产本身空间的固定性和不可移动性，房地产买卖又是一种权利关系的转移，因而房地产价格实质上是权利价格。房地产权利包括房地产所有权和他项权利，其中房地产所有权是最完全、最充分的权利，由此派生出租赁权、抵押权、典当权等。同时，又由于房地产使用价值的多样性，对于同一种房地产不同的人所需要的用途是不一样的，相应所需要的权利也就不一定相同，因而可以分享同一房地产的不同权利，这就形成不同的权利价格，使房地产价格具有多种表现方式。房地产交易方式多种多样，其中房地产所有权买卖和房地产租赁在交易量和市场范围方面占主要地位，此外还有抵押、典当、作价入股等。在这些不同的交易方式中，房地产价格也有不同的表现方式，如售卖价、租赁价、抵押价、典当价等。

2. 房地产价格实体构成具有二元性

房地产价格在内涵上具有双重实体价格的性质，其中一部分来源于土地开发和房屋建筑安装活动形成的价值，另一部分则来源于资本化了的地租。纯自然土地是非人类劳动创造的，因而没有生产成本，土地价格反映的主要是作为土地资源和资产的价值，相当于一个虚拟资本的利息，其产生的原因是由于土地的所有或使用具有垄断性。已开发的土地是有成本的，这在土地价格中也得到了体现。至于房屋价格则与一般商品价格相同，是在房屋建造过程中耗费的活劳动及物化劳动所创造的价值结晶。

3. 房地产价格具有特殊的形成机制

房地产商品的供给弹性小，房地产价格受到房地产需求量变动的影响特别大。首先，房地产建设周期长，使供给有明显的滞后性，在一定时期供求关系不可能随时调整，一旦供过于求或供不应求，都要经过相当长时间（短则一两年，长则三四年）才能调整过来。其次，房地产的地区性和个别性使每一宗房地产都是唯一的，某一区位的房地产可供给总量是有限的。所以房地产的供给都是缺乏弹性的，那么供需是否均衡主要就由需求量的变动决定，而房地产均衡价格是当市场供给和市场需求相平衡时的价格，从而房地产的价格也主要受房地产需求的影响。当需求量增加，供给量不能相应增加时，房地产价格便呈现出上升趋势；当需求减小，而供给不能随之减小，房地产价格呈现下降趋势。

4. 房地产价格具有显著的个别性

由于房地产物质实体的个别性，即房地产空间的固定性、不可移动性，房地产实际的价值和使用价值是各不相同的，因而其价格也具有个别性。例如，一个按同一建筑设计方案所建筑的住宅小区，其中每一幢楼都有不同的具体位置，因而在出入方便程度、景观条件、受噪声影响程度等方面都互不相同，房价也必然有所差别；同一幢楼中还有不同楼层、不同朝向、位置的区别，房价也会有差别。正是由于每一套住宅都有自身独特的内在价值，因而表现出不同的市场价格。认识这一特性，对于房地产开发企业的定价决策和具体操作有着十分重要的指导意义。

5. 房地产价格总水平具有上升趋势

一般商品的价格随供求关系的变动而上下浮动，总趋势是随着劳动生产率的提高，单位产品成本的降低而趋于下降。而正常情况下，一个城市或地区的房地产价格总水平，虽然受供求关系影响会出现周期性上下起伏，但从一个较长时期看却呈现出上升趋势。这主要是因为土地的稀缺性和供应量的有限性，需求拉动地价上升，同时，城市基础设施建设的开展，加在土地上的劳动积累也使土地不断增值，地价上涨必然引起房地产不断升值。此外，一个城市或地区房价还同经济发展水平密切相关，随着经济发展和收入水平的提高，房屋的内在品质和外部环境不断改善，也使房价相应上升。综合上述因素，从长期发展趋势看，房地产价格总水平趋于上升，这是同一般商品价格所不同之处。当然对于个别房屋而言，随着时间的推移，房屋会发生物理性损耗和功能性损耗，发生贬值，产生折旧现象，但往往土地价格的上升趋势会抵消其折旧，房地产总体价格仍是上升的。

6. 房地产价格与用途的相关性

房地产价格与用途相关性极大。一般商品的价格由其生产成本、供求等因素决定，其价格并不因使用目的产生差别，而房地产价格与其使用目的有直接联系，同一宗房地产，由于不同的使用目的会产生不同的价格。比如一处繁华地段的临街房屋，作为居住使用出租是一种价格，而作为商业门面房出租价格必然会升高；而一处远郊的僻静房屋作为商业门面出租，价格很低也不会达成交易。在市场经济条件下，一宗房地产的价格必然由其最佳用途决定。

5.1.3 房地产价格的类型

房地产价格有各种表现形式，可根据其内涵的不同加以分类。

5.1.3.1 所有权价格及其他权利价格

房地产价格可以根据所交易的房地产权益划分为房地产所有权价格和房地产他项权利价格两大类。

房地产所有权价格，特指房地产市场上商品房买卖价格，包括新增商品房（增量房）买卖价格和存量房买卖价格，商品房的所有权通过买卖由卖方转移到买方，体现了房地产产权关系的变化，俗称为“产权价格”。这类价格在目前商品房市场上占主导地位。房地产他项权利价格可细分为租赁权价格（通常称为租金）、抵押权价格、地上权价格、地役权价格、典权价格等，它们都是从房地产所有权价格派生出来并与之有密切联系的价格。租赁权价格是承租方为取得房地产租赁权而向出租方支付的价格。抵押权价格是为房地产抵押而评估的房地产价格，抵押权价格由于要考虑抵押贷款的安全性，一般要比市场交易价格低。地上权、地役权、典权等他项权利主要在中国港澳台地区实行。

5.1.3.2 土地价格、建筑物价格、房地产整体价格

根据房地产的物质实体划分，可以分为三种物质形态：土地、单独的房屋建筑物、“连房带地”的房地产整体。与此相应也可分为土地价格、房屋建筑物价格、“连房带地”的房地产价格。

土地价格，简称地价，是指单纯的土地及附有建筑物的房地产总的土地的价格。土地价格包括土地所有权价格（在中国特指对农村集体土地征用时的补偿价格）、土地使用权出让和转让价格。但是同一块土地，其开发条件不同，就会有不同的价格。土地的开发程度主要有以下六种：

1）未征用补偿的农地。

2）已征用补偿但未做“三通一平”（路通、水通、电通和场地平整）的土地。

3）已做“三通一平”的土地。

4）已做“三通一平”以上的开发土地。如已做“七通一平”，“七通一平”是指具备了道路、给水、排水、电力、通信、燃气、热力等设施条件和场地平整。

5）在现有城区内附有待拆建筑物的土地。

6）已做拆迁安置的城市空地。

建筑物价格是指纯建筑物部分的价格，不包含其占用的土地的价格。单独的建筑物价格只是在特定的情况下存在，例如国家将公有住房按优惠政策出售给原租户，属于房改政策性住房建筑物价格；减免土地出让金的经济适用房，出售给中低收入户，属于住房保障性的住房建筑物价格。

房地价格是指建筑物连同其占用的土地的价格，即人们通常意义上讲的房价。

5.1.3.3　理论价格、市场价格、评估价格

根据价格形成的方式不同，房地产价格可以划分为：理论价格、市场价格和评估价格三种类型。

1. 理论价格

理论价格是经济学理论认为的房地产内在价值的货币表现，也可称为基础价格，即如果房地产在合理市场上进行交易，它应该实现的价格。理论价格不是事实，但它是客观存在的。

2. 市场价格

市场价格是房地产交易双方的实际交易价格，是已经完成了的成交价格。这种价格通常随时间、供求关系的变化及交易双方的心态、偏好、素质的不同而经常波动。市场价格可分为公平市价和非公平市价。公平市价，是指交易双方在正常情况下的成交价格，不受一些不良因素，如不了解市场行情、垄断、强迫交易的影响。这个价格对交易双方来说也是经济合理的。反之，则为非公平价格。房地产市场价格还可从价格形式的角度划分为：自由市场价、政府指导价、政府定价三种类型。自由市场价是完全由市场自发调节并由企业自主确定的房地产价格，这是房地产市场价的主体，商品房市场价格属于这种类型。政府指导价是由政府物价部门规定基准价并允许在一定范围内上下浮动的房地产价格，目前具有社会保障性质的专门供应给中低收入户的经济适用房价格属于这种类型。政府定价专指供应给低收入户的廉租住房的租赁价格，尚未出售的公有住房租赁价格也可包括在内，由于其是社会保障性住房，含有政府的房租补贴，所以租金较低。

3. 评估价格

评估价格是估价人员根据科学的方法对房地产客观合理价格做出的一种估计、推测或判断，也可称为参照价格。评估价格也不是事实，需要评估的是客观合理的价格，而实际评估出的价格带有估价人员的主观因素，这与估价对象在市场上真正交易

的成交价格不同。但从理论上讲，一个良好的评估价格＝理论价格＝公平市价。

5.1.3.4 总价格、单位价格

按计价单位的不同，房地产价格可以分为总价和单价两种。房地产总价格，是指房地产的整体价格。房地产单位价格有三种情况。

1）对土地而言，是指单位土地面积的土地价格。可以有两种单价形式，一种是一宗土地的总面积分摊的单价，称为“土地单价”。另一种是按城市规划所规定的该宗土地可建筑的最大建筑面积来分摊的单价，称为“楼面地价”，按楼面地价计算房地产开发中的土地成本较为准确。楼面地价与土地单价的换算关系是：

土地单价＝楼面地价 × 容积率

容积率＝建筑总面积／土地总面积

2）对建筑物而言，是指单位建筑面积的建筑物价格。

3）对房地产整体价格而言，是指房地产总价分摊到该房地产面积上所得到的单位面积价格。我们通常所说的房价即指房地产的单价。对于“连房带地”的房地产，通常采用按套内面积分摊到每平方米建筑面积的单位价格。

房地产的单位价格能反映房地产价格水平的高低，而房地产总价格却不能反映房地产价格水平的高低。

5.1.3.5 拍卖价格、招标价格、协议价格、挂牌价格

房地产价格也可以按房地产交易采用方式的不同进行分类。在房地产的产权让渡过程中，最终的交易方式一般有拍卖、招标和协议三种方式。房地产交易时，采用拍卖方式而形成的成交价格为拍卖价格，采用招标方式而形成的成交价格称为招标价格，采用协议方式而形成的成交价格称为协议价格。通常情况下采用协议方式出让的地价最低，其次是招标，拍卖最有可能抬高地价。目前，这组价格在土地使用权出让过程中使用得最为普遍。

挂牌出让是我国目前国有土地使用权出让采用的主要形式。挂牌出让国有土地使用权，是指市、县国土资源管理部门发布挂牌公告，按公告规定的期限将拟出让土地的交易条件在指定的土地交易场所挂牌公布，接受竞买人的报价申请并更新挂牌价格，根据挂牌期限截止时的出价结果或现场竞价结果确定土地使用者的行为。挂牌出让国有土地使用权形成的价格称为挂牌价格。

5.1.3.6 其他价格类型

1）公告地价是政府定期公布的土地价格，在有些国家和地区，一般作为征用土地增值税和征用土地补偿的依据。

2）课税价格是指政府为课征赋税，由估价人员估定的作为房地产课税基础的价格。具体的课税价格如何，要视课税政策而定。

3）基准地价在我国是指在城镇规划区范围内，对现有利用条件下各级别分用途的土地，分别评估确定的，某一估价期日上法定最高年期土地使用权的区域平均价格。一般首先在城镇规划区范围内划分土地级别，然后在每一级别中又分为居住、商业、工业三种用途，如南京市一级住宅用地 2004 年 1 月 1 日的基准地价为 10 000 元 /m^2。

4）标定地价是政府根据管理需要，评估或认可的具体土地在正常土地市场和正常经营管理条件下某一期日的土地使用权价格。标定地价是政府出让土地使用权时确定出让底价和出让金额以及优惠幅度的依据，是清产核资中确定单位占用的土地资产和股份制试点企业土地作价入股的标准，是核定土地增值税和管理地产市场的具体标准，是划拨土地使用权转让、出租、抵押时，确定补交出让金的标准。

5.2　房地产价格的构成

房地产价格的形成是房地产的效用、供给的相对稀缺性以及房地产的有效需求三方面相互作用的结果。从商品价值构成的角度分析，房地产价格也是由成本和利润两大部分构成的。房地产物质成本的构成包含了多方面内容，房地产是房和地的结合体，土地是房屋的物质载体，广义的房地产开发物质成本不仅包括建筑安装费用，同时也包括土地取得的费用。房地产价格是房产价格和土地价格的统一。

5.2.1　土地价格

5.2.1.1　土地价格的内涵

所谓土地价格，是指地租的购买价格，是地租的资本化。在人类社会现实的生产关系中，货币收入可以资本化，即一个虚拟资本的利息，而土地能提供地租，也就是说，可以看作是土地能给人们带来货币收入，那么，土地价格就是土地所提供的地租的资本化，亦即土地在使用期间土地纯收益的现值之和。如果每年的地租相同，而土地的使用年限足够长，价格和地租的关系就可以用理论公式简单地表述为：土地价格＝地租 / 利息率。

例如：假定平均利息率为 5%，有一块被人垄断的土地每年可提供 200 元的地租，那么，这块土地的价格 =200/5%=4 000（元）。

我们可以将这每年 200 元的地租看作一个 4 000 元资本的利息；这 4 000 元钱可以看作土地经营者或使用者为了获得土地所有权或使用权，也就是为了获得每年 200 元的地租，必须像贷款人为了取得每年 200 元利息而向借款人提供 4 000 元资本一样，要支付给土地垄断者的土地价格。

在我国，土地的所有权归国家所有，用地者只有使用权。土地价格一方面是土地所有者在转移土地使用权时的交换价值，是地租的资本化；另一方面又是土地使用者之间转移土地使用权时的补偿价值。归根结底，只是土地使用权的交换价值。

5.2.1.2 土地价格的变动

土地价格是地租的资本化，因而地租量和利息率是决定地价变动的直接因素。土地价格与地租成正比，当银行利息率不变时，地租越高，土地价格就越高；反之，地租越低，土地价格就越低。土地的价格与利息率成反比。在地租量一定时，利息率越高，土地价格就越低；反之，利息率越低，土地价格就越高。

土地价格是若干年地租贴现值的总和，因而土地价格的高低与土地使用权的出让期长短成正比。同一块土地，在用途相同的条件下，其出让期越长，则土地价格越高；反之，出让期越短，土地价格越低。

由于土地的空间固定性和土地条件的不均衡性，同一时间的土地价格在地域空间上具有显著的差异，且这一特点在城市土地上表现得尤为明显。地价通常在市中心最高，随着距市中心距离的增加而降低，但在距离市中心一定距离的地方，又会出现一个地价的次高峰（见图 5-1）。

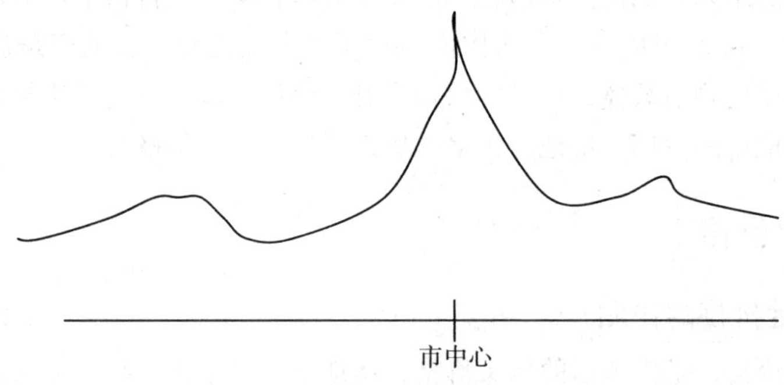

图 5-1 土地价格在地域空间上的变化

造成这一现象的原因是城市土地的“竞租”。所谓“竞租”就是当不同的土地利用者竞争某块土地时，总是有能力付出最高地租者获得该地块。通常，土地利用集约化程度越高，则支付地租的能力越强，而土地利用集约化程度又受土地区位的便捷性（指土地方便人们到达的程度）影响。一般土地的便捷性在市中心最高，向外逐渐递减，因此各类土地利用的集约化程度由市中心向外递减，导致支付地租的能力由市中心向外减弱，也决定了地价从市中心向四周递减这一基本的空间变化规律。但是，住宅用地者评价土地的效用时，不仅仅考虑土地便捷性，还要考虑土地提供优良生活环境方面的能力，两者之间的权衡，导致住宅用地在距离市中心一定距离的范围内，住宅用地者支付地租的意愿随距市中心距离的增加而增加，超过这一距离时，支付地租的意愿随距市中心距离的增加而减弱。这使得城市人口从市中心向外围扩散，它是城市化发展到较高阶段时的现象。这种人口流向又吸引了商业、工业资本向距市中心一定距离的地段集中，导致这一地区土地需求的上升，地价也随之上升。这使得地价曲线在距市中心一定距离的地方突起、形成地价次高峰。

从长期来看，随着社会及经济的发展、人口的增长，人们对土地的需求不断增加，对土地的投资也不断增加，因而地价具有长期增长的趋势。从各个国家和地区的地价变动历史来看，地价是呈波浪式增长的。土地价格增长的形态可以分为三种：投资性增值、供求性增值、用途性增值。投资性增值包括土地直接投资增值和外部投资辐射性增值。直接投资增值是指在某一土地进行开发投资造成土地价格的提高；辐射性增值是指某一土地周边的土地开发投资，比如基础设施的建设、商业、金融业、工业及科教文卫类设施的开发，促进该土地价格提高（有时也可能产生消极的副作用）。供求性增值是指随着社会、经济的发展，对有限土地的需求日益增加，从而导致地价的上涨。用途性增值是指土地用途发生变化，或预期可能将要发生变化，像农用地转化为非农地、工业用地转化为商业用地等而引起的土地价格增加。这三种形态的增值通常是互为促进的。

5.2.2　房产价格

房产价格是指房产商品价值的货币表现。对房地产来讲，房产价格主要是指房屋建筑及其附属物的价格，附属物的具体范围视具体的建筑情况而定。房产的价格与一般产品价格一样，是由生产费用加一定的利润形成的。

5.2.2.1　新建房产的价格构成

建筑物在新建成的状态时的价格构成如图 5-2 所示。

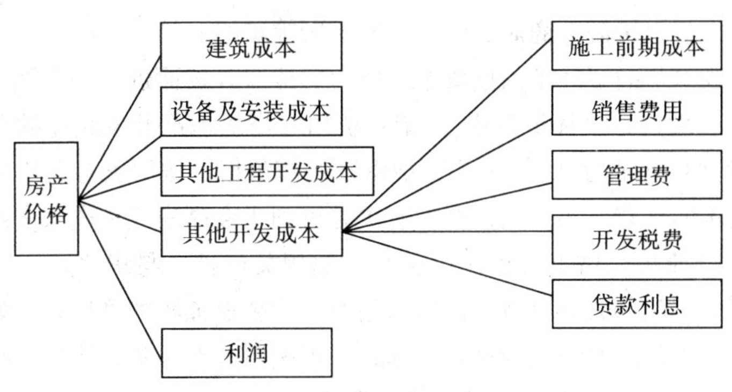

图 5-2　新建房产价格构成图

建筑成本是房产开发企业向建筑施工企业支付的建造房屋建筑的费用，一般称作建筑工程造价。根据《建设工程工程量清单计价规范》，建筑工程造价包括以下一些项目。

1）分部分项工程费：完成工程量清单中规定工程的实体项目所需的人工费、材料费、机械使用费、管理费和利润，并考虑风险因素。

2）措施项目费：为完成工程项目施工，发生于该项目施工前和施工过程中的技术、生活、安全等方面的非工程实体项目所需的费用。

3）其他项目费：包括预留金、总承包服务费、零星工作项目费。预留金是为可能发生的工程量变更而预留的金额。总承包服务费是为配合协调招标人进行的工程分包和材料采购所需的费用。零星工作项目费是为完成招标人提出的工程量暂估的零星工作所需的费用。

4）规费：是建筑企业必须向有关政府管理部门交纳的费用，如工程定额测定费、建筑管理费、劳动保险费安全生产监督费等。

5）税金：施工企业向国家交纳的各种流转税，如营业税、城市维护建设税、教育附加费等。

设备工程费是指对房屋使用不可缺少的一些大型基本设备安置、安装的费用。

其他工程开发费包括以下一些项目。

1）室外工程费：房屋建筑物 2 米以外至小区规划红线以内的各种管线和道路工程。这项费用包括水电、暖气、煤气管线和小区道路的建设费、绿化与环境卫生设施的建设费等。

2）附属工程费：小区内锅炉房、变电室、煤气调压站、高压泵房等附属工程建设费用。

3）配套工程费：在开发小区内为主体工程使用服务的工程建设费用。包括小区内的中小学、幼儿园、托儿所、体育场、居委会及其他用房建设费。应注意的是商品经营性的配套工程建设费不应包括在内，因为其本身就具有营利性质，无须在商品房价中得到体现。如电影院、商店、邮局、储蓄所等。

其他开发成本中的“施工前期成本”指为房地产开发而进行的咨询、策划、可行性研究、规划、勘察、设计等费用。“销售费用”指房地产开发企业的管理费在具体的房地产开发项目上的分摊。“税费”指由开发商负担、按国家有关法规规定可计入房地产商品成本的税费。与房地产开发有关并可列入商品房成本进入房地产销售价格的税种主要有营业税、城市维护建设税和其他相关税种。与房地产开发有关的管理费，是各类政府部门和公共事业部门向房地产开发企业征收的管理费，如建设工程设计招标管理费、工程定额编制管理费、建筑工程执照收费，建筑物命名收费，房地产登记、勘丈收费，人防建设费，绿化建设费等。“贷款利息”指房地产开发过程中外借资金所支付的利息。

利润也是房地产价格的重要组成部分。房地产开发利润表现为房地产开发企业年销售收入扣除开发经营成本（包括土地取得费用）以后的余额。房地产是高投资、高风险、高回报并存的产业，在房地产经济周期波动的过程中，随着房价的上下波动开发利润也呈现出周期波动的特点，但总体上仍然是利润率较高的行业。国外房地产平均利润率一般为 6%~8%，中国城市房地产正处于快速发展阶段，利润率也就偏高，一般达 20%~30%，但从长期看，将趋向全社会平均利润率。

5.2.2.2　已使用房产价格的构成

如果建筑物是一个已经使用若干年的建筑物，则该建筑物的价格，就是用该建筑物的重新购建价格减去价值损耗。建筑物的重新购建价格有重置价格和重建价格两种。

重置价格又称重置成本，是指按现行市场价格，使用现代材料、施工技术和检测标准，购买或建造一个与评估对象具有相同用途的全新房地产所需支付的全部金额。重置价格适用于一般建筑物和因年代久远、已缺乏与旧建筑物相同的建筑材料、建筑构配件和设备，或因建筑技术和建筑标准改变等，使旧建筑物复原建造有困难的建筑物。重建价格又称重建成本，是指按现实市场价格，一切均按评估对象的原样和原样标准，建造一个全新状态的评估对象所需的全部金额。

造成建筑物损耗且贬值的因素有自然的、功能的、经济的，由此而造成的价值损耗称为贬值，可以分为自然性贬值、功能性贬值、经济性贬值。自然性贬值是由于正常的使用、长期磨损、管理疏忽、潮湿、自然灾害而发生的破损、自然老化、损坏，从而引起的贬值。功能性贬值是由于建筑物所提供的服务功能不足、过时、超规格等原因造成的贬值。经济性贬值是由于建筑物以外因素的变化，比如经济衰退、环境污染、交通拥挤、战争发生、政府政策转变所导致的贬值，当然这些因素也同时导致地价的下降。

5.2.3　房地产价格

从商品价值构成的角度分析，房地产价格是房产价格和土地价格的统一。从商品价值形成的角度分析，在市场经济条件下，任何商品的价格都是由市场形成的，也就是由市场经济客观存在的规律即价值规律、供求规律和竞争规律调节价格。其中，商品的价值是价格的基础，价格则是价值的货币表现，而供求关系的变动和竞争的展开又影响价格围绕价值上下波动，商品的市场价格正是由这三大规律交互作用所形成的。马克思主义经济学的这一基本原理对房地产价格也是基本适用的。但同时由于房地产的特点，房地产价格的形成又具有一定的特殊性。

供求规律和竞争规律是调节房地产价格的重要因素。商品的价格受供求关系影响而上下波动，波动的轴心是商品价值，当市场价格高于价值时，市场供大于求，供求机制会抑制商品价格，使之下降；当市场价格低于价值时，市场供不应求，供求机制会提升商品价格，使其上升；当市场供给和需求趋向平衡时，则形成均衡价格。这就是商品市场的供求原理。房地产市场上也同样存在着供求原理，所不同的是，由于房地产的个别性，房地产供给的弹性很小，因此，房地产的均衡价格主要是由需求曲线的位置和形状决定的。

商品的市场价格还受到竞争规律的调节。一般情况下，供给方之间的激烈竞争会使商品价格下降，需求方之间的竞争会使价格上升，在供求平衡的情况下则会趋向均衡价格。但由于土地所有权和经营权的垄断以及房地产的区域性和个别性，使房地产市场的竞争不能充分展开，带有某种垄断性竞争的特点，这种不充分的竞争，使地区之间商品房价格造成较大的差异。

此外，预期原理对房地产价格形成也有特殊作用。一宗房地产的价格，也取决于人们对该房地产在其耐用期内效用、供求关系的预期，这就是房地产价格形成的预期原理。如当南京市宣布地铁将通往仙林大学城后，仙林大学城的房地产价格在短时间内由 4 000 元 /m^2 左右上升至 5 000 元 /m^2 左右，这就是预期原理的作用。因为人们对这些房地产的预期效用看好，所以这些房地产的市场需求增加，从而引起价格上升。

5.3 房地产价格的影响因素

房地产价格受各种因素的影响而发生变动，从房地产价格的形成和特点来分析，根据各种影响房地产价格因素自身的性质，可以将其分为经济因素、社会因素、行政因素、房地产内在因素和周边环境因素。

5.3.1 经济因素

影响房地产价格的经济因素主要是国家、地区或城市的经济状况、城镇居民的人均年可支配收入和储蓄、投资水平。这些因素会影响房地产市场的总体供求，特别是影响需求。经济周期对房地产价格也有很大影响。

商品住宅市场是在国内总体经济背景下的市场，当然会受到国内经济的影响。GDP 可作为国内经济状况的代表数据。在一个国家经济起飞时，随着国民经济或人均 GDP 的增长，房地产业以高于人均 GDP 的增长速度，加速增长；但是随着人均 GDP 的进一步增长，房地产业发展速度逐渐放慢，直至与人均 GDP 同速，甚至低于人均 GDP 的增长速度，其发展轨迹呈倒 U 曲线。我国正处在经济起飞阶段，事实表明随着 GDP 的快速增长，房地产的需求不断上升，甚至超过 GDP 的增长速度，需求的旺盛，自然导致价格的上升。

约束房地产有效需求的关键因素是城镇居民的人均年可支配收入和储蓄，储蓄是长期的对收入的储存，所以长期而言，收入增长才是推动房地产市场需求的最重要原动力。假设在一般消费品与房地产消费两者之间的消费偏好不变，也就是说无差异曲线不变，人均年可支配收入和储蓄增加意味着预算线右移，切点（消费者均衡点）会出现在效用更大的无差异曲线上，住宅的需求会增加。我国的城镇人均年可支配收入自 1998 年到 2003 年增长了 56.2%，据摩根士丹利的报告我国城市家庭存款年增长 18%。另外，实际上每个家庭平均持有相当于年收入两倍的存款，需求动力显然十分庞大，房地产价格自然随之上升。

商品住宅不仅仅是一种具有使用价值的商品，而且是一种投资品，不是第二套以上的住宅，而是所有的住宅都是投资，它本身就是一种资产，它不仅动用了人生和家庭最大一笔资金，甚至还要向银行贷 20 年乃至 30 年的款，其实自住者也是投资，而且有的人买了住宅并不自住，而是租赁以收取租金，自己另外租住较便宜的房屋来赚取差价。我国的市场经济还不发达，我国目前的投资渠道主要有：股票、债券、外汇交易、房地产、黄金珠宝、期货、基金、保险、收藏。其中期货、收藏需要专业的知识，大多数人都不能在短期内具备；股票、外汇交易的风险很大；债券、基金收益比较稳定，但同时收益也较低；黄金珠宝虽说可保值升值，但首饰类黄金珠宝实际是有价无市，即使升值，个人手上的首饰也难以高价卖出，近年国家放开了黄金市场，黄金的投资也有风险；而保险一般是作为终身投资，没有现实的当前收益。而我国房地产 10 多年来价格一路上扬，近年的年增长速度有的城市超过 10%，甚至达到 20%，这使房地产实际上成为我国最具有投资价值的实体产品。随着经济的发展，投资需求也在增长，而且储蓄的利率太低，又要交纳利息税，如果再考虑通货膨胀因素，资金存在银行已经是负增长。综合以上因素，投资需求的增加推动有效需求的增加，从而使房价升高。

经济在其发展过程中，会不可避免地出现周期性被动。一般来说经济周期的表现形式如下：复苏——扩张——繁荣——衰退——萧条，如此往复循环。在经济周期中，对房地产这类极耐用品的影响最大。当经济处于衰退之中时，房屋需求下跌，房地产价格下降；相反，在经济高涨和扩张阶段，房地产市场逐渐兴旺，需求增加，房地产价格上升。

5.3.2　社会因素

影响房地产价格的社会因素包括人口、家庭、城市化状况、社会治安、文化氛围、风俗习惯、大众心理趋势等。

房地产的需求从根本上主要产生于城镇居民的居住需求。与城镇的人口数量、密度、家庭数量密切相关。一般认为每平方公里 1 万人以内比较适合，过高的人口密度必然导致住宅需求的增加，这也是北京、上海的房产市场是全国房价最高、涨幅最大的原因之一。家庭规模对房地产价格也有一定的影响，随着城镇家庭规模的缩小，家庭数量增加了，每个家庭都需要独立的生活空间，家庭数量的增加无疑会带来住宅需求的增加，也自然会导致房地产价格的上升。

城市化是通向现代化的必经之路，城市化进程使城镇的外来人口增加，引致房地产需求增加，从而使房地产价格升高。同时城市化的提高城市建设首当其冲，新的城市规划、旧城改造，造成大规模的拆迁。大规模拆迁必然使拆迁户寻求新的住宅，造成房地产需求的增加。从城市化水平看，世界城市化发展的规律表明，一个国家或地区的城市化水平达到30%左右时，城市化进程将进入快速发展阶段，这是一个不可逆转的客观规律。我国城市化已驶入快车道，进入加速发展阶段。这也是近年来房地产价格升高的原因之一。

在住宅需求中，心理因素也是一个重要的影响因素，其中从众心理加剧了房地产价格的波动。所谓从众心理就是在一种情绪占主导地位时，大家在行动上会表现出一致性。这样就会形成普遍的乐观情绪或是悲观情绪，加剧了经济的波动。悲观情绪和乐观情绪反复这种从众心理，形成一致的预期，造成买涨不买跌的情况，在房价高涨时需求反而随之高涨。这种情况造成在一定的经济发展阶段，人们的情绪会不同。在经济活动扩张期，人们往往容易乐观，做出过好的估计，从而扩大投资，增加需求，加速了经济扩张；在经济活动收缩期，人们往往容易悲观，做出过坏的估计，从而减少投资，压缩需求，加速了经济衰退。在宏观调控中，这是一种必须预防的危险形势，如果房地产市场进入下降期，投资人很容易由于过度悲观而陷入恐慌。恐慌使投资人失去理性，大量抛售，唯恐落后而遭受更大的损失。恐慌的心理加上从众行为，会使房地产经济陷入剧烈的衰退和过度的萧条中。心理因素对房地产经济波动的影响更多地表现在短期的市场波动上。从长期来看，信息沟通越来越充分，人的预期是稳定的，心理变化趋于平稳，心理因素对市场的长期波动影响不大。但一旦造成因恐慌引起的剧烈衰退，就会造成巨大损失，市场的恢复也并非短期即可实现。

社会因素对房地产价格的影响作用是相当复杂的，它的作用方式不如经济因素那样直截了当，作用过程也比较长，是一种渗透性的影响。

5.3.3 行政因素

行政因素主要是国家或地方政府在财政、税收、金融、土地、住房、城市规划与建设、交通治安、社会保障等方面的一些制度、法规、政策和行政措施。行政因素对房地产价格的影响作用也比较突出，并且行政因素对房地产价格影响作用的速度相对较快。

国家通过货币和财政等经济政策影响房地产投资，间接影响其价格。一般来说，房地产投资规模大，回收期长，完全依靠自身的资金显然是不明智的，只能依靠银行信贷或抵押贷款等方式集资。如果在某一时间，经济、人口等其他影响需求的因素不变，房地产供给量也不变，那么房地产需求只与银行的贷款支持力度有关。银行的支持力度越大，即贷款的额度越大，利息率越低，人们的购买力也越大，房地产的有效需求就会越高，反之则使有效需求减少。

税收也是国家宏观调控的重要手段，向消费者征收的税费直接影响购房的费用、投资者的利润空间，与有效需求呈负相关。向开发商征收的税费，由于我国当前的房地产市场是卖方市场，税收的后转性强，开发商容易将增加税款向消费者转嫁。低的税收会刺激商品住宅的需求，尤其是投资需求，从而也会引起房地产价格的上升，高的税收则相反。

当然，住房制度对房地产价格也有很大的影响，有时是根本的影响。例如，我国的商品住宅市场不是自然形成的商品市场，本身就是住房制度改革的产物。住房保障制度对房地产价格也有一定影响，如我国的经济适用房政策，增加经济适用房的供应，必然会减少一部分有效需求。

5.3.4 房地产内在因素和周边环境因素

这个因素主要是指房地产自身及其周边环境状态，如土地的区位、建筑物的外观、朝向、结构、内部格局、设备配置状况、施工质量，以及所处环境的地质、地貌、气象、水文、环境污染情况等。

房地产位置的优劣直接影响其所有者或使用者的生活满足程度、经济收益或社会影响，因此，房地产坐落的位置不同，价格会有较大差异。尤其是城市土地，其价格的高低几乎为位置优劣所左右，所以，关于房地产有句名言：第一是区位，第二是区位，第三还是区位。房地产位置优劣的决定标准虽因使用不同而有差异，但是在一般情况下，凡接近人们经济活动中心、交通流量较大、市政和服务设施齐备、与购物中心及娱乐中心相毗邻的地方，房地产价格必然高昂；反之房地产价格必然较低。建筑物外观形象、朝向、结构、内部格局、设备配置状况、施工质量对房地产价格也有影响。凡是建筑物外观新颖、优美，结构合理，通风采光良好，设备齐全先进，则价格就高；反之价格就低。例如，一般来说，坐北朝南的房屋价格总是要高于东西朝向的房屋价格。

其次，房地产的使用离不开其周围的环境，因此房地产的周边环境因素，也影响房地产的价格。如位于公园、绿地旁边的住宅，由于其安静、空气清新、风景怡人的环境，价格往往也较高，而如果住宅紧临高速公路、机场等噪声源或垃圾处理场、臭河滨等视觉、空气污染源，则价格就低。

5.4 房地产估价

5.4.1 房地产估价的概念

房地产估价，是指专业的房地产估价人员，根据特定的估价目的，遵循估价原则，按照规范的估价程序，采用科学的估价方法，并结合经验，通过对影响房地产价格因素的分析，对特定房地产的真实、客观、合理的价格所做的估计、推测和判断。

房地产估价专业人员是指经房地产估价人员资格考试合格，由有关主管部门审定注册，取得执业资格证书后专门从事房地产估价业务的专业人才。在我国，房地产估价专业人员被称为估价师，在英国和我国香港地区等地被称为测量师，在日本和韩国被称为不动产鉴定师。建设部根据《中华人民共和国房地产管理法》和有关法律、法规的规定，于1998年8月颁布了《房地产估价师注册管理办法》，自1998年9月1日起施行。该办法规定房地产估价人员须经全国房地产估价师执业资格统一考试合格，按规定注册，取得《房地产估价师注册证》，才能从事房地产估价活动。未经注册的人员，不得以“房地产估价师”的名义从事房地产估价业务，不得签署具有法律效力的房地产估价报告书。该办法对初始注册、注册变更、续注册、撤销注册、执业、权利与义务、法律等做出了具体规定。我国还有国家土地主管部门进行资格认定和注册管理的土地估价师。土地估价师可从事土地价格的评估业务。

一名合格的房地产估价专业人员，应符合下列基本要求。

1）有扎实的房地产估价理论、方法及房地产制度政策、开发经营、城市规划、建筑等方面的知识。

2）有丰富的房地产估价实务经验。

3）具有较高的市场调查、推理判断技能。

4）有良好的职业道德。房地产估价具有两个鲜明的特性：科学性和艺术性。房地产估价是揭示房地产价格形成、发展规律以指导人们的经济和社会实践活动的专业工作，它具有科学工作严谨、客观的一般特点，具体表现在：对估价人员的资格、估价的原则、程序、方法等的严格规范，以及必须以客观的市场数据资料为主要估价依据等方面。这就是房地产估价的科学性特征。但是，房地产估价又不同于一般的科学，它还具有另一个重要特征：艺术性。艺术与科学很不相同的一点是独特性、不重复性、模糊性。房地产估价在这一点上与艺术有相似之处，那就是由于房地产本身的个别性，房地产估价也具有明显的个别性，同时，由于房地产估价过程中离不开估价人员经验的运用，而经验是非常个性化的东西，因此对同一个估价项目，虽然在科学性的体现下，不同的估价人员所得到的估价结果会相互接近，但数值完全一样却几乎是不可能的。而且，由于影响房地产价格的因素纷繁复杂，每一种因素又都处在不断的变动之中，任何一个人都不可能对这些因素完全把握，因此对一宗具体的房地产，估价人员对其真实、客观、合理的价格只能做估计，而不可能很精确地予以确定。

5.4.2 房地产估价的意义与作用

由于房地产价格自身的一系列特殊性，房地产价格又是市场价格体系中最复杂的价格类型之一，因此它很难被一般人所识别、认识，而房地产估价正是通过具有丰富的知识和经验的估价人员的专业化劳动，使这一难以识别的价格得以合理的呈现，以满足人们正确认识房地产价格的需要，这是房地产估价最重要的意义所在。正因为如此，房地产估价在社会经济活动中发挥着极其重要的作用，而且，随着经济的发展这种作用所渗透的方面越来越广。具体而言，房地产估价的作用体现在以下方面。

1）为房地产交易、投资、开发等房地产经济活动服务。目前，除了新建商品房销售一般不需要估价外，房地产买卖、租赁、抵押以及土地使用权转让等各类房地产交易活动，都需要对交易标的价格进行评估。在房地产投资和开发过程中，取得开发基地是重要的工作环节，也离不开对土地价格的评估。

2）为建立股份制企业、合资、合营、国有企业转制、企业兼并、破产等经济活动服务。在建立股份制企业时，投资方常常以房地产作为股本入股，这就需要将房地产作价，而作价的依据只能来自房地产估价。此外，在企业转制、企业兼并、破产时，都需要对企业的资产进行估价，而房地产通常是企业资产很重要的组成部分，因此也离不开房地产估价。

3）为信贷、保险等金融活动服务。在信贷活动中，银行为了保证贷款的安全性常会要求贷款人提供抵押物作为信用担保，而房地产由于具有空间固定性和价值量大的特点，是非常好的抵押物，以房地产作为抵押物就必须对其价格进行评估。房地产财产保险是一项重要的财产保险项目，被保房地产的价格是确定保额乃至保费的根本依据，因此也离不开房地产估价。

4）为市政建设、城市规划调整等城市建设和管理活动服务。城市道路、桥梁、地铁兴建、扩建，都不可避免地要征用土地和拆迁房屋。这就必须对被征用的土地或被拆迁的房屋进行补偿，补偿的依据就是房地产的价格，自然需要对这些土地和房屋进行估价。城市规划的调整涉及一些地块土地用途的改变，从经济效益来考虑，必须对这种变更的成本和收益进行权衡分析，这也离不开房地产估价。而城市规划调整的实施，也需要拆迁房屋，因此又要有房地产估价的服务。

5）为政府征税服务。与房地产有关的税种中，土地增值税、房产税或物业税、契税、营业税等税种的税费计算都依据标的房地产的价格，因此需要房地产估价服务。

6）为处理房地产经济纠纷的司法仲裁活动服务。在市场经济环境中，房地产交易、开发以及企业合资、合营、合作中不可避免地会发生一些涉及房地产的经济纠纷，这些纠纷的解决，经常需要对有关房地产的价格进行评估。因此，房地产估价也可以为司法活动服务。

7）房地产估价是国家对不动产管理的重要依据。房地产是一项重要的资产，往往占有一国财富的极大比重，只有从价值上掌握这项重要资产的数量，及其增值、贬值情况，才能对它做出有效的管理。房地产估价便是实现这种有效管理的重要依据。

8）房地产价格评估，可为政府确定土地使用权出让金，制定基准地价、标定地价和各类房屋重置价格提供可靠依据，以便加强对房地产市场的管理。

以上情况表明，国家实行房地产价格评估制度，是培育和发展房地产市场的需要，是振兴房地产业的需要。认真实行这一制度，能更好地维护房地产市场秩序，保障房地产权利人的合法利益，促进房地产业的健康发展。

5.4.3 房地产估价的原则

人们在房地产估价的反复实践和理论探索中，通过认识房地产价格形成和运动的客观规律，并在此基础上总结出估价活动中应当遵循的法则或标准，就是房地产估价原则。

对房地产估价总的要求是独立、客观、公正，这应作为房地产估价的最高原则。同时，在具体估价作业中应当遵循的原则主要有：合法原则、最有效使用原则、替代原则、贡献原则、估价时点原则。

1. 合法原则

合法原则要求应以估价对象的合法使用、合法处分为前提估价。所谓合法，是指符合国家的法律法规及房地产所在地政府的有关规定。合法原则的具体要求有以下三个方面。

1）估价时必须确认估价对象具有合法的产权。在无法确认估价对象产权合法性的情况下，就必须在估价报告中说明。估价过程和结果是在估价对象具有所假定的合法产权的情况下，才是有效的。

2）要求估价时所涉及的估价对象的利用方式必须是合法的。

3）涉及估价对象的交易或处分方式，也必须是合法的。处分方式包括买卖、租赁、抵押、典当、抵债、赠与等。

2. 最有效使用原则

遵循最有效使用原则，要求评估价值应是在合法使用方式下，在各种可能的使用方式中，最佳、最高、能够获得最大收益的使用方式的估价结果。使用最有效使用原则的前提是必须符合法律上许可、技术上可能、经济上可行以及价值最大化。

在估价对象已经处于某种使用状态的情况下，应根据最有效使用原则的前提对估价前提做出如下判断和选择。

1）保持现状前提，即认为保持现状继续使用最为有利时，应以保持现状继续使用为前提估价；

2）转换用途前提，即认为转换用途后再予以使用最为有利时，应以转换用途后再予以使用为估价前提；

3）装修改造前提，即认为装修改造但不转换用途再予以利用最为有利时，应以装修改造但不转换用途再予以利用为估价前提；

4）重新利用前提，即认为拆除现有建筑物再予以使用最为有利时，应以拆除现有建筑物后再予以利用为估价前提；

5）上述情形的某种组合。

3. 替代原则

遵循替代原则，要求估价结果不得明显偏离类似房地产在同等条件下的正常价格。类似房地产是指与估价对象处在同一供求范围内，并在用途、规模、档次、建筑结构等方面与估价对象相同或相近的房地产。

4. 贡献原则

根据经济学中的边际收益原则，衡量各生产要素的价格大小，是依据其对总收益的贡献来确定的。对投资人来说，房地产的价值就在于它能够产生收益，因此在房地产估价时，可以以房地产的未来收益作为房地产当前价值的评估。

5. 估价时点原则

估价时点是评估房地产价格的时间点，估价对象状况和相关制约条件是以该时点为基础。估价时点原则要求估价结果应是估价对象在估价时点的客观合理价格或价值。因为影响房地产价格的因素是不断变化的，因而房地产价格也是不断变化的。在不同的时间，同一宗房地产往往有不同的价格，因此确定估价时点非常重要。估价通常是求取估价对象在某个特定时间上的价格，一般以公历日期表示，精确到日。

5.4.4 房地产估价程序

房地产估价是一项较为复杂的活动，必须按照科学严谨的估价程序进行。一宗房地产估价活动的过程一般如下。

1. 明确估价基本事项

在房地产估价时，必须了解估价对象的基本情况，这是拟订估价方案、选择估价方法的前提。主要包括下列内容：

1）明确委托方所提出的估价目的，不同的估价目的，所评估的价格内涵也不尽相同。

2）了解估价对象，主要包括估价对象的物质实体状况和权益状况。

3）明确估价时点，估价时点应根据估价目的确定。

4）签订估价合同，明确委托人所要求的估价任务完成期限。估价合同一般包括估价对象、估价目的、估价时点、估价收费、双方责任、评估报告等事宜的约定。

2. 拟订估价工作计划

在明确估价基本事项的基础上，应对估价项目进行初步分析，拟订估价工作计划，即以调查收集的资料及其来源渠道，预计所需的时间、人力、经费；拟订作业步骤和作业进度。工作计划的合理制订有利于提高工作效率和质量。

3. 搜集估价所需资料

估价人员和估价机构应经常搜集估价所需资料，并进行核实、分析、整理。估价所需资料主要包括：国家、地方涉及房地产估价的政策、法规、定额指标；有关估价对象所在地区的环境和区域因素的资料；相关房地产的供求、交易、开发成本、租售收益，及其数量、时间、区位环境、买卖动机、买卖合同条款等实例资料；反映估价对象状况的资料。

4. 实地查勘估价对象

估价人员必须到估价对象现场，亲身感受估价对象的位置、周围环境、景观的优劣，查勘估价对象的外观、建筑结构、装修、设备等状况，并对事先收集的有关估价对象的坐落、四至、面积、产权等资料进行核实，同时搜集补充估价所需的其他资料，以及对估价对象及其周围环境或邻路状况进行拍照等。

5. 测算被估房地产价格

由于各种估价方法的局限性，以及所搜集采用的各种数据资料的不确定性，估价人员要熟知、理解并正确运用市场比较法、收益还原法、成本估价法等估价方法，以及这些估价方法的综合运用。有时可以采用多种估价方法进行估价，互相验证和修正，尽可能确保评估结论的客观真实性。

6. 撰写房地产估价报告

房地产估价报告是估价过程的综合反映，不仅可以得到房地产估价的最终结果，还能了解整个估价过程的技术思路、估价的方法和依据。

5.4.5 房地产估价的基本方法

房地产估价的基本方法包括：市场比较法、收益还原法、成本估价法和假设开发法。

5.4.5.1 市场比较法

市场比较法是指将估价对象与在估价时点近期有过交易的类似房地产进行比较，对这些类似房地产的已知价格做适当的修正，以此估算估价对象的客观合理价格或价值的方法。

市场比较法的思路源于房地产价格形成的替代原理。替代原理使存在替代关系的房地产之间出现价格的相互牵引，并趋于一致。也就是说，可利用与评估房地产有替代关系的其他房地产的成交价格，来推测房地产最可能实现的市场价格。当然，由于房地产的个别性，交易实例与评估房地产之间总是存在着一定的差异，所以在依据成交实例的价格来推测评估房地产价格的过程中，必须对成交实例和评估房地产进行分析，对两者之中的特性差异进行修正，最终得到合理的评估价格。

市场比较法适用于房地产市场发育程度较好、有较多交易实例发生的地区或房地产类型。像教堂、寺庙、学校、古建筑等很少有交易发生的特殊类型房地产，就不适用比较法。

市场比较法应先尽量收集交易实例，然后从搜集的交易实例中选取三个以上的可比实例。选取的实例应是与估价对象类似的房地产；交易类型与估价目的吻合；成交日期与估价时点接近；成交价格是正常价格或可修正为正常价格。选取了可比实例之后，应先对这些可比实例的成交价格进行修正，使其统一到被估房地产在评估基准日的市场状态下的水平。主要的修正因素为交易情况因素、交易环境因素、交易日期因素、个别因素。基本计算公式是：

比准价格 = 可比实例价格 × 交易情况修正系数 × 交易日期修正系数
× 交易环境修正系数 × 个别因素修正系数

最终将选取的多个可比交易实例，进行各项修正之后，综合考虑利用适当的统计方法确定评估结果，求出房地产估价。

【例 5-1】为评估某商铺 2002 年 10 月 1 日的正常市场交易价格，在该商铺附近地区调查选取了 A、B、C 三宗类似商铺的交易实例作为可比实例，有关资料如表 5-1 所示。

表 5-1

	可比实例 A	可比实例 B	可比实例 C
成交价格	6 000（元 /m^2）	600（美元 /m^2）	5 500（元 /m^2）
成交日期	2002 年 1 月 1 日	2002 年 3 月 1 日	2002 年 7 月 1 日
交易情况	+2%	+3%	–3%
房地产状况	–8%	–4%	+6%

在表 5-1 的交易情况中，正（负）值表示可比实例的成交价格高（低）于其正常价格的幅度；在房地产状况中，正（负）值表示可比实例的房地产状况优（劣）于估价对象的房地产状况导致的价格差异幅度。另假设人民币与美元的市场汇价 2002 年 3 月 1 日为 1 ：8.5，2002 年 10 月 1 日为 1 ：8.3；该类商铺以人民币为基准的市场价格 2002 年 1 月 1 日至 2002 年 2 月 1 日基本保持不变，2002 年 2 月 1 日至 2002 年 5 月 1 日平均每月比上月下降 1％，以后平均每月比上月上升 0.5％。试利用上述材料估算该商铺 2002 年 10 月 1 日的正常市场价格。

下面对该商铺 2002 年 10 月 1 日的正常市场价格做估算。

计算公式为：

比准价格 = 可比实例价格 × 交易情况修正系数 × 交易日期修正系数
× 房地产状况修正系数

根据上述公式可以计算出：

比准价格 A = 6 000×(100/102)×$(1–1\%)^3$×$(1+5\%)^5$×(100/92)=7 918（元 /m^2）

比准价格 B = 600×8.5×(100/103)×$(1–1\%)^3$×$(1+5\%)^5$×(100/96)=6 452（元 /m^2）

比准价格 C = 5 500×(100/97)×$(1–1\%)^3$×$(1+5\%)^5$×(100/106)=6 192（元 /m^2）

将上述三个比准价格的简单算术平均数作为比较法的估算结果，则

估价对象价格（单价）=(7 918+6 452+6 192)÷3 = 6 854（元 /m^2）

5.4.5.2 收益还原法

收益还原法是指将房地产未来产生的纯收益资本化，折算为现值的方法。

收益还原法的原理在于房地产具有效用长久性的特点，房地产的价格是由房地产将来给业主带来的全部经济收益的现值来决定的。对于买方，房地产的价格不能超过房地产在他所购买的权利期限内将产生的所有收益的现值总和，否则就是不经济的。而对于出卖的一方而言，如果房地产某项权利出售的价格低于该项权利将来所产生的全部收益的现值总和，那么同样也是不经济的。因此供需双方都能接受的价格便是房地产在权利期限内所产生的全部收益的现值总和。

收益还原法对于以收益为使用目的的房地产相当有效。如商店、旅馆、工厂、可供出租的写字楼等，对于政府办公楼、学校、公园等公用、公益性房地产的估价，收益还原法大多不适用。

收益还原法适用的前提条件是房地产的收益和风险都能量化。收益还原法的基本公式为：

$$V=\sum_{i=1}^{n}\frac{a_i}{(1+r_i)^i}$$

式中，V 是房地产的收益价格；i 是年份；n 是房地产的收益年限（自估价时点起至未来可获收益的年限）；a_i 是房地产未来第 i 年的净收益（假定发生在年末），r_i 是第 i 年的还原利率。

当年收益与还原利率不变时，房地产的收益价格为：

$$V=\frac{a}{r}\left[1-\frac{1}{(1+r)^n}\right]$$

运用收益还原法估价，一般应按下列步骤进行：①搜集有关收入和费用的资料；②估算估价对象预期每年的潜在毛收入；③估算每年的有效毛收入；④估算年运营费用；⑤估算年净收入；⑥选用适当的资本化率；⑦选用适宜的计算公式求出收益价格。

【例 5-2】 某房地产出租的年纯收益为 25 万元，综合还原利率为 12%，估价尚可使用 20 年，求该房地产的价格。

$$V=\frac{25}{12\%}\left[1-\frac{1}{(1+12\%)^n}\right]=186.74\text{（万元）}$$

采用收益还原法的难度在于确定房地产的纯收益和适当的还原利率。

这里的纯收益是指归属于房地产的纯收益。这种纯收益是以收益为目的的房地产及与此有关的设施、劳动力及经营的诸要素相结合所产生的总收益，扣除资本、劳动力和经营所产出的收益后余下来的收益。客观的纯收益首先应当符合以下三个条件：一是由具备良好意识与正常使用该房地产能力的人使用所能产生的收益；二是收益必须能持续且有规则地产生；三是应为完全确实的收益。其次，作为影响客观纯收益数量多少的总费用，应以一般经营所持续需要的直接费用为限。

一般出租型房地产，可根据租赁资料计算净收益，净收益为租赁收入扣除维修费、管理费、保险费和税金；商业经营型房地产，可根据经营资料计算净收益，净收益为商品销售收入扣除商品销售成本、经营费用、商品销售税金及附加、管理费用、财务费用和商业利润；生产型房地产，可根据产品市场价格以及原材料、人工费用等资料计算净收益，净收益为产品销售收入扣除生产成本、产品销售费用、产品销售税金及附加、管理费用、财务费用和厂商利润；尚未使用或自用的房地产，可比照有收益的类似房地产的有关资料按上述相应的方式计算净收益，或直接比较得出净收益。

还原利率采用何种利率，是一个非常重要的问题。因为还原利率高低相差 1%，房地产的收益价格将出现很大的差异。因此，还原利率若选取不当，即使净收益的估算很精确，估算的价格也不可信任。

还原利率实质上是投资收益率，我们可以将它看作是估价对象投资的机会成本，正确的还原利率是投资者能够从一项“相似的”投资中得到的回报率。估算方法主要有以下四种。

1）市场提取法。搜集市场上三宗类似房地产的价格、净收益等资料，选用相应的收益还原法计算公式，求出还原利率。

2）安全利率加风险调整值法。以安全利率加上风险调整值作为还原利率。安全利率可选用同一时期的一年期国债年利率或中国人民银行公布的一年定期存款利率。

3）复合投资收益率法。将购买房地产的抵押贷款资本化率与自有资本收益率的加权平均数作为还原利率。其中抵押贷款资本化率为第一年还本息额与抵押贷款额的比率。

4）投资收益率排序插入法。找出相关投资类型及其收益率、风险程度，按风险大小排序，将估价对象与这些投资的风险程度进行比较、判断，确定还原利率。

5.4.5.3 成本估价法

成本估价法是在求取估价对象房地产的价格时，以开发或建造估价对象的房地产或类似房地产所需耗费的各项必要费用之和为基础，再加上正常的利润和应纳税金来确定估价对象房地产价格的一种估价方法。成本估价法评估出的价格常称为积算价格。

成本估价法是根据房地产开发所需的成本来评估房地产的价格，它是替代规律所导致的。对于需求方而言，如果市场上的房地产价格高于在当时的市场条件下开发同类房地产的成本，那么他将放弃从市场直接购买房地产的想法，而采取自行开发建造的方式。对于供给方而言，如果开发出来的房地产商品，其销售收入不能回收其开发成本并使其获得正常利润，他也不会接受这一价格，开发成本是供给方愿意接受价格的下限。因此，开发成本是供需双方都能够接受的价格。

成本估价法在各种估价方法中有其特殊的用途，特别适用于独立或狭小市场上无法运用市场比较法进行估价的房地产的估价。另外，对于既无收益又很少出现买卖情况的学校、图书馆、医院、政府办公楼、军队营房、公园等公共建筑、公益设施的估价也很适用。

运用成本估价法估价时需要注意的是：现实生活中房地产的价格多取决于其效用，而非花费的成本，成本的增减一定要对效用有作用才能形成价格。

运用成本估价法估价一般分为下列四个步骤进行：搜集有关房地产开发的成本、税费、利润等资料；估算重新购建价格；估算折旧；求取估算价格。

成本估价法的基本公式：

$$估算价格=重新购建价格-折旧$$

重新购建价格是假设在估价时点重新取得或重新开发、重新建造全新状况的估价对象所需的一切合理、必要的费用、税金和应得的利润之和。求取房地的重新购建价格，要先求取土地的重新取得价格或重新开发成本；再求取建筑物的重新购建价格，然后相加。

这里所讲的折旧是建筑物的估价折旧，是各种原因所造成的价值损失，是建筑物在估价时点时的市场价值与其新购建价格之间的差额，扣除折旧即是减价修正。造成建筑物损耗且贬值的因素有自然的、功能的、经济的，由此而造成的价值损耗或称为贬值，可以分为实体性贬值、功能性贬值、经济性贬值。实体性贬值是由于正常的使用、长期磨损、管理疏忽、潮湿、自然灾害而发生的破损、自然老化、损坏，从而引起的贬值。功能性贬值是由于建筑物所提供的服务功能不足、技术相对落后等原因造成的贬值。经济性贬值是由于外部环境的变化，比如宏观经济政策、市场供求、市场竞争、通货膨胀等所导致的贬值。

折旧的求取方法很多，可分为四大类：耐用年限法、实际观察法、成新折扣法、混合法。其中，耐用年限法又有直线折旧法、余额递减折旧法、年数合计折旧法等。至于实际估价时应当选择何种折旧方法求取折旧，需要视建筑物的实际情况而定。直线折旧法是最简单和应用最普遍的折旧方法。此方法假设在建筑物的耐用年限期间每年的折旧额相等。其每年的折旧额的计算公式为：

$$D=(C-S)/N=C(1-R)/N$$

式中，D 表示每年的折旧额；C 表示建筑物的重新建造成本；S 表示预计的建筑物的净残值；R 表示建筑物的残值率，是残值与重新建造成本的比率；N 表示建筑物的耐用年限。

无论采用上述哪种折旧方法求取建筑物现值，估价人员都要亲临估价对象现场，观察、鉴定建筑物的实际新旧程度，根据建筑物的建成时间、维护、保养、使用情况，以及地基的稳定性等，最后确定应扣除的折旧额或成新率。

5.4.5.4　假设开发法

假设开发法又称开发法、预期开发法、剩余法，是预测估价对象未来开发完成后的价值，然后减去预测的未来开发成本、税费和利润等来求取估价对象的价值。

假设开发法是一种科学实用的估价方法，其基本原理与收益法相同，是预期原理。假设开发法更深的理论依据类似于地租原理，只不过地租是每年的租金剩余，假设开发法通常测算的是一次性的价格剩余。

假设开发法适用于具有投资开发或再开发潜力的房地产，例如待开发的土地（包括生地、毛地、熟地）、在建工程（包括房地产开发项目）、可装饰装修改造或可改变用途的旧房（包括装饰装修、改建、扩建，如果是重建就属于毛地的范畴）。

在实际估价中，运用假设开发法估价的结果的可靠性，关键取决于下列两个预测：①是否根据房地产估价的合法原则和最有效使用原则，正确地判断了房地产的最佳开发利用方式（包括用途、规模、档次等）。②是否根据当地房地产市场行情或供求状况，正确地预测了未来开发完成后的房地产价值。

运用假设开发法估价一般分为下列 6 个步骤：①调查待开发房地产的基本情况；②选择最佳的开发利用方式；③估算开发经营期；④预测开发完成后的房地产价值；⑤测算开发成本、管理费用、投资利息、销售费用、销售税费、开发利润及投资者购买待开发房地产应负担的税费；⑥进行具体计算，求出待开发房地产的价值。

假设开发法最基本的公式为：

待开发房地产价值 = 开发完成后的房地产价值 − 开发成本 − 管理费用 −
投资利息 − 销售费用 − 销售税费 − 开发利润 −
投资者购买待开发房地产应负担的税费

对于公式中具体应减去的项目，掌握的基本原则是设想得到估价对象后，至开发完成还需要支出的一切合理、必要的费用、税金及应获得的利润。因此，如果是已经投入的费用，则它就包含在待开发房地产的价值内，不应作为扣除项。运用上述公式估价，一是要把握待开发房地产在投资开发前后的状况；二是要把握投资开发后的房地产经营方式。

房地产开发具有周期长的特点，其开发成本、管理费用、销售费用、销售税费、开发完成后的房地产价值等实际发生的时间不尽相同，特别是大型的房地产开发项目。因此，运用假设开发法估价必须考虑资金的时间价值。考虑资金的时间价值有如下两种不同的方式：①采用折现的方式，一般将这种方式下的假设开发法称为现金流量折现法；②采用计算利息的方式，一般将这种方式下的假设开发法称为传统方法。

【例 5-3】 有一成片荒地需要估价。获知该成片荒地的面积为 $2km^2$，适宜进行“五通一平”的开发后分块有偿转让；可转让土地面积的比率为 60%；附近地区与之位置相当的小块“五通一平”熟地的单价为 800 元 $/m^2$；开发期为 3 年；将该成片荒地开发成“五通一平”熟地的开发成本、管理费用等经测算为 2.5 亿元 $/km^2$；贷款年利率为 10%；投资利润率为 15%；当地土地转让中卖方需要交纳的税费为转让价格的 6%，买方需要交纳的税费为转让价格的 4%。试用传统方法测算该成片荒地的总价和单价。

解：

设该成片荒地的总价为 V。

该成片荒地开发完成后的总价值 = 800×2 000 000×60%=9.6（亿元）

开发成本和管理费用等的总额 = 2.5×2 = 5（亿元）

投资利息总额 = $(V + V\times 4\%)\times[(1+10\%)^3-1] + 5\times[(1+10\%)^{1.5}-1] = 0.344V+0.768$（亿元）

转让税费总额 = 9.6×6% = 0.576（亿元）

开发利润总额 = $(V+V\times 4\%+5)\times 15\% = 0.156V + 0.75$（亿元）

购买该成片荒地的税费总额 = $V\times 4\% = 0.04V$（亿元）

$V = 9.6-5-(0.344V+0.768)-0.576-(0.156V+0.75)-0.04V$

$V = 1.627$（亿元）

故：荒地总价 = 1.627（亿元）；

荒地单价 = 81.35（元 $/m^2$）。

[热点话题]

专家预测 2013 年房价走势：前低、中升、后翘

【提要】在刚刚结束的中国发展高层论坛上，不少与会专家表示，近期市场井喷式的交易量与“国五条”及其细则有很大关系，预测今年的房价呈现“前低、中升、后翘”“平稳增长”的态势。

在刚刚结束的中国发展高层论坛上，不少与会专家表示，近期市场井喷式的交易量与“国五条”及其细则有很大关系，预测今年的房价呈现“前低、中升、后翘”“平稳增长”的态势。

受“国五条”影响市场交易量井喷

2 月是楼市传统淡季，今年却一片火热。国家统计局发布的统计数据显示，今年 2 月全国 70 个大中城市中，新建商品住宅、二手住宅价格环比上涨的城市数量均扩大到 66 个，占比高达 94%。

与会专家认为，最近市场井喷式的交易量与“国五条”及其细则有很大的关系。

"'国五条'的出台有些突然，房价看涨并不是因为政策本身，而是因为目前'国五条'还没有落实，大家都在争取这个时间进行交易。"香港瑞安集团有限公司董事局主席罗康瑞说。

绿地集团董事长、总裁张玉良表示，"国五条"抑制投机的落脚点是对的，但更应同时保护好改善型、自主型需求。"在供不应求的城市去增加税收，肯定会直接转嫁给消费者，结果实际上提高了房价。政策关键是要执行好，如果简单去执行，就会出现问题。"

投资性需求仍过盛

与会专家认为，目前部分城市存在房价偏高、放量过快的情况，但并不是全国的情况，调控还应增强差异化、针对性。

国土资源部副部长胡存智指出，我国每年的土地供应量是供过于求的，但市场却表现出供不应求，其主要原因是投资性需求过于旺盛。他建议楼市调控应在现有基础上继续深化，把投资、投机性的需求抑制在合理的水平上。"对收取不动产的调节税，建议从第三套房子开始收。"

国务院发展研究中心市场经济研究所所长任兴洲同样表示，不能笼统地说房地产市场供不应求，不能简单地认为一线城市缺房子，需要具体分析。"到底哪里缺、缺多少，一味地说缺，就造成很多地方房子多了起来，也导致了很多问题。"

今年房价或仍将上涨

任兴洲预测，今年房地产运行的情况是"前低、中升、后翘"。她表示，今年的房地产市场情况主要取决于两大因素，一是政策因素，未来市场要受各地"国五条"细则影响；二是金融政策，货币发行量、金融优惠政策等会决定今年的市场走势。"如果说今年货币很宽松，信贷放得很宽，而优惠政策比较优惠的话，我相信今年的住房价格是会往上走的。"

"今年房价下跌的可能性不太大，若国家的宏观政策实施得好，房价将呈现平稳增长的态势。"张玉良说。

资料来源：李方．中国经济网，2013年3月26日．

本章小结

1. 本章简要介绍了房地产价格的内涵、特点与类型。房地产价格是房屋建筑物价格和土地价格的统一，是房地产商品价值和地租资本化综合价值的货币表现。

2. 本章分析了房地产价格的构成。房地产价格由房产价格与土地价格构成，是二者的统一。房地产的均衡价格主要是由需求曲线的位置和形状决定的。

3. 本章重点分析了房地产价格的影响因素，包括经济因素、社会因素、行政因素、房地产内在因素和周边环境因素。

4. 本章重点介绍了房地产估价的程序和基本方法，包括市场比较法、收益还原法和成本估价法。

思考题

1. 简述房地产价格的形成机制。
2. 影响房地产价格的因素有哪些?
3. 房地产估价应依据什么原则?
4. 简要分析市场比较法、收益还原法和成本估价法的适用范围。

第 6 章

房地产投资

学习重点

1. 房地产项目的可行性研究
2. 房地产投资分析的概念、研究范围、特点目标和任务
3. 房地产投资风险的概念、种类和对策

学习难点

编制房地产项目的可行性研究报告

6.1 房地产投资概述

6.1.1 投资概述

投资是指经济主体（政府、企业、事业单位或个人）投入货币或物资，以获取价值增值手段或营利性固定资产的经济活动过程。有时也指为获得一定经济收益或社会收益而投入某种活动的资产。投资的形式主要有股票投资、债券投资、银行储蓄、期货买卖和房地产投资等。

1. 投资主体

投资主体，也叫投资者，是指投资活动的经济主体。包括各级政府、企业、事业单位或个人等。

2. 投资目的

投资活动是为了获取预期的效益，首先就是经济效益，投资者投入一定量的货币或物资的目的就在于保证投资能够收回并实现增值。

3. 投资方式

进行投资要有必要的手段，资产包括有形资产（机械设备、原料等）和无形资产（专利、商誉等）。将这些资产形成投资时，必须使用价值尺度使其转化为一定量的货币。投资可运用多种形式投放于多种事业：一种是直接投资，主要形成实物资产；另一种是间接投资，主要形成金融资产。

4. **投资分类**

我们可以从不同的角度对投资进行分类：

1）生产性投资和非生产性投资；

2）固定资产投资和流动资产投资；

3）总投资和净投资；

4）直接投资和间接投资；

5）短期投资和长期投资。

6.1.2 房地产投资的概念

房地产投资是指投资主体将一定的资金直接或间接地投入到房地产开发、经营、管理、服务和消费等活动中，以期望获得更大收益的投资行为。其主要包括以下几方面的内容：

1）房地产投资的主体可以是各级政府、企业、事业、银行和个人，以及港、澳、台地区和国外的投资者。

2）房地产投资所涉及的领域包括房地产开发、经营、管理、服务和消费等。

3）房地产投资的目的是获得价值增值。因为房地产本身具有保值增值的特点，投资者投资房地产的目的就是为了获得未来更大的收益，达到预期的投资目标。

房地产投资的三要素指的是时机、地段和质量。

1. **时机**

在房地产投资中，对时机的把握很重要。房地产投资强调在合适的时间、合适的地点和对合适的物业类型进行投资，才能使收益最大化，同时把风险控制在最低限度。房地产投资的时机不仅表现在置业投资的过程中，更重要的是表现在开发投资过程中，要选择合适的时间进入房地产市场。

2. **地段**

房地产的增值实际上就是土地的增值。好的地段，增值潜力大，对于房地产投资者来说是必争之处。地段不仅仅是一个自然地理位置的概念，还应包括经济地理状况和交通地理状况，不同的地段适于建造不同的房地产。购物中心和商场等商业房屋应建在繁华的商业中心；建造别墅应选择风景优美、环境幽静、气候宜人的郊区；住宅应建在交通方便、购物便利、服务设施齐全的场所。房地产投资地段的选择对房地产投资的成败有着至关重要的影响。

3. **质量**

质量是房地产投资开发的生命线：一个是房地产物质实体的建造质量，如建材质量是否达标、环保，施工质量是否合格等；另一个是服务质量，如物业管理服务质量等。随着经济的发展，人们对房屋质量和工作生活环境质量的要求越来越高，有些消费者在购房时甚至已经将质量看得比价格和位置还要重要。

6.1.3　房地产投资的目的

房地产投资是将资金投入到房地产开发、经营、管理和服务中去，以获得资本增值的一种经济活动。因此，房地产投资的目的，就是为了通过开发和经营等过程获取未来更多的收益。这些未来收益的来源渠道是多样的，主要有销售收益、现金流量收益、避税收入等。

1. **销售收益**

房地产投资的销售收益是指房地产销售收入减去房地产开发经营成本之后的差额。它是房地产投资者在出售房地产时所获得的投资利润。销售收益是房地产投资收益中的主要部分。房地产开发投资和房地产置业投资都可以产生销售收益。

房地产开发投资的主要目的是获取销售开发利润；房地产置业投资的主要目的是获取现金流量收益，也就是将投资购入的物业进行出租，获取较为稳定的租金收入。这两种情况下的销售收益都是房地产相关收入减去有关成本和纳税后的余额。所以，要增加销售收益，重要的是在房地产投资前期，对投资时机、地段和质量予以充分重视，以降低投入成本，增加销售收入。

2. **现金流量收益**

现金流量收益一般是指投资者直接经营房地产而获取的经营（租金）收入中扣除各种支出后的余额。租金收入减除经营费用和偿还借款费用，剩余的金额就是税前现金流量，再扣除所得税后，就是税后现金流量。房地产投资现金流量的大小主要取决于房地产租金总额、房地产的总营运费用以及投资借款的偿还方式和数额三个因素。

3. **避税收入**

房地产投资的避税收入，是指因提取房地产折旧而降低纳税基数，给投资带来的收益。房地产投资的所得税是以实际经营收入扣除经营成本、贷款利息和建筑物折旧等，以净经营收入为基数乘以税率征收。在实际经营收入相同的情况下，所提取的折旧越多，交纳的所得税就越少，从而起到了避税的作用。

6.1.4　房地产投资的特点

1. **投资成本大，回收周期长**

房地产业是资金密集型行业，投资一宗房地产，少则上百万，多则上亿元。因此，房地产投资开发项目很少是完全靠开发商自有资金周转的，在很大程度上依赖金融部门的支持。房地产市场是由四个相互联系的市场组成，即土地市场、综合开发市场、建筑施工市场和房产市场。投资者把资金投入到房地产市场，需要经过这几个市场的一次完整流通，才能获得利润。通常，房地产开发从找地、贷款、规划设计、建设完工，直到销售出去，一般需要1～5年的时间。依靠租金收回投资的投资者，需要的时间会更长。

2. **房地产投资不确定因素多，风险大**

房地产的不可移动性，和房地产投资数额巨大，回收期长等特点，使得房地产投资在漫长的回收过程中，受政治、经济、社会、法律以及自然环境等诸多因素的影响。房地产投资是一项风险较大的投资活动，投资者的任务就是在相同风险情况下，设法最大限度地增加收益，或者在相同收益水平情况下将风险降到最低。房地产投资风险可以概括为以下几点。

（1）变现风险。变现风险是指房地产投资产品在不低于市场价或没有被压低价格的情况下，能迅速将其兑换成现金的可能性。房地产不像一般商品可以轻易脱手，也不像股票和债券那样可以随时交易，在短时间内兑现。因此，具有不动产性质的房地产不可能在短时间内完成交易，资金也很难在短期内变现，只能在合适的机会，一般在房地产市场形势较好的情况下，才能使投资变现。对投资者而言，要想多挣钱，就得适当放弃变现性，并要有较强的抗变现风险的能力，否则就会遭受经济损失。

（2）购买力风险。当社会经济处于滑坡阶段时，经济萧条，通货膨胀上升，这时人们的购买力水平下降，就会影响到人们对于房地产的消费水平，建成的房屋不能销售出去，这些都会导致房地产投资者遭受经济上的损失。

（3）经营性风险。房地产投资的经营性风险，主要是由房地产市场特点、开发经营条件、投资者的决策水平和经营管理水平等决定的。房地产投资者必须加强房地产市场的调查研究，收集信息，熟悉业务，提高决策和经营管理水平，减少经营风险。

（4）社会风险。房地产投资受到房地产市场景气与否的影响很大，同社会经济发展密切相关。如果某个地区政治形势稳定，经济蒸蒸日上，则房地产市场看好，房地产投资可以获得良好的收益。相反，当某个地区政治形势不稳定，经济衰退时，则房地产市场看淡，房地产投资者面临的风险就大。房地产投资也与一个地方的社会治安有关，稳定和安全的环境有利于提高房地产投资的经济效益。

（5）自然风险。房地产投资者还可能面临自然灾害带来的风险，如地震、洪水、火灾等自然灾害都可能使房地产投资失败。此外，环境污染和土地退化等，也会使土地贬值。

3. **房地产投资回报率高，收益好**

和任何一种投资行为一样，房地产投资也是一项收益和风险并存的经济活动。根据投资的风险报酬原则，在其他条件不变的情况下，风险越大，要求投资报酬率越高。正因为房地产投资存在着较大风险，所以投资者期望的投资收益也是比较高的。房地产投资由于其土地的稀缺性、不可替代性等特点，使房地产具有保值、增值的优点。

房地产投资收益高，一方面是由房地产性质决定的，即人口增加，房地产会出现供不应求，价格上升；另一方面是因为房地产业的发展，对社会经济发展的作用巨大，各国政府大多会对房地产业制定一定的优惠政策予以支持。政府支持和各种优惠政策，使房地产投资成本下降，或者使房地产的社会购买力上升，使房地产投资收益增加。房地产投资回报率高，效益好，抵消了房地产投资者对房地产投资风险的畏惧，调动了投资者对房地产投资的积极性，有助于房地产业的蓬勃发展。

6.1.5　房地产投资的类型

房地产投资类型划分的方法多种多样，它们既相互联系又各有特点。房地产投资类型的划分主要有以下几种：按房地产投资形式来划分；按房地产投资用途来划分；按房地产投资经营方式来划分；按房地产投资对象来划分。

1. 按房地产投资形式来划分

（1）房地产直接投资。房地产直接投资是指投资者将资金直接投资于房地产开发或购买房地产的活动，并参与有关的投资管理。根据投资的目的不同又可将直接投资分为房地产开发投资和房地产置业投资两种形式。

1）房地产开发投资。房地产开发投资是指投资者从购买土地使用权开始，经过项目策划、规划设计和施工建设等过程，建成可以满足人们某种需要的房地产，通过销售或租赁，转让给其他投资者或使用者，并通过这个转让过程收回投资，实现自己的预期收益目标。房地产开发投资通常属于短期投资，并形成房地产市场上的增量供给。

2）房地产置业投资。房地产置业投资是指投资者购买开发商新建成的房地产（增量房地产）或市场上的二手房（存量房地产），以满足自身生产经营需要或出租、转售他人以获取租赁、转售收益的一种投资活动。置业投资的作用主要体现在保值、增值、收益和消费四个方面。

（2）房地产间接投资。房地产间接投资是指投资者将资金投资于与房地产相关的证券市场的行为，投资者不直接参与房地产经营管理活动。主要包括购买房地产企业的股票或债券，投资于房地产投资信托基金或房地产抵押贷款证券等。

1）购买房地产企业的股票或债券。为了降低融资成本、解决所需资本金不足的问题，很多大型的房地产企业需要通过资本市场直接融资，发行股票或债券。对于房地产间接投资者，投资于房地产企业的股票或债券，仅承担有限的债务清偿责任，并且资金流动性较好。他们购买房地产企业的股票或债券，成为该企业的股东，分享部分房地产开发收益，不直接参与房地产的经营管理活动。

2）投资于房地产投资信托基金。房地产投资信托基金是以公司拥有资产的形式，将股东的资金吸引到房地产投资中，以共同基金的方式购买、开发、管理和出售房地产资产。房地产投资公司由职业投资经理人负责管理，其收益水平通常高于一般的股票投资。

3）投资于房地产抵押贷款证券。抵押贷款证券化，就是把房地产金融机构所持有的个人住房抵押贷款权益转化为抵押贷款证券，然后通过出售证券融通资金，购买证券的投资者就成为房地产的间接投资者。目前国内还没有发行房地产抵押贷款证券。

2. 按房地产投资用途来划分

（1）住宅房地产投资。住宅投资历来都是房地产投资的热点。住宅可分为普通住宅、高档住宅和别墅等多种类型。住宅投资可分为出租型住宅和销售型住宅。人们对住宅的需求是随着社会经济的发展和人口的增长而不断增长的，对特定住宅的需求还取决于其区位和环境等因素。住宅投资成败的关键在于投资的地点和时机的选择。人们都希望能有自己的住房，随着人们生活水平的提高和支付能力的增强不断向更高层次发展。因此，住宅房地产投资市场潜力最大，投资风险也相对较小。

（2）商业房地产投资。商业房地产有时也称经营性房地产，包括写字楼、商场、酒店和各种服务行业。商业房地产投资收益较高，相应地，风险也较大。区位条件关系到城市土地级差地租所能产生的超额利润和增值潜力，商业房地产经营者的效益在很大程度上取决于其与社会接近的程度，因而，商业房地产投资对其所在的区位条件和客流量要求很高，是投资者获利的首要条件。商业房地产投资成本一般要高于其他房地产投资成本。

（3）工业房地产投资。工业房地产通常为人们的生产活动提供空间。由于工业用房适用性差，技术性强，工业房地产对投资者的吸引力较小。工业房地产投资对所处的位置只要求交通方便，水、电、煤等能源动力供应充足，并不一定要靠近市中心。工业房地产的投资效果受国民经济运行状况影响较大，因而要注意把握好投资时机。

（4）特殊用途房地产投资。特殊用途房地产是指除住宅、商业、工业等典型房地产以外的非典型的、不具有代表性的各种房地产的统称，主要包括加油站、停车场、高尔夫球场、休闲旅游房地产、高速公路等。这类房地产交易量小，同时其经营的内容通常要得到政府的特许。这类房地产的投资多属于长期投资，投资者靠日常经营活动的收益来收回投资，取得投资收益。

3. 按房地产投资经营方式来划分

（1）出售型房地产投资。出售型房地产投资是指房地产投资以出售的方式得到收入，回收开发资金、获取收益，以达到预期的投资目标。

（2）出租型房地产投资。出租型房地产投资是指房地产投资以出租的方式得到收入，回收开发资金、获取收益，以达到预期的投资目标。

（3）混合型房地产投资。混合型房地产投资是出售型和出租型的综合，是指房地产投资以出售、出租、自营等各种组合方式得到收入，回收开发资金，获取开发收益，以达到预期的投资目标。

4. 按房地产投资对象来划分

（1）地产投资。地产投资只投资于土地，通过对土地的开发和再开发，以出售或出租的方式经营，从而获取投资收益。最主要的地产投资形式就是土地开发投资，一般分为旧城区土地开发投资和新城区土地开发投资。

旧城区土地开发投资是指在原有城市建成区范围内对土地进行再开发，以提高旧城区土地利用价值的投资。旧城区往往都地处城市中心，大多是商业、文化活动的聚集地，这种区位的优越性使得将来在旧城区建成的商业、办公、旅游等项目出售、出租的价格水平较高，能够给开发商带来较高的收益。但旧城区土地开发投资也有土地开发费用昂贵、环境污染较严重、受规划限制大等缺点。

新城区土地开发投资是指在原有城市建成区以外对土地进行开发，将农用地转变为非农建设用地的投资。新城区土地开发投资的优势在于受周围环境制约少、城市规划限制条件少、拆迁安置补偿费低等。但新城区土地开发投资的缺点在于新区一般都是不具备开发建设条件的生地，配套设施少，基础设施不完备。

（2）房产投资。房产投资主要是用于房屋开发建设的投资，它是固定资产投资中非生产性建设投资的重要组成部分。通常，纯粹投资于房屋的情况比较少见，房产投资需要结合地产投资进行综合考虑。

（3）物业管理和服务投资。这是指用于物业管理和相关服务（如维修、保养）的投资，是房地产保值增值的重要环节。物业管理资金主要来源于物业维修基金、物业管理服务费以及物业管理公司的经营性收入等。随着我国房地产业的不断发展，越来越多的房地产消费者更加关注物业管理的质量，物业管理和服务投资具有广阔的投资前景。

6.1.6　房地产投资的作用

房地产投资是房地产业发展的重要动力，积极增加房地产投资，对促进房地产业、建筑业，乃至整个国民经济的发展，起到非常重要的作用。

1. 带动相关产业的发展

增加房地产投资，不仅可以直接提高房地产业的经济产出，而且也为建筑、建材、冶金、化工等相关产业产品提供巨大的市场，同时，也会刺激金融、商业、旅游业的发展。

2. 促进家庭合理消费

我国实行货币化住房制度改革以来，消费者必须购买和承租商品房，这使我国通过房地产投资增加了房源供应，吸收了大量的消费资金，促进了家庭合理消费，使住房需求与支付能力相联系，促使家庭消费结构更加合理。

3. 改善城市环境

由于房地产业的发展，使得相当一部分城市的基础设施得到改善，投资环境也得以改善，进一步促进了城市的协调发展。

4. 抵御通货膨胀的影响

由于土地的不可移动和不可再生性，以及人们对房地产的需求日益增长，使房地产从长期来看具有保值增值的特点。这一特性使得投资房地产能够抵御通货膨胀对资本价值的影响。实践证明，房地产价格的年均上涨率一般高于同期通货膨胀率的平均水平。因而，房地产投资是抵御通货膨胀的有效工具。

6.1.7 房地产投资过程

投资活动依次经过投资的形成与筹集、投资的分配、投资的使用、投资的回收与增值四个阶段，呈现自身的周期性。房地产投资活动经过投资机会选择与决策分析阶段、前期工作阶段、建设阶段和租售阶段等四个阶段。房地产投资过程一般包括以下几个步骤：

1. 收集信息，编写项目建议书阶段

通过广泛收集房地产的市场信息、城市建设信息、土地批租和转让信息等掌握房地产市场供求状况，寻找投资机会。投资机会一旦选择，就要进行规划提案，即项目建议书，主要包括建议项目的必要性和依据；项目产品的市场预测；拟建规模、产品方案和建设地址的初步设想；对资源情况、技术工艺和协作条件的初步分析；投资估算和资金筹措设想；投资周期预计；经济效益和社会效益的初步评价等。

2. 可行性研究阶段

项目建议书批准以后，就可以进行可行性研究，编制可行性研究报告。对拟建项目在市场调查、环境分析、建筑物方案优选、投资估算、资金筹措、经济效益和社会效益分析上是否合理和可行，进行全面分析论证，做出多方案比较，推荐最佳方案。可行性研究报告是项目投资决策的依据，是编制设计文件的基础。

3. 取得土地使用权阶段

一般来说，一级地产市场的土地使用权可通过参加土地投标、拍卖等政府组织的土地批租活动或与政府签订协议的方式获取；二级地产市场的土地使用权可通过双方土地使用权转让的方式获取。

4. 项目规划和设计阶段

有了土地使用权，确定了项目投资方案后，就进入项目发展计划阶段。这一阶段主要内容就是委托设计单位进行项目的规划和施工图设计。

5. 项目的实施阶段

取得土地使用权后，就可以组织拆迁，进行土地平整；施工图设计完成后，就可以组织施工招投标，确定施工单位，签订施工合同，组织设备和材料订货，建造临时生产、生活设施，申请贷款并签订贷款协议书。投资者作为项目建设的甲方，在项目实施阶段的主要工作是进行项目的投资控制、质量控制和进度控制，也可委托监理公司完成。建设项目竣工后，要及时组织验收，对验收合格的项目，及时办理固定资产交付使用手续。

6. 房地产租售阶段

经过竣工验收合格后的房地产商品，通过销售或租赁实现其投资价值，从而获取利润。投资者视市场情况和企业自身特点决定租售形式，比如，自行销售、委托销售、租赁经营等。

6.1.8 房地产投资分析的概念和研究范围

房地产投资分析是房地产投资项目实施开发活动进行前的分析论证过程，其核心就是从诸多方面进行房地产投资项目的可行性研究以及选择最佳投资方案。

房地产投资分析的研究对象是房地产投资运动的基本规律，主要侧重于房地产投资效益分析和房地产投资决策方法的分析。房地产投资分析与投资学、工程经济学关系非常密切，是理论与方法相结合的综合应用学科。房地产投资分析的研究范围和主要内容如下。

1. 房地产投资的基本原理

房地产投资分析在依靠实践经验的基础上，要遵循一定的基本原理，包括投资要素原理、边际成本及规模收益理论、资本资产定价模型、风险预测理论、风险与收益原理等。

2. 房地产投资市场分析

房地产投资项目在投资决策确定之前，有必要调查房地产市场的供给与需求情况；把握房地产市场动态，了解项目背景，辨识投资风险，选择投资机会。

3. 房地产投资环境分析

在投资前期，充分了解和把握投资项目在社会、政治、法律、经济、文化、地理位置等方面的环境，对于制订正确的房地产投资方案，做出正确的房地产投资决策是非常重要的。

4. 房地产投资成本估算

以尽可能少的投入，获取尽可能多的收益，是理性的房地产投资者的必然要求和选择。客观而准确地估算项目投资额，科学地制订资金筹措计划，对于降低项目投资成本，减少建设期利息等支出，实现利润最大化目标具有重要的意义。

5. 房地产投资经济评价

利用特定的经济参数和分析方法，分析房地产投资项目的投资回收期、净现值、内部收益率等，最终分析出投资项目的偿债能力和赢利能力。

6. 房地产投资不确定性分析

在房地产投资项目的经济分析中，运用了大量的经济数据，如成本、销售单价、收益、利率、工期等。由于这些数据都是投资分析人员根据现有的资料和经验对未来的可能性做出的某种估计，而房地产投资项目一般都有较长的投资建设和经营期，在此期间，由于主客观条件的变化，会使这些数据也发生变化，所以分析中必然带有某种不确定性。通过对这些不确定因素进行临界点分析和敏感性分析，可以揭示项目所能达到的赢利水平和面临的风险。

7. **房地产投资风险分析**

风险分析是综合考虑各种风险变量的概率分布，来分析一个项目在风险条件下获利的可能性大小。这种可能性描述了房地产投资项目在特定收益状态下的风险程度，进而为投资者提供可靠的决策依据。

8. **房地产投资决策分析**

在房地产投资活动中，一般都会有多个不同的投资方案可供选择，需要在这些投资方案中找出最佳方案。

6.1.9 房地产投资分析的特点

房地产投资分析是一项技术含量很高的工作，需要分析人员科学严谨的工作态度和渊博的分析知识与丰富的实践经验，而且分析人员要对分析结果承担技术责任。房地产投资分析有以下几个重要特点：

1. **客观性**

这是房地产投资分析的基本属性。它要求分析人员的分析依据必须是真实的，是经过调查得到的客观的数据和资料，分析人员要善于利用自己的经验和各方面的统计资料。即使有时客观资料不尽一致，也同样要求分析是客观的。客观性是保证分析结果正确的基础。

2. **全面性**

这是指分析人员要对投资活动的方方面面做出分析，从投资方向、投资形式、市场需求、价格确定、资金筹措、投资收益和投资风险等均加以分析。

3. **策划性**

策划性是房地产投资分析的目的所在。分析人员不仅要告诉投资人所面临的客观投资环境，更要告诉投资人如何去适应和利用客观投资环境，要给投资人分析投资进程中的困难，提出克服解决的策略和方法，要用科学的计算方法找出变化的趋势和可能性。

4. **责任性**

一项好的投资分析会为投资者节省大量资金和谋取巨额收益，而一项质量较差的分析则可能使投资者误入歧途。投资分析者要对分析的技术数据、技术手段和分析结果负责，应具有良好的职业道德。

6.1.10 房地产投资分析的目标

房地产投资分析是房地产投资提高投入与产出的效率和效益，防范、控制、转移和规避投资风险，进行合理的房地产投资决策的科学根据。房地产投资分析的目标有以下几个方面。

1. **总结房地产投资的经济规律**

房地产投资分析，要总结房地产投资实践的经验和教训，揭示房地产投资和房地产经济运行规律，对房地产投资实践起到很好的指导作用。房地产投资分析要特别重视研究房地产产权的作用和合理转移规律；房地产开发中土地用途竞争和增值的规律；房地产投资收益和风险相互作用的平衡规律；房地产资源的稀缺性与合理配置规律；房地产投资资金运用与良性循环规律；房地产业与国民经济协调发展规律等，提高房地产投资成功的可行性。

2. **探讨房地产投资分析的科学方法**

房地产投资分析的方法所依据的基本原理是成本与收益分析。只有收益超过成本，投资才是可行的。但是，要真正搞清房地产投资的成本和收益并不容易，它需要正确地确定投资对象，正确选择房地产建设地址，做好规划和设计，控制好项目质量、建设成本和建设周期。还需要进行房地产市场预测，确定好房地产销售价格和上市交易时机，制订房地产投资项目的还贷付息方案，以及在房地产开发、经营和管理的各个环节都要进行风险分析和控制等。因此，进行房地产投资分析时，应当认真研究和分析上述各个方面的理论和方法，为提高房地产分析成果的科学性、准确性、预见性和实践性寻找有效的途径。

3. **制定房地产投资合理决策的规范和制度**

房地产投资要取得成功，就要努力克服投资的盲目性，要减少政府对房地产投资市场的过度干预。投资者如果盲目地进行房地产投资，除了自身要遭受损失外，还会破坏房地产市场秩序。政府对房地产投资市场过度干预，房地产投资者的主观能动性就不能充分发挥。房地产投资分析的目的之一就是指导并规范房地产投资活动，从而让投资者满意，让房地产市场有序并充满活力。房地产投资分析要为房地产投资者提供指导，也应当对政府的房地产投资政策、法规和项目管理等实施有效的评价，建立科学、合理的房地产投资决策的规范和制度。

6.1.11 房地产投资分析的任务

在一项完整的房地产投资分析活动中，分析人要给投资人提供良好的房地产投资项目分析报告，要给投资人提供解决诸如投资方向、运作方式、投资收益和投资风险等方面问题的方法，这是房地产投资分析要完成的基本任务。

1. **为投资人提供投资方向**

投资人准备投资前，往往面临投资方向问题，诸如地址选择、物业种类选择、规模、期限、合作伙伴选择等。投资人可能是最初投入该市场的新手，对投资环境一无所知，需要分析人全面的阐述；也可能是已选好地址，要解决其余问题，而分析人要为投资人解决的，应是全部问题。所以，一个良好的分析报告要对投资方向诸问题做出全面可信的论证。

2. 为投资人预测投资收益

投资收益是投资人关心的根本问题，是投资人的投资目的所在。投资人要详细了解总投资额、自有资金、贷款额度、资金使用进度、贷款利率及偿还期、投资回收期、收益率、规费、利润率等资料，其中投资人最关心的是税后纯利润与投资额的比例。

3. 为投资人阐述风险，并提供规避风险的方法

分析人为投资人仅仅预测投资收益是不够的，还要告诉投资人投资风险；仅仅告知风险也是不够的，还要告知规避风险的方法。风险是客观存在的，但可能不发生。如果投资人视风险而不顾，将有可能使投资人遭受巨大损失。分析人懒于分析风险，则是严重有悖职业道德或是失职行为。

6.2 房地产投资风险

风险就是指损失或失败的可能性，或指发生不愿发生的不幸事件的概率。有的风险概率较大，有的较小，在我们的生活中无处不在。房地产投资和其他一切经济活动一样，也存在风险。房地产投资数额大、周期长、变现能力差，因而风险较大。一般房地产市场的风险，大都是指从事房地产投资经营而遭遇损失的可能性。这种损失可能是投入资本的减少与丧失，也可能是实际收益与预期收益的差额损失。

6.2.1 房地产投资风险的概念

房地产投资风险，是指由于各种难以预测的影响因素，使得房地产投资行为主体的期望目标与实际状况之间发生差异，给行为主体造成经济损失的可能性。

所谓风险要具备两方面条件：一是不确定性；二是产生损失后果，否则就不能称为风险。因此，肯定发生损失后果的事件不是风险，没有损失后果的不确定性事件也不是风险。

6.2.2 房地产投资风险的种类

1. 市场竞争风险

所谓市场竞争风险，是指由于房地产市场上同类楼盘供给过多，市场销售竞争激烈，最终给投资者带来推广成本增加或楼盘滞销的风险。市场风险的出现主要源于开发商对房地产市场调查分析不够，对市场的把握和判断能力欠缺。所以，销售风险是市场竞争风险中的主要风险。

2. 购买力风险

购买力风险是指由于通货膨胀引起的物价上涨导致购买力下降，而给投资者带来的风险，即由于通货膨胀的发生而导致实际收益降低的风险。通货膨胀是不可避免的，所以房地产投资的购买力风险是不可避免的。投资回收期越长，房地产投资购买力风险越大。对于房地产投资而言，通货膨胀将会使房地产投资项目的现金收入贬值，使房地产投资项目的实际净现值减小，给房地产投资带来购买力风险。

购买力风险会影响到购房者，在货币购买力水平普遍下降的情况下，人们会把有限的购买力用于最急需的消费上，从而影响对房地产的购买。虽然房地产本身能够保值，但由于人们降低了对它的需求，也会导致房地产投资者遭受一定的损失。

3. 流动性和变现性风险

由于房地产不能移动、位置固定，是真正意义上的不动产，因此投资于房地产上的资金流动性差，变现能力弱。房地产是一种特殊商品，由于房地产是固定于土地上的，其交易的完成只能是所有权和使用权的转移，而其实体是不能移动的；房地产价值量大、占用资金多的特点也决定了房地产交易的完成需要一个相当长的时间。这些都体现了房地产交易的流动性差和变现能力弱。

4. 财务风险

财务风险因借债而引起，因为大部分房地产投资都以较少的自有资产参与较大规模的开发投资计划——杠杆效应的双重性，在扩大赢利的同时，如果经营不善，也会导致亏损扩大。通货膨胀出现引起资本化率升高，还贷压力加重。

5. 经营性风险

经营性风险是指由于经营不善或失误所造成的实际经营结果与期望值偏离的可能性。一是由于投资者得不到准确充分的市场信息，而可能导致经营决策的失误；二是由于投资者对房地产交易所涉及的法律条款、城市规划条例及税赋规定不甚了解，造成的投资或交易失败；三是因企业管理水平低、效益差引起的未能在最有利的市场时机将手中的物业脱手，以致使其空置率过高，经营费用增加，营业净收入（或利润）低于期望值等。影响房地产经营性风险的外在因素主要是指影响房地产市场、价格及销售等外部因素发生的变化，从而使房地产价格或租金发生变化。

6. 自然性风险

自然性风险指自然界的突发事件（地震、水灾、旱灾等）。这种风险的存在，其危害是客观存在的，人们能够做的是有效回避。所以在对某地进行开发投资以前，应该对当地的环境条件、地质地貌、气象条件进行详细的了解并使其成为影响决策的重要因素。

7. 政治风险

国内外政治形势的变化，政局是否稳定，政策法规的变化，都会使整个经济产生波动（国有化、动乱、战争），我们可以通过优化投资组合来消除和减少这些风险。

8. 政策和法律风险

政策和法律风险由政府等部门控制，不同于政治风险。房地产受法律管制尤多，如税法的修改、环境法的修正、土地租让政策的变化、都市计划的改变等。要防范这方面的风险，企业必须有一批法律人才，对政策面有一定的了解。

9. 工程完工风险

在设计和施工中，会出现工期延误，质量不符合要求，工程费用超支等风险。当然这方面的风险是可以主动抵御的，如选择资信好、技术可靠的承包商，签订规范的合同，切实做好合同管理的工作。

6.2.3 应对房地产投资风险的对策

任何经济活动都可能有风险，面对风险人们的选择可能不同，归纳起来主要有三种选择：一是不畏风险，敢冒风险行事，因为高风险常意味着高回报；二是干脆回避风险，绝不干有风险的事，因此也就丧失了获取高回报的机会；三是客观地面对风险，设法采取措施，以降低、规避、分散或防范风险。就是做出第一种选择的，也要尽可能采取降低、规避、分散或防范风险的措施。这项工作应从经济活动实施前就开始进行，才能起到事半功倍的效果。就房地产投资项目而言，决策分析与评价进行的风险对策研究就可以起到这样的作用。

1. 风险回避

回避房地产投资风险，首先应准确识别和预测风险。投资者要降低风险，必须在做出投资决策前，进行深入的可行性研究和风险预测，分析、评估项目投资可能遭遇的各种不确定性风险。其次要针对可能出现的风险采取回避措施。在房地产投资活动中，风险是客观存在的，是不以人的意志为转移的。投资风险回避在于及时地发现或预测到各种潜在风险的同时，能够采取相应的有效措施，化解、缓和、减轻、控制这种风险，最大限度减少投资者预期收益损失的可能性。回避和控制风险的基本思想是对某种损失的可能性进行调整，进而尽可能降低各种可能性。如果造成损失的不确定因素有可能出现，也有可能不出现，那么投资过程中尽量避免可能出现的情况。如果造成损失的不确定因素出现的可能有大有小，则要采取措施使出现的可能性尽量小，进而减少损失的可能性。针对同类型的风险，其回避和控制的具体方法也有所不同。

2. 风险转移

风险转移是房地产开发企业风险管理中非常重要而且广泛应用的一项对策，分为非保险转移和保险转移两种形式。

根据风险管理的基本原理，房地产开发过程的风险应由有关各方分担，而且风险分担的原则是：任何一种风险都应由最适宜承担该风险或最有能力进行损失控制的一方承担。符合这一原则的风险转移是合理的，可以取得双赢或多赢的结果。例如：项目投资决策的风险应由业主承担，设计风险应由设计方承担，而施工技术风险应由承包商承担等。否则，风险不能转移有可能付出较高的代价。

（1）非保险转移。非保险转移又称合同转移，因为这种风险转移一般都是通过签订合同的方式将风险转移给非保险人的对方当事人。

1）业主将合同责任和风险转移给对方当事人。例如：可通过项目建设合同转移风险。

2）第三方担保。合同当事人一方要求另一方为其履约行为提供第三方担保，担保方所承担的风险仅限于合同责任，即由于委托方不履行或不适当履行合同以及违约所产生的责任。例如一般房地产建设工期较长，施工期间将面临建材、设备市场价格波动等风险，投资者可在协议条款中载明，因承建方造成工期延误及其损失时，责任和费用由承建方承担。

（2）保险转移。保险转移通常直接称为保险，即通过参加保险，以较小数额的保费代价，避免承受较大的风险。保险这种风险转移之所以能得到越来越广泛的应用，原因在于符合风险分担的基本原则，即保险人较投保人更适宜承担有关的风险，对于投保人来说，某种风险的不确定性很大（风险很大），但是对于保险人来说，这种风险的发生则趋于客观概率，不确定性较低，即风险降低。

不过，不是所有的风险都可以通过保险来转移的，保险公司经营范围只包括纯粹风险。所以，房地产投资风险的转移，部分地受到限定。

3. 风险自担

风险自担是指投资者预期某些风险不可避免时，自行设立基金，自行承担风险变现后的财务后果。风险自担有主动与被动，计划性与非计划性之分。

（1）计划性风险自担。计划性风险自担是主动的、有意识的、有计划的，是风险管理人员在经过正确的风险识别和风险评估后做出的风险对策决策，是整个房地产投资过程风险对策的一个组成部分，也就是说，风险自担绝不可能单独运用，而应与其他风险对策结合使用。

（2）非计划性风险自担。由于风险管理人员没有意识到房地产投资过程中某些风险的存在，或者不曾有意识地采取有效措施，以致风险发生后只好由自己承担，这样的风险自担就是非计划性的和被动的，被迫采取自身承担损失的风险处置方法，这往往造成严重的财务后果。

如在房地产的开发建设中，可以在工程概预算时设置不可预见费，在开发项目运营过程中，建立意外损失基金，将在一定程度上转移风险。

4. 风险损失控制

风险损失控制是一种主动、积极的风险对策，损失控制又可分为预防损失和减少损失两方面工作，预防损失措施的主要作用在于降低或消除损失发生的概率，而减少损失措施的作用在于降低损失的严重性或遇到损失的进一步发展，使损失最小化。

投资市场上永远存在着获利机会与风险，且两者呈现正相关关系。当市场预期风险上升，投资者要求的回报率则会相应提高，这就是风险溢价，进行可行性研究，必须考虑到房地产市场的各种不确定因素，尽可能使其量化，全面衡量风险概率和风险损失后，方可决定项目可行与否，再进一步拟订防备措施，做到万无一失。多年来，国内外的许多成功者都用事实证明：风险并不可怕，只要善于把握机遇，眼光独到，沉着果断，同样可以创造奇迹。

6.3 房地产投资项目的可行性研究

6.3.1 房地产投资项目可行性研究的概念

房地产投资项目的可行性研究，是指在房地产投资决策前，对拟开发的房地产项目在技术的先进性、经济的合理性、财务的赢利性、工程建设的可行性几个方面进行全面的、系统的调查，研究分析和预测、评价，并在此基础上从环境保护、公众安全、社会福利等角度进一步对拟建项目的经济效益、环境效益、社会效益做出科学公正的综合评价和论证，同时制订出房地产投资项目实施的最佳方案。简单来讲，房地产投资项目的可行性研究就是对房地产项目能否投资的分析和论证。

6.3.2 房地产投资项目可行性研究的作用

1）可行性研究是项目投资决策的重要依据。可行性研究是项目投资建设的首要环节，项目投资决策者主要是根据可行性研究的评价结果，来决定一个投资建设项目是否值得投资和如何投资。具体来说，一是保证投资决策的科学性和合理性。大规模的投资项目，只有进行了详细、可靠的市场预测、成本估算和效益分析，才能对项目所面临的主要技术、经济问题进行全面的评价和分析，使投资决策建立在科学合理的基础上；二是保证投资方案的优化。任何一种项目投资都存在众多可供选择的方案，不同的方案将会带来不同的经济效益和社会效益，只有通过可行性研究，进行方案效益的比选，才尽可能地优选最佳投资方案；三是保证项目投资的有序性。项目投资的可行性研究，实质上是对项目实施过程进行周密安排的过程，可初步确定项目开发建设过程中各阶段的资金供给和使用、设备和原材料的供应、配套工程实施步骤等，使整个房地产项目的实施有条不紊地进行。国家规定，凡是没有经过可行性研究的开发建设项目，不能批准设计任务书，不能进行设计，不得列入计划。

2）可行性研究是为筹集资金向银行申请贷款的依据。世界银行、亚洲开发银行等金融机构都把可行性研究作为建设项目申请贷款的先决条件，在接受项目贷款时首先对贷款项目进行全面、细致的分析评估，确认项目具有偿还能力，不承担过大风险后，才同意贷款。即使是项目向社会筹资，主管部门也要审查其可行性研究报告。

3）可行性研究是与各有关部门商谈合同、签订协议的依据。房地产项目决策立项后，就要组织具体实施，在实施过程中，以投资可行性研究报告为依据，投资者要与设计部门、施工部门、建筑安装部门等商谈合同、签订协议。

4）可行性研究是项目进行工程设计、设备订货和施工准备等基本建设前期工作的依据。按照可行性研究中对项目建设地点、建设方案、建设规模、主要设备和总图平面布置等方案评选论证的结果，在设计任务书中确认后，就可作为投资项目初步设计、设备订货和施工准备等基本建设前期工作的依据。

5）可行性研究可作为环保部门和消防部门审查项目对环境影响和消防安全的依据；也可作为向项目建设所在地的政府和规划部门申请建设执照的依据。

6.3.3　房地产投资项目可行性研究的内容

不同的房地产开发项目，由于性质、规模、交通、环境以及复杂程度等不同，其可行性研究的内容也不尽相同。一般来说，房地产项目可行性研究应解决以下几个方面的问题：

1）为什么要投资这个项目？

2）哪里是项目投资的最佳地点？

3）项目的投资环境怎样？

4）项目的市场前景如何？

5）项目的投资规模多大最合适？

6）项目应采用什么样的工程技术？

7）项目的建设期及作业安排是怎样的？

8）资金筹措方案是否最优？

9）项目的经济效益、社会效益、环境效益怎样？

10）项目是否可行并最优？

6.3.4　房地产投资项目可行性研究报告的编制原则

房地产投资项目的可行性研究报告是整个项目可行性研究成果的最终体现。为了保证研究报告的科学性、客观性和公正性，编制可行性研究报告一般需要坚持以下原则：

1. 报告的内容简洁明了

可行性研究报告是提供给房地产投资决策者或有关部门参考的，不必将所有研究的内容、思路、步骤、方法等全部写出，只要有必要的内容能够说明反映的问题就可以了。总之，可行性研究报告的内容应以简洁明了为佳，这样既可以显示可行性研究报告的精髓，又方便投资者的参考。

2. 表达方式形象生动

房地产投资可行性研究报告在很多情况下均涉及数字和数字处理，为避免枯燥乏味，报告中可尽量采用形象生动的图表或精美的图片，通过色彩、线条、图形的运用来增强表达效果。

3. 数据资料客观真实

为了保证研究结果符合实际情况，编写可行性报告必须站在客观公正的立场上进行调查研究，重视基础资料的收集，对于基础资料，要根据实际情况进行论断评价，实事求是，如实反映客观规律，要以严肃、认真、科学的态度对待可行性研究。数据资料必须客观真实，切忌先定论后编数据。总之，一切结论要来源于客观分析，以得出最后的结论。

4. 观点明确，资料充分

观点是在经过对资料的反复研究后形成的，资料是观点的前提，观点是资料的延伸。在进行可行性分析时，一定要理顺二者之间的辩证关系，既要避免只有资料而没有观点的数据罗列，也要避免只有空洞的观点而没有任何数据支撑的概念化现象。

5. 可行性研究报告的内容有深度

除了内容应该符合逻辑，结构层次分明，针对性强以外，可行性研究报告的内容还要有一定深度，不能流于形式，只做表面文章，而应该从不同角度；不同层面对项目的可行性做深层次的研究，应确保可行性研究的质量，发挥其应有的作用。

以上要求是为了确保可行性研究报告能客观、公正、准确地反映投资项目的真正价值，为投资决策提供可靠依据，为项目施工的顺利进行和投资效益的正常实现营造一个良好的前期氛围。

6.3.5 房地产投资项目可行性研究报告的内容

1. 总论

总论是对投资项目的立项背景、项目整体设想以及项目投资中将遇到的主要问题以及解决问题的建议大致做一概述。具体包括三部分内容：

1）项目提出的背景；

2）项目概况；

3）问题与建议。

2. 市场预测

市场预测是对投资项目所涉及的房地产市场的建立、发展、现状以及未来趋势进行分析与预测，以判断项目投资的市场前景。具体包括五部分内容：

1）市场现状调查；

2）产品供需预测；

3）价格预测；

4）竞争力分析；

5）市场风险分析。

3. 投资资源分析与评价

该部分主要分析与评价项目拟建区域的投资环境条件，考察项目投资的环境可行性，并确定具体投资区域。具体包括四部分内容：

1）投资区域的社会经济综合发展实力评价；

2）投资区域对于投资项目的各项政策优惠与限制评价；

3）投资区域相关资源的可利用量、资源品质及赋存条件；

4）投资项目与投资区域环境适宜性评价。

4. 建设规模与产品方案

该部分根据市场预测和投资环境分析的结论，基本确定投资项目的建设规模与产品方案。如果投资项目属于改扩建或技术改造项目，则还应分析原有的投资利用现状。具体包括四部分内容。

1）建设规模与产品方案构成；

2）建设规模与产品方案的必选；

3）推荐的建设规模与产品方案；

4）技术改造项目与原有设施利用情况。

5. 场地选择

该部分是根据前面的分析基础，确定投资项目的具体选址，如果是改扩建或技术改造项目，则要分析原有场址的利用情况，具体包括以下四部分内容：

1）场地现状；

2）场址方案必选；

3）推荐的场址方案；

4）技术改造项目现有场址的利用情况。

6. 技术方案、设备方案和工程方案

该部分对投资项目的技术方案、设备方案和工程方案进行设计，如果是改扩建或技术改造项目，则应对改扩建或技术改造前后进行比较分析。具体包括四部分内容：

1）技术方案选择；

2）主要设备方案选择；

3）工程方案选择；

4）技术改造项目改造前后的比较。

7. 原材料燃料供应

该部分主要对于投资项目所需要的原材料及燃料供应方案进行设计，具体包括两部分内容：

1）主要原材料供应方案；

2）燃料供应方案。

8. 总图运输与公用辅助工程

该部分主要是对项目投资建设过程中的现场布置、场内外交通运输方案以及其他辅助工程方案进行设计，如果是改扩建或技术改造项目，还要对现有公用辅助设施的利用情况进行分析。具体包括四部分内容：

1）总图布置方案；

2）场内外运输方案；

3）公用工程与辅助工程方案；

4）技术改造项目对现有公用辅助设施的利用情况。

9. **节能措施**

该部分主要分析项目建设与经营过程中能源节约方案。具体包括两部分内容：

1）节能措施；

2）能耗指标分析。

10. **节水措施**

该部分主要分析项目建设与经营过程中水资源的节约方案。具体包括两部分内容：

1）节水措施；

2）水耗指标分析。

11. **环境影响分析**

该部分主要分析项目建设可能给所在区域环境带来的不利影响，并考虑相应保护环境的措施。主要包括三部分内容：

1）环境条件调查；

2）影响环境因素分析；

3）环境保护措施。

12. **劳动安全卫生与消防**

该部分主要分析项目投资过程中可能出现的不安全因素，并考虑保证项目建设过程安全性的具体措施。具体包括四部分内容：

1）危险因素和危害程度分析；

2）安全防范措施；

3）卫生保健措施；

4）消防设施。

13. **组织机构与人力资源配置**

该部分主要分析项目投资过程中有关人力资源的组织与管理设计。具体包括三部分内容：

1）组织机构设置及其适应性分析；

2）人力资源配置；

3）员工培训。

14. **项目实施进度**

该部分主要涉及投资项目的建设工期、建设进度安排，如果是改扩建或技术改造项目还应考虑建设与生产的衔接问题。具体包括三部分内容：

1）建设工期；

2）实施进度安排；

3）技术改造项目建设与生产的衔接。

15. 投资估算

该部分主要估算投资项目的建设投资额、流动资金投资额和总投资额。具体包括三部分内容：

1）建设投资估算；

2）流动资金估算；

3）投资估算表。

16. 融资方案

该部分主要涉及投资项目所需资金的筹集方案，通过计算筹资成本，选择最优的筹资方案。主要包括四部分内容：

1）融资组织形式；

2）资本金筹措；

3）债务资金筹措；

4）融资方案分析。

17. 财务评价

该部分在投资估算和资金成本估算的基础上，通过对于项目计算期内现金流量的预测，并选择相应财务参数，对于项目的赢利能力和偿债能力进行评价，判断项目对于投资企业而言的财务可行性。具体包括七部分内容：

1）财务评价基础数据与参数选取；

2）销售收入与成本费用估算；

3）财务评价报表；

4）赢利能力分析；

5）偿债能力分析；

6）不确定性分析；

7）财务评价结论。

18. 国民经济评价

该部分主要对于那些对国民经济有明显影响，主要是具有明显外部经济性与外部不经济性的投资项目进行国民经济评价，判断项目对于国民经济而言的经济可行性。具体包括五部分内容：

1）影子价格与评价参数选取；

2）效益费用与数值调整；

3）国民经济评价报表；

4）国民经济评价指标；

5）国民经济评价结论。

19. **社会评价**

该部分主要对于那些具有明显社会、生态效应，或者对于投资所在区域的社会经济影响较大的项目，除了进行经济评价之外，还要进行社会可行性评价。具体包括四部分内容：

1）项目的社会影响分析；

2）项目与所在地互适性分析；

3）社会风险分析；

4）社会评价结论。

20. **风险分析**

该部分是针对社会经济环境因素中的诸多不确定因素，分析投资项目可能面对的种种风险，并分析考虑风险因素下投资决策的判定。具体包括三部分内容：

1）项目主要风险识别；

2）风险程度分析；

3）防范风险对策。

21. **研究结论与建议**

该部分为《房地产投资项目可行性研究报告》的最终结论，它在概括分析各推荐投资方案的总体情况和优缺点的基础上，对投资方案做出最终抉择，提出投资分析的最终结论，并为投资项目的正式实施提出建议。具体包括四部分内容：

1）推荐方案总体描述；

2）推荐方案优缺点描述；

3）主要对比方案；

4）结论与建议。

《房地产投资项目可行性研究报告》是投资项目投资分析的核心研究成果，应能充分反映投资分析研究工作的全部内容，要求内容齐全、结论明确、数据准确、论据充分，完全能满足决策者的决策需求。具体地说，《房地产投资项目可行性研究报告》应在以下几方面满足编制深度要求：其一，《房地产投资项目可行性研究报告》选用的主要设备规格与参数应能满足预定货物的要求，引进技术设备资料应能满足合同谈判的要求；其二，《房地产投资项目可行性研究报告》中的重大技术、经济方案，应有两个以上的备选方案；其三，《房地产投资项目可行性研究报告》构造的融资方案，应能满足银行等金融部门信贷决策的需要；其四，《房地产投资项目可行性研究报告》中应反映在可行性研究过程中出现的某些方案的重大分歧及未被采纳的理由，以供委托单位与投资者权衡利弊进行决策；其五，《房地产投资项目可行性研究报告》应附有评估、决策（审批）所需的合同、协议、意向书、政府批件等。

本章小结

1. 房地产投资的概念、目的、类型、作用和过程。
2. 房地产投资分析的概念、研究范围、特点目标和任务。
3. 房地产投资风险的概念、种类和对策。
4. 房地产投资项目可行性研究的概念、作用和内容。
5. 房地产投资项目可行性研究报告的编制。

思考题

1. 什么是房地产投资？房地产投资的特点有哪些？
2. 房地产投资过程一般包括哪几个步骤？
3. 房地产投资分析的研究范围和主要内容有哪些？
4. 房地产投资风险的种类有哪些？
5. 应对房地产投资风险的对策有哪些？
6. 简述房地产投资项目可行性研究的概念。
7. 熟悉房地产投资项目可行性研究报告的内容，选择一个具体的房地产项目，编写一份完整的房地产投资项目可行性研究报告。

第 7 章

房地产金融

学习重点

1. 住房抵押贷款的运作程序和住房抵押贷款的资信评估
2. 房地产投资资金的筹资渠道

学习难点

房地产企业财务分析

7.1 住房抵押贷款

房地产贷款主要包括个人贷款和企业贷款两大类，个人贷款主要指面向个人的住房抵押贷款，住房抵押贷款是房地产贷款中最重要的贷款形式。

7.1.1 住房抵押贷款概述

7.1.1.1 住房抵押贷款的概念和作用

1. 住房抵押贷款的概念

住房抵押贷款是指由金融机构发放的，以个人或家庭为贷款对象，以购买住房或与住房有关的其他用途为目的，以所购买的住房为抵押品，按照固定或浮动的利息率计息，在较长的时间内分期还本付息的贷款形式。

2. 住房抵押贷款的特点

1）面向个人贷款；

2）与住房有关的贷款；

3）数额大，期限长；

4）以所购住房为抵押；

5）一般以住房保险来防范信贷风险，以抵押二级市场等为防范流动性风险的措施；

6）受政府监管和支持。

3. 抵押权

抵押权就是抵押权人对抵押财产享有的优先受偿权，即债务人或第三人不转移对其财产的占有，将该财产作为债权的担保，当债务人不能履行债务时，债权人拥有从其抵押财产折价或者以拍卖、变卖该财产的价款中优先受偿的权利。抵押权从属于债权，债权清偿即消失。抵押权担保权具有优先受偿权。

4. 可以抵押的房地产

1）土地使用权；

2）房屋所有权及其房地产使用权；

3）期房所有权；

4）其他房地产。

5. 不能抵押的房地产

1）有权属争议的房地产；

2）公共福利事业的房地产；

3）文物；

4）要拆迁的房地产；

5）受限制的房地产；

6）未领取权属证书的房地产；

7）行政机构的房地产；

8）集体所有的土地使用权，法律规定的除外；

9）未经确认已缴足出资额的外商投资企业的房地产。

6. 住房抵押贷款的作用

1）住房抵押贷款是金融机构赢利性较好的银行资产；

2）住房抵押贷款是安全性很高的资产；

3）住房抵押贷款流动性较差；

4）住房抵押贷款对消费者、开发商及房地产业有十分重要的意义。

7.1.1.2　住房抵押贷款的市场参与者

住房抵押贷款的市场参与者主要有：贷款机构、借款人、担保和保险机构、中介、政府有关机构。

7.1.1.3　住房抵押贷款的定价

住房抵押贷款的价格表现形式是贷款利率。融资成本、贷款条件、借贷双方的信贷关系、服务费等决定抵押贷款利率。利息支出是最主要的融资成本。

抵押贷款利率可分为固定利率和可变利率。

$$抵押贷款利率\ i = r + p + f$$

式中 r——实际利率；

p——各种风险补偿率；

f——预期通货膨胀率。

最主要的风险补偿是违约风险和利率风险补偿。

7.1.2 住房抵押贷款的运作程序

7.1.2.1 住房抵押贷款的运作程序概述

一笔住房抵押贷款的运作程序包括：

1）贷款申请及受理。

2）贷款审查与资信评估。贷款审查与资信评估是住房抵押贷款的核心环节。

3）协商贷款条件。

4）签订贷款合同。

5）贷后管理和不良资产处理。

我国各商业银行个人住房抵押贷款程序有所不同。我国某商业银行的住房抵押贷款基本程序如图 7-1 所示。

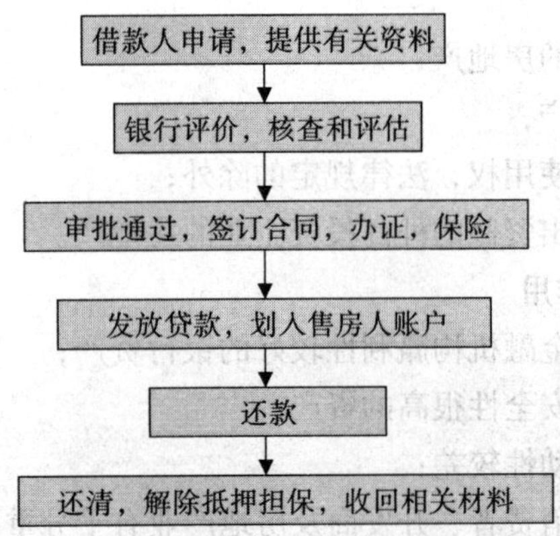

图 7-1 我国某商业银行的住房抵押贷款基本程序

各银行按揭贷款的基本程序一般包括以下几个步骤：

1）借款人填写申请书及提交所需文件；

2）进行房地产估价，申请人资信调查，对申请书提出建议；

3）审查申请人还款能力；

4）按审批权限审批贷款；

5）与借款申请人面谈，核对身份、文件，在申请书上签字；

6）与律师联络办理有关贷款及按揭手续；

7）律师联络客户安排签署文件；

8）银行代替申请人为物业购买保险或向申请人索取保险单；

9）发放贷款；

10）致电客户，交付还款表，通知借款人每月还款额。

7.1.2.2　住房抵押贷款的申请与受理

1. 贷款申请的准备工作

贷款申请是住房抵押贷款的第一步，准备工作主要包括：购房者贷款申请的准备工作（见图 7-2）；银行与开发商、购房者共同建立按揭贷款关系，开发商担保；银行与购房者贷款时，首先开发商提出申请，银行核查分析，评出信用等级，提出贷款额度、期限、利率。

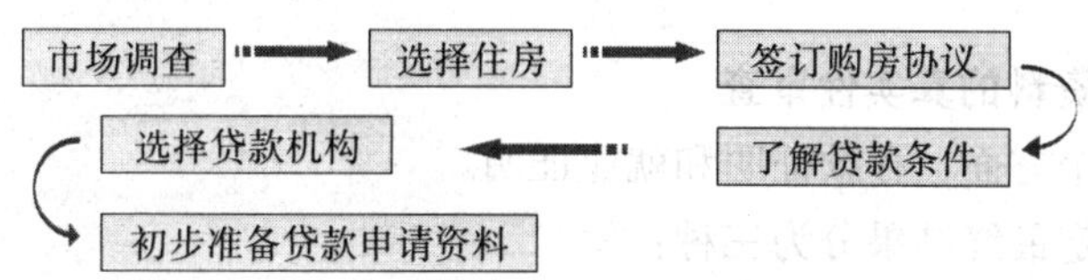

图 7-2　购房者贷款申请的准备工作

2. 住房抵押贷款申请

购房者填写贷款申请表。借款者就业稳定，收入较高，有利于获得贷款。

3. 贷款申请的基本文件

贷款申请的基本文件包括：身份证、收入证明、购房协议、抵押物清单、所有权、使用权证书及有处分权人同意抵押的证明和其他文件。

我国商业银行还要求申请人提供首期付款收据；共同还款的，要求各方签订共同还款责任确认书；商品房买卖交易，要登记备案，防止同一住宅重复销售。

4. 贷款申请的受理

贷款申请的受理如图 7-3 所示。

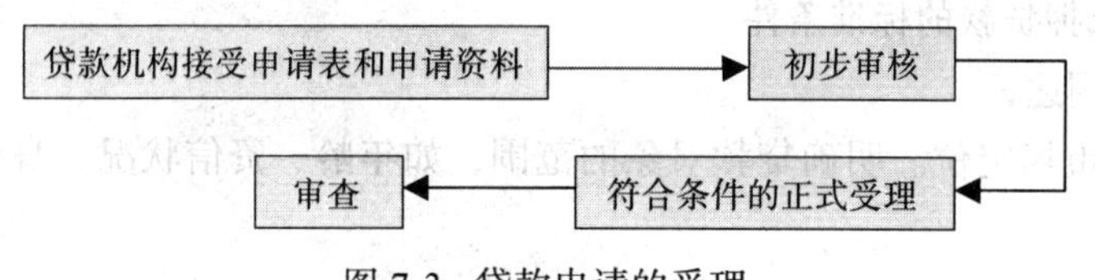

图 7-3　贷款申请的受理

我国商业银行受理申请后，对借款人进行如下调查：

1）完全民事行为能力；

2）支付首期房款；

3）贷款期限 + 年龄 < 退休年龄；

4）偿还贷款本息的能力；

5）商品房的价格与当时、当地、同类物业相符；

6）抵押物足额，共有人同意抵押。

7.1.2.3 住房抵押贷款的审查

1. 抵押贷款审查的基本内容

1）住房抵押贷款审查与其他贷款相比，有以下特点：十分重视抵押房地产价值的评估，其他贷款主要看现金流；特别重视借款人的个人信用情况；十分重视借款人的偿债能力。

2）贷款审查主要内容：审查资料的完整性和合规性；审查借款人信用状况即还款意愿；审查借款人的偿债能力；审查抵押物。

贷款审查的核心内容是资信评估，以上审查的主要内容也就是资信评估的主要内容。

2. 贷款申请资料的真实性审查

主要包括两个方面：存款证明和就业证明。

贷款申请评定最终结果分为三种：

1）批准贷款申请；

2）拒绝贷款申请；

3）与申请人商议，通过改变借款期限、金额等借款条件，以规避银行的风险，使贷款申请符合要求。

3. 房地产产权状况的审查

主要是检查房地产的产权记录是否完备，各项权益（所有权、留置权、使用权、处置权等）是否清晰、有无产权缺陷、有无产权纠纷、是否违背规划、产权契约的签署是否合法。

7.1.2.4 协商贷款条件

贷款条件分为：针对全体申请人的标准贷款条件；针对具体申请人的具体贷款条件。

1. 住房抵押贷款的标准条件

1）贷款用途；

2）目标市场定位。明确贷款对象的范围，如年龄、资信状况、身份、最低工作年限要求等；

3）贷款数额规定；

4）贷款利率和手续费；

5）最高贷款期限；

6）提前还款的规定；

7）担保和保险；

8）抵押；

9）还款方式。

2. **对特定申请人的贷款条件**

贷款机构根据自己的信贷政策和目标市场定位，向不同客户提供不同的贷款条件，同时提出允许客户选择的条件。借款人在规定的贷款限额、贷款期限、利率和贷款方式下可以对我国的商业银行做出选择。银行和借款人之间几乎没有协商贷款条件的余地。

7.1.2.5　签订贷款合同与发放贷款

签订协议阶段的工作主要包括：

1）签订贷款合同；

2）办理抵押和担保手续；

3）办理抵押登记；

4）办理代交费手续（由银行代交有关保险费、房产税等）；

5）办理代扣还款手续；

6）发放贷款；

7）正常还款。

经常发生的费用有：

1）折扣点。即借款人以手续费的形式提前支付给贷款者的利息金额，该手续费占贷款的比重称折扣点，折扣点大则贷款利率低。

2）资金安排费。借款人支付折扣点和资金安排费还可减免个人所得税。

3）代管基金和财产税。

4）财产保险费等保险费用。

5）其他费用。如：佣金、评估费、律师费、特种税。

7.1.2.6　贷后管理与不良资产处理

1. **贷后管理**

贷后管理是从贷款发放之日起到贷款本息收回之时止的贷款管理，是防范和化解信贷风险的关键环节。

（1）贷后管理的业务内容

1）还贷情况；

2）还款能力变化情况；

3）保证人变化情况；

4）抵押物和质押物变化情况；

5）合同及资料的完整性和合法性；

6）贷款资产的风险变化趋势；

7）其他有关债权保障的内容。

正常类贷款贷后采取抽查方式，关注、次级、可疑和损失类贷款采取全面检查方式。

（2）贷款风险的识别与判断

出现下列情况可视为存在风险因素：

1）未及时还款；

2）违法、违纪；

3）收入下降；

4）健康状况不佳；

5）死亡、失踪或丧失民事行为能力；

6）有套取银行信用，挪用贷款行为；

7）所购房屋及财产遇不可抗力损失或丢失；

8）将抵押或质押的财产转让或再抵押；

9）对贷后检查不配合；

10）居所或联系方式有变动；

11）抵押物或质押物贬值；

12）保证人资格和能力出现问题；

13）手续、档案、文件或凭证等不全或遗失；

14）贷款人已要求履行保证、保险责任及诉诸法律等事件。

（3）住房抵押贷款的业务档案

1）借款人相关资料。

2）借款合同相关资料。

3）贷后管理相关资料。

2. 不良贷款的催收与处理

住房抵押贷款业务不可避免地会出现逾期或呆账。一旦出现逾期或呆账，就要进入相应的处理程序。国内商业银行的管理办法中，对违约贷款的处理方式归纳为：

1）纠正借款人的违约行为。

2）逾期贷款本息计收罚息。

3）从借款人账户中扣收贷款本息。

4）停发未发放的贷款。

5）追索保证人的连带责任。

6）要求保险人履行保险责任。

7）处理抵押物、质押物。

8）行使债权人的其他权利。

9）核销损失类贷款。

7.1.3　住房抵押贷款的资信评估

7.1.3.1　住房抵押贷款资信评估概述

1. 住房抵押贷款资信评估的概念

住房抵押贷款资信评估又称信用评估，是以借款人财务资料、信用资料、抵押房地产资料为依据，通过分析借款人信用状况和抵押物状况，对借款人还款能力和还款意愿做出分析，进而做出贷款与否的决定。

住房抵押贷款资信评估主要分为：对借款人的评估和对抵押物的评估。对借款人的评估包括还款能力评估和还款意愿评估（见图7-4）。

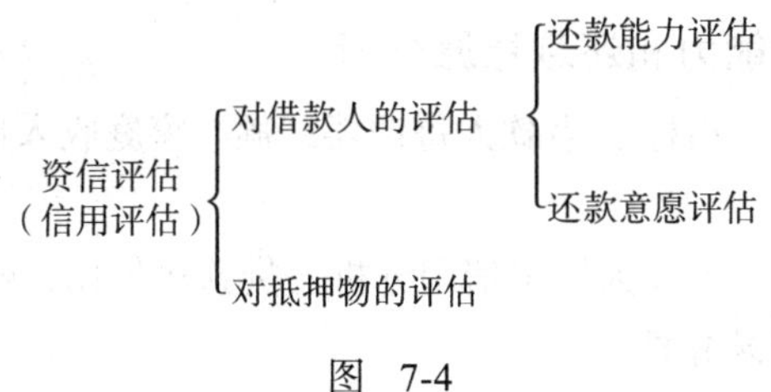

图　7-4

住房抵押贷款的风险有：

1）信用风险；

2）利率风险；

3）市场风险；

4）产权风险；

5）流动性风险。

2. 个人信用评估机构

发达国家个人信用状况评估的特点：市场化，由专业机构提供；我国目前还没有全国性的个人信用评估机构。1999年6月，上海试点成立了第一家个人信用联合征信机构——上海资信有限公司。目前，资信公司只提供信用记录，不提供信用评估服务。

7.1.3.2　住房抵押贷款的资信评估方法

1. 最常用的分析方法

（1）5C分析法。5C分析法就是通过借款者的5个方面进行分析：Character（品质）、Capacity（能力）、Capital（资本）、Collateral（担保）、Condition（经营环境）。

（2）CAMPARI分析法。香港各银行采用CAMPARI分析法，即性格（character）、能力（ability）、利差（margin）、目的（purpose）、金额（amount）、还款（repayment）、保障（insurance）。

2. 我国商业银行抵押贷款的信用评级办法

（1）个人资信评估的指标体系。由个人素质、购房及还款能力、贷款保护能力三类指标构成，每类指标又分若干指标。

（2）个人资信评估中各因素的权重和分值。例如，某银行指标权重：个人素质为30%，购房及还款能力为40%，贷款保护能力为30%。现某人个人素质为90分；贷款保护能力为70分；房价收入比得分为80分，权重为40%；还贷收入率得分为90分，权重为60%。求此人的资信评估得分。

（3）个人资信等级的评定。个人资信等级分为：A、B、C、D四级，不同的等级规定不同的贷款额度及贷款年限。

7.1.3.3 借款人还款能力和还款意愿分析

还款能力分析的主要指标：借款人每期偿还额与家庭收入比以及借款人收入多少和收入的稳定性。

还款意愿分析指标：借款人历史信用分析、贷款房价比、购房用途等。

1. 借款人的信用记录分析

借款人的信用记录是分析还款意愿的主要指标。借款人信用调查一般有三种方式：直接询问有关债权人；利用自己掌握的与自己有业务往来的借款人的信用记录；依靠商业性的信贷报告机构。

借款用途一般包括：自住、出租、投资。分析还款意愿的另一个重要指标就是借款用途。自住的违约程度低，投资的违约程度高。

2. 借款人贷款房价比分析

贷款房价比（LTV）是指借款人的贷款额与所购房地产价格的比例，LTV越低，安全性越高。首付款比例为1–LTV。

3. 借款人每期偿还额与家庭收入比

比例越低，越稳定，对贷款人的保障程度越高。

4. 借款人的收入水平和收入稳定性分析

借款人的收入越高，收入稳定性越强，借款人的还款能力就越强，还款意愿就越高，对贷款人的保障程度也就越高。

7.1.3.4 抵押房地产评估

1. 抵押房地产评估的意义

由于抵押房地产的贬值，会造成银行亏损，因此，对抵押房地产评估是防范住房抵押贷款风险的重要措施，这是金融业谨慎原则的基本要求。

2. 房地产评估的程序

房地产评估的程序要点：① 明确对象；② 明确目的；③ 实地勘察；④ 收集资料；⑤ 运用多种评估方法估算；⑥ 撰写评估报告。

3. 房地产评估方法

最基本的三种方法：市场比较法、成本估价法和收益还原法。

（1）市场比较法。市场比较法是以市场销售情况为依据，将估价对象与近期内市场交易中类似的房地产加以比较，判断估价对象可能实现的合理价值的一种方法。市场比较法依据的是经济学中的替代原理。

（2）成本估价法。成本估价法是指以建造房地产所需耗费的各项费用之和为主要依据，再加上一定利润和应交税金，来确定房地产价格的估价方法。成本估价法依据的是生产费用价值理论。

房地产市场狭小，交易不多，无法用市场比较法估价时，常用这种方法。对于无收益的公益设施，可采用此法。

（3）收益还原法（资本化法）。收益还原法是一种运用资本化率，将房地产的年净收入流折算为现值的估价方法。公式：房地产价格 = 净收益 ÷ 利率。适用于对商业经营型的房地产评估。

7.1.4 房地产保险

7.1.4.1 房地产保险概述

1. 概念

房地产保险是为了分散住房抵押贷款业务中的有关风险，通过财产保险、人寿保险等方式提供的一系列制度性安排。基本内涵包括：

1）为了分散住房抵押贷款风险，与住房抵押贷款有关的保险都可称为房地产保险。

2）住房抵押贷款要求以住房作为抵押。

3）既有财产保险又有人寿保险。

4）房地产保险是一种制度性安排。

2. 房地产保险的种类

一般保险可分为财产保险、人身保险。

财产保险有财产损失保险、责任保险、信用保险和保证保险。

人身保险按保险责任不同可分为：人寿保险、人身意外伤害保险和健康保险；按承保方式分为：团体保险和个人保险。

房地产保险类型：

（1）财产损失保险。目的是防范房屋丢失、损坏等给贷款机构行使抵押权造成的风险。

（2）信用保险。以债务人的信用为保险标的。债务人不能履约，保险人赔付，受益人是银行。

（3）保证保险。购房者以自己的信用为保险标的，以自己为受益人，如因非主观意愿的原因而不能如期还贷时，保险人代为付款。保证保险由银行提出就是信用保险。

（4）人寿保险和人身意外伤害保险。与房地产保险相关的人寿保险就是以贷款期限为保险期限，以贷款额为保险金额（该保险金额随贷款金额的降低而降低）。

3. 房地产保险的作用

（1）提高房地产金融机构的抗风险能力，降低住房抵押贷款风险。

（2）促进住房抵押贷款业务和保险业的发展。

（3）促进居民购房的支付能力，促进住房建设和经济发展。

（4）为抵押二级市场的发展提供坚实的基础。

7.1.4.2 我国的住房信贷保险

保险的运作方式是保险公司与贷款银行合作，委托贷款银行代理保险。

保险产品主要可分为两大类：一类是财产保险公司开发的住房消费信贷保证保险、消费信贷住房财产保险、消费信贷住房综合保险；另一类是寿险公司开发的与人身险业务有关的住房定期人寿保险。

1. 住房消费信贷保证保险

投保人是借款人，受益人是贷款人。

2. 消费信贷住房财产保险

承保房屋的建筑结构，期限为整个贷款期限，保费是一次性收取。是为了保障由于住房信贷业务中抵押房屋损毁产生的风险。

3. 消费信贷住房综合保险

综合了上述两种保险，保险责任宽泛。

4. 住房定期人寿保险

减额定期寿险，保险期限与贷款期限相同，保险额随信贷余额递减而递减。

我国住房信贷保险业务的运行模式：保险公司与商业银行贷款各经办行分别签订代理保险合同书，由经办行负责销售和办理保险，并收取一定比例的手续费。

我国住房信贷保险存在的问题：

1）险种不能满足市场需求，生命力不强。

2）住房信贷保险产品推出的时间短，资料少，不能准确得出损失率。

3）住房信贷保险条款费率单一，不能与保险标的风险程度多样性相匹配。

4）佣金支付方式尚需进一步研究，保费昂贵。

5）房地产保险业务中对风险的划分不合理。

6）政府在住房抵押贷款保险和担保体制中缺位。

7.2 房地产企业贷款

7.2.1 房地产企业贷款概述

房地产企业贷款的运作原理与一般工商企业贷款没有本质区别。

7.2.1.1 房地产企业贷款的特点

1）贷款数额大，贷款期限长。

2）贷款受经济发展周期的影响。

3）一般要以商业不动产作为抵押。

4）银行挑选贷款申请者要谨慎，要求对项目评估。

5）有地域限制风险。

7.2.1.2 房地产信贷业务管理

1. 信贷政策

信贷政策反映了银行的经营思想和经营策略；信贷政策会直接影响银行房地产信贷业务目标和管理运行模式；信贷政策是银行信贷业务的根本性指导文件；信贷政策根据市场和自身发展条件不断调整。

银行信贷政策的内容包括：

1）总论。

2）信贷业务的经营目标。

3）信贷业务的经营策略。

4）信贷业务的授权和审批程序。

5）信贷业务的信用标准。

2. 信贷业务管理的主要内容

信贷业务管理遵循银行的信贷政策，对涉及日常工作的重要环节做出制度性规定，保证信贷业务管理有章可循。

信贷业务管理的主要内容包括：标准信贷文件和档案的内容和要求、不良贷款的追讨和核销、法规约束、定价、保险和财务监督等。

3. 授权、授信管理

信贷人员在授权范围内开展业务，信贷客户根据银行授信决定信贷额度。授权是银行的管理层根据信贷管理人员的管理能力和管理经验以及银行对业务的管理要求，对信贷人员业务权限的界定。授信是通过对客户的信用分析，选择信贷客户并确定对客户的信贷额度。对客户的信用分析可以量化为信用等级。

7.2.1.3 房地产企业贷款的基本原则

好的贷款的标志：申请人信誉好；贷款协议和合同合理；保证双方利益；如果客

户违约，银行能迅速地以最低成本、最低风险回收贷款。

1. 贷款企业信用分析的“5C 原则”

即借款人的品质、能力、资本、担保和经营环境。

1）品质，主要指借款人过去的经营和履约记录。

2）能力，指借款人按期还款的能力，主要是对现金流的分析。

3）资本，反映借款人承受风险的能力，也有用现金代替资本的。现金来源：①销售收入或其他收入；②资产出售或变现；③发行债券或股票。

4）担保，包括信用担保和抵押品担保。中长期贷款期限长、风险大，大多要求抵押品担保。

5）经营环境，分析外部经济条件和企业对全部经济条件变化的适应性。

“5C 分析法”也叫“5P 分析法”，即个人（people）、偿还（payment）、目的（purpose）、保障（protection）、前景（prospects）。“5C 分析法”通过对每一要素细化、评分，把借款人信用量化、信用分级、授信、确定贷款额、期限和利率。

2. 贷款协议

贷款协议明确双方权利、义务；规定贷款的目的、贷款额、利率、还款方式、期限和担保等；还包括强制性条款；违约的处理等。

3. 贷款的保证措施

首先是借款人预期利润收入或现金流入；其次是资产负债表上的资源和提供的抵押品；最后是企业所有者或其他担保人的个人保证和抵押品。

7.2.2 房地产企业贷款程序

7.2.2.1 信贷业务开拓

1. 信贷业务开拓的概念

开拓业务包括市场调查、预测市场需求、训练员工、广告推销和公关推销。银行贷款第一步就是寻求业务机会并对机会进行评估。

2. 贷款申请

借款申请人申请贷款时，必须具备必要的资格，提供必需的资料（企业和项目资料）。

7.2.2.2 企业信用分析

1. 信用分析原理

银行接到贷款申请后，信贷员根据申请资料分析申请人的信用。主要包括：

1）评估申请人信誉（利用 5C 分析法和其他方法）。

2）财务报表分析。

3）现金流量分析。

根据信用分析结论，信贷员撰写分析报告，做出是否贷款的总结和建议，提交决策机构审批。

2. 信用分析的程序和内容

房地产企业信用分析包括以下程序和内容：

（1）贷款调查

1）对借款人的资格核查。包括：借款人的基本情况、法定代表人、财务管理和经济核算、合作诚意等。

2）调查核实项目情况。包括：项目的基本情况、前期、可行性、预算报告、前景、预测和敏感性分析等。

3）核实确定担保方式。

（2）贷款审查

贷款审查是信贷部门根据贷款“三性”（合法性、合规性、可靠性）、原则和贷款投向政策，对信贷员或贷款调查人员提供的资料进行核实，评价贷款风险、复测贷款风险度，提出贷款决策建议，供贷款决策参考。

7.2.2.3 贷款决策与实施

1）贷款审批原则。信贷委员会根据信用分析报告对贷款申请进行审批。审批的原则：确定贷款的合法性；信贷人员是否执行信贷政策；申请书是否说明抵押品的情况；协议内容是否齐全；还款来源是否足以清偿贷款。

2）贷款审批内容。包括：对借款申请书的审查和对贷款项目本身的调查。

3）确定贷款协议。

4）贷款审批权限。小额由信贷员决定，较大额由高层信贷管理人员决定，更大额由信贷委员会决定。

5）发放贷款。借款人取得贷款前，为项目办理有效的建筑工程保险。

7.2.2.4 贷后检查

在贷款发放后到贷款收回期间，银行信贷员对借款人资信情况和贷款项目进展情况跟踪调查，收回到期贷款，对贷款档案进行收集、整理和保存。

1）对贷款企业和贷款项目的贷后跟踪检查。

2）贷款资金的使用管理。监督借款人有没有专款专用和预销售回笼资金。

3）对保证人、抵押物和质押物的管理。

4）对贷款资料的管理。包括：借款人资料、担保资料、贷款项目资料、合同借据和贷后检查资料。

5）贷后检查的其他要求。

- 贷后检查间隔期的要求。
- 对贷后检查有关问题的处理。如：虚假资料、总投资超额和销售业绩等计划数对评估的偏差。

• 已清偿贷款的处理。

7.2.2.5 处理有问题贷款

处理有问题贷款不是贷款的必要程序，但在信贷业务中不可避免。出现有问题贷款时，银行将采取措施进行处理。我国商业银行信贷中有问题贷款存在的问题主要包括：

1）存在借款人财务方面的风险。

2）存在借款人经营方面的风险。

3）存在贷款保证方面的风险。

4）存在法律方面的风险。

出现有问题贷款时，银行首先要把回收最大化作为处理的最终目的。通常通过制定新的协议，使银行和借款人都有可能恢复正常。

7.2.3 房地产企业资信评估

7.2.3.1 资信评估概述

资信评估最早产生于美国，是从债券评级开始的。我国仍处于初期阶段。

1. 资信评估的概念

资信评估又称信用评级，是指银行或社会中介机构，通过对企业信用记录、经营水平、财务状况、所处外部环境等因素进行分析，综合评价企业偿还债务的能力和可信程度。

资信评估的核心是充分揭示和预警风险。

国际银行的资信评级等级为4等10级制。具体等级分为：AAA、AA、A、BBB、BB、B、CCC、CC、C和D。从AA到CCC可用“+”或“-”修正。

根据国际惯例，信用评级应遵循简单性、可比性和公开传播性等原则。

2. 资信评估的基本思路和方法

保证评级质量的三大因素：评级体系的合理性、评级分析与判断的可靠性和评级工作的客观性。信用评级是一种建立在客观基础上的定性判断，也有人认为是定性与定量相结合。

未来的偿付能力和现金流量是决定受评对象信用级别最重要的因素之一。

资信评估的内容大致分为两部分：经营风险状况分析和财务风险状况分析。

信用评级工作的基本程序：准备、调研、初评、评审、确认、公告、存档、跟踪监测等阶段。

7.2.3.2 银行内部对借款企业的资信评估

从银行业来看，资信评估分为内部评级与外部专业机构评级两种。

1. 银行内部对借款企业资信评估的概念和作用

银行内部对借款企业的资信评估就是由银行专门的信用评估部门和人员，运用一定的评级方法，对借款人按时、足额履行相关合同的能力和意愿进行综合分析，并用简单的评级符号表示信用风险的相对大小。

从发达国家国际性大银行的经验来看，内部评级对于信用风险管理的作用主要有：

1）为客户综合授信提供依据。

2）为金融工具价格的决定提供重要依据。

3）作为提取坏账准备金及分配资本金的基础。

4）为管理者风险决策提供参考。

2. 银行内部对企业资信评估的内容

（1）评级对象的确定。单级评级，即仅对借款人或交易对手进行评级。双级评级，即既对债务人评级，又对金融工具评级。

（2）信用级别及评级符号。功能良好的评级系统应能将不同资产的风险进行充分区分。不同银行信用级别及评级符号有所差别。

（3）评级方法。国际性大银行的信用评级方法大体分为三类：以统计为基础的方法；有约束的以专家判断为基础的方法；以专家判断为基础的方法。

（4）评级考虑的因素。既对企业的资产负债、赢利能力和现金流量等财务状况进行分析，又要对行业进行分析。

（5）实际违约率和损失程度统计分析。对实际违约率和损失程度统计分析，旨在检验内部评级的客观性和准确性，不断提高评级质量。

（6）跟踪复评。银行一般至少每年对评级审核一次。

3. 国际上一般银行对企业的资信评估

国际上一般银行对企业的资信评估会考虑以下因素：

1）财务报表分析。

2）借款人的行业特征。

3）借款人财务信息的质量。

4）借款人资产的变现性。

5）借款人的管理水平。

6）借款人所在国。

7）特殊事件的影响。

8）被评级交易的结构。

4. 我国银行业内部对借款企业的资信评估

我国银行业内部对借款企业的资信评级方法普遍采用“打分法”。通过选取一定的财务指标和其他定性指标，通过专家判断或其他方法设定每一指标的权重，由评级人员根据事先确定的打分表对每一指标分别打分，再根据总分确定相应的信用级别。缺点是偏于定量化，风险揭示不足。

以建行为例，介绍内部资信评估。对客户的资信状况进行分析和评估，对偿债能力做出全面评价。信贷客户信用等级分为AAA、AA、A 、BBB、BB、B、F。信用等级评定结果以客户评价报告的形式表现，有效期1年。

7.2.3.3 房地产企业信用评估

房地产企业信用评估与一般工商企业评估原理相同。以赢利能力和现金流量分析为核心，重点考察企业的偿债能力和偿债意愿。

1. 专业资信评估机构对房地产企业的评级分析

以某资信评估公司为例，资信评估的指标体系包括：

1）国家宏观经济环境和区域经济环境。

• 经济景气状况
• 区域经济环境
• 人口分布和居住水平

2）行业发展趋势与政策法规。

• 行业发展趋势
• 政府支持或限制
• 监管措施及其变化趋势

3）公司基本业务和竞争地位。

• 业务类型与地域分布
• 竞争地位
• 其他业务

4）公司财务状况与资金来源。

• 资产负债结构
• 赢利能力与经营现金流量
• 流动性和财务弹性
• 融资手段和融资能力

5）管理层素质。

• 经营策略
• 以往业绩
• 决策机制
• 管理层可信度

6）公司组织机构。

• 股东结构

• 母子公司关系

7）突发事件风险。

• 风险管理

• 法律诉讼

2. 我国银行对房地产企业的评级

我国商业银行对房地产企业评级的基本做法：选定影响信用等级的因素，给定各因素对信用等级的影响分值，确定各因素得分，将各因素得分相加，根据总分确定企业信用等级。

7.2.4　房地产企业财务分析

7.2.4.1　财务比率分析

1. 财务比率分析的方法

财务比率分析的方法分为比较分析法和因素分析法。比较分析法是根据各要素比较分析企业的财务状况。因素分析法是依据分析指标和影响因素的关系，从数量上确定各因素对指标的影响程度。

财务比率分析排除了企业规模大小不同的影响因素，使有可比性。财务分析是否能准确反映借款者的信用与提供的资料质量有很大关系。

2. 财务报表结构分析和比较分析

银行对贷款申请者的信用分析通常从资产负债表和利润表开始。财务报表结构分析就是把资产负债表和利润表的各主要指标，分别与报表中的总资产等某一总量指标进行比较，得到相应百分比关系，通过比较若干连续期间的比率关系发展趋势，对企业的财务经营情况做出评价。财务报表比较分析是把上述百分比关系与同行业相应的比例关系进行比较，对企业偿债能力、赢利能力等做出评价。

（1）资产负债表分析。银行对企业的资产负债分析侧重结构分析和同业之间结构的比较分析。结构分析分为资产结构分析和资金结构分析。

（2）利润表分析。利润表分析的主要方法也是结构分析和比较分析。

3. 财务比率分析

通常，信用分析的财务比率包括：流动比率、杠杆比率、赢利比率、效率比率。

（1）流动比率

1）流动比率。

$$流动比率 = 流动资产 \div 流动负债$$

流动比率衡量企业短期偿债能力。

2）速动比率。

速动比率＝速动资产 ÷ 流动负债

＝(流动资产－存货)÷ 流动负债

速动比率衡量企业短期偿债能力和流动资产变现能力。

(2)杠杆比率

1)资产负债率。

资产负债率＝负债总额 ÷ 资产总额

资产负债率衡量企业负债水平和风险程度。

2)利息保障倍数。

利息保障倍数＝息税前利润 ÷ 利息费用

＝(税前利润＋利息费用)÷ 利息费用

利息保障倍数反映企业经营所得支付债务利息的能力。

3)负债与所有者权益比率。

负债与所有者权益比率＝负债总额 ÷ 所有者权益总额

该比率反映企业基本财务结构是否稳定以及企业的长期偿债能力。

(3)赢利比率

1)资产收益率。

资产收益率＝利润总额 ÷ 平均资产总额

(资产收益率＝净利润 ÷ 资产平均总额)

平均资产总额＝(年初资产总额＋年末资产总额)÷2

该比率越高，企业的资产运营越有效。

2)权益报酬率。

权益报酬率＝利润总额 ÷ 有形净资产

(权益报酬率＝净利润 ÷ 股东权益平均总额)

股东权益平均总额＝(期初股东权益＋期末股东权益) ÷2

该比率是衡量企业管理者赢利能力的重要指标。

3)销售利润率。

销售毛利率＝销售毛利 ÷ 销售收入净额

销售净利率＝销售净利润 ÷ 销售收入净额

毛利＝销售收入净额－销售成本

该指标反映企业经营活动最基本的获利能力。

(4)效率比率

1)总资产周转率。

总资产周转率(次数)= 销售(营业)收入净额 ÷ 平均资产总额

总资产周转率是综合评价企业全部资产经营质量和利用效率的重要指标。

2)固定资产周转率。

固定资产周转率 = 销售收入净额 ÷ 固定资产平均净值

固定资产平均净值 =(期初固定资产净值 + 期末固定资产净值)÷2

固定资产周转率表明固定资产的利用率。

3)存货周转率。

存货周转率(次)= 销售成本 ÷ 平均存货

存货周转率反映存款周转次数。

4)应收账款周转率。

应收账款周转率 = 销售收入净额 ÷ 平均应收款

应收账款周转率反映应收款的流动速度。

4. 房地产企业财务比率分析标准

对房地产企业进行信用分析和评价主要有两种方法：结构分析法和财务比率分析法。

国外行业平均水平由一些权威的中介机构提供。

国内有一些行业协会和专业公司在做建立行业标准的工作，但缺乏权威性。

国内商业银行也逐步建立自己的评价企业信用状况的评价标准。

7.2.4.2 现金流量分析

财务比率分析是静态反映企业的经营现状和偿债能力。现金流量分析对企业未来经营和收入做出预测，对经营活动、投资活动和筹资活动进行分析。

现金流量分析常用的方法：现金流量结构分析、流动性分析、获取现金能力分析、财务弹性分析和收益质量分析。

7.2.4.3 财务预测

预测的主要依据是财务报表和其他相关资料，是一种敏感性分析。预测应包含三种可能：最佳状况、最差状况和最可能出现的状况。

7.2.5 房地产企业贷款项目评估

国外商业银行项目评估一般作为借款人信用评估的一部分；我国房地产企业贷款项目评估按贷款额度分为两个层次：限额以下，采取比较简单的评估方法；限额以上，由评估部门按固定资产评估办法规定进行评估。以下介绍的是限额以上的房地产项目评估。

7.2.5.1 房地产企业贷款项目评估概述

房地产企业贷款项目评估是银行根据贷款的效益性、安全性、流动性，运用定量和定性分析相结合的方法，在贷款决策前对借款人和拟开发项目的赢利水平、偿还能力、建设条件、市场环境及各种不确定因素所做的全面、系统的评价。

1. 项目评估应具备的基本条件

1）初审合格。

2）项目符合国家产业政策，项目审批程序合规合法。

3）项目立项批文、“四证”齐全。

4）成本明确，融资符合规定。

5）有可行性研究报告。

2. 项目评估的程序和内容

项目评估的程序：具备评估条件；组建评估小组，制订评估计划；调查、收集、整理资料；分析、研究、测算，编写评估报告。

项目评估的内容：对借款人的评价；项目建设条件评估；市场评估；投资估算和筹资评估；偿债能力评估；贷款风险分析。

3. 项目评估报告

项目评估报告的基本内容：基本情况；报告正文；评估报告附件。

7.2.5.2 借款人评价

对借款人的评价主要包括：

1）借款人非财务评价。

2）经营者素质及管理水平评价。

3）经济技术实力评价（主要是分析资产负债表）。

4）资产负债分析。

5）资产运用效率评价。

6）赢利能力分析。

7）现金流量分析。

8）信用状况评价。

9）对新建企业分析的重点（着重分析资本金到位情况）。

7.2.5.3 开发项目评价

1. 开发项目建设条件评价

开发项目建设条件评价包括：项目建设必要性；项目建设内容、规划和建设方案；

项目建设条件评价；设计单位资质评价；施工组织评价；环境保护评价。

2. 项目市场评估

项目市场评估分为四个阶段：明确目标；确定调查对象和方法、范围；收集信息；分析、提出结论。主要包括：

1）市场总体情况分析。

2）市场需求情况分析。

3）开发项目的主要特点是否符合消费者的需求特点。

4）分析竞争对手。

3. 投资估算和筹资评估

1）项目总投资的构成。

2）投资估算评估。

3）投资来源及筹资评价。

4）项目投资计划评价。

7.2.5.4 偿债能力评估

1. 项目财务效益预测

根据市场评估预测的分年度租售计划和租售价格预测各年度现金收入，计算各年度销售收入。

2. 项目财务现金流量分析

财务内部收益率要大于基准内部收益率，在基准内部收益率下，财务净现值要大于零。

（1）项目财务现金流量表

（2）财务内部收益率

$$\sum_{i=1}^{n}(CI-CO)_t(1+FIRR)^{-t}=0$$

式中 CI——现金流入量；

CO——现金流出量；

$(CI–CO)_t$——第 t 年的净现金流量；

n——计算期；

$FIRR$——财务内部收益率。

（3）投资回收期

投资回收期是指以项目的净收益抵偿全部投资所需的时间。

（4）净现值

$$NPV=\sum_{t=1}^{n}(CI-CO)_t(1+IC)^{-t}$$

式中 IC——行业基准收益率；

NPV——净现值。

3. 项目偿债能力评估

基本思路：编制项目建设期的“资金来源与运用表”，确定各年度可还款资金来源。

4. 借款人综合偿债能力分析

借款人综合偿债能力分析是从企业原有效益、在建项目、拟建项目的赢利能力转到企业整体偿债能力评价上来，即以借款人为对象评价贷款的安全性。需要进行敏感性分析。

5. 贷款风险评价

贷款风险评价主要从项目的风险和贷款担保的落实两方面进行评价。

7.3 房地产项目融资

房地产项目的资金筹措是项目实施的一项重要工作，项目的融资研究应该从项目前期阶段开始。在房地产项目决策分析和评价阶段要考虑融资方案的设计，并进行必要的分析研究或评估，旨在为最终的融资决策提供依据。融资技术和技巧对于房地产项目的成败越来越起到决定性的影响。

从房地产项目的投资特点来看，房地产项目总投资一般分为自有资金和从银行或其他金融机构获取的抵押贷款两部分，其中，自有资金占到项目总投资的20% ~ 35%，用来支付开办费和购置土地使用权费用。但房地产项目的建设周期长、资金需求量大，自有资金又相对有限，必须在正确估计项目总投资的基础上，进行分析比较，以较低的成本、较高的利益，筹措到所需的资金，为投资计划的顺利实施提供保障。

7.3.1 房地产投资资金的分类与特点

1. 房地产投资资金的分类

房地产投资资金是房地产企业用于房地产开发经营的财产、物资的货币表现。它不仅是房地产业再生产的基础，也是发展房地产业的基础。按照不同的标准和分类方法，这里介绍四种常用的分类方法。

（1）按照资金来源渠道不同，房地产投资资金可分为国家资金、企业资金、个人和单位投入资金、借入资金、引进国外资金五大类。

1）国家资金是指国家调拨给房地产开发经营企业长期使用的资金，具体有国家固定资金、国家流动资金及各种专用基金等。

2）企业资金是指企业内部积累的自有资金，具体有企业固定基金、企业流动基金、企业商品房周转金、企业出租房产基金及各项专用基金等。

3）个人和单位投入资金是指企业从社会筹集的个人和单位的资金，企业与企业间联合经营、互相投入的资金，主要有发行股票、债券所得以及联合投资所得的固定基金、联营流动资金、联营专用基金等。

4）借入资金是指向上级或外单位借入和预收、应付的资金，具体有上级借款、银行借款、预收定金、其他预收款、应付款等。

5）引进国外资金具体有外国政府援助、外国资本、外国政府或外国金融机构的贷款等。

（2）按照资金的所有权性质不同，房地产投资资金可分为负债和所有者权益两大类。

1）负债是由流动负债和长期负债构成，大部分的房地产开发经营属于负债经营。

2）所有者权益一般由实收资本、资本公积、盈余公积和未分配利润等构成。

（3）按房地产投资资金在生产经营过程中的分布情况，房地产投资资金可分为生产性资金和经营性资金两类。

1）生产性资金是用于生产活动方面的资金，分为以下两种。

- 土地开发资金。这是用于土地使用权承让的地价费或征地费、动迁补偿费、“七通一平”费、小区规划费等。
- 房屋建造资金。这是用于建造房屋的工程费，包括勘察设计费、设备材料费、人工费、施工管理费、税金和外包工程的工程费。

2）经营性资金是指用于经营活动方面的资金，分为以下三种。

- 房地产商品资金。它主要用于商品房屋、出租房屋、已开发土地等。
- 房地产管理资金。它主要用于支付出租房屋的管理人员工资和各项管理费用。
- 维修保养费用。它主要指出租房屋维修的材料费、人工费、施工管理费和发包工程款等。

（4）按实物形态和价值转移方式的不同，房地产投资资金可分为固定资金和流动资金两种。

1）固定资金主要是指用于劳动资料等方面的资金，其实物形态为房屋、机器设备、工具等固定资产，在生产过程中长期使用，其价值以折旧的形式转移到产品中去，然后又从产品销售中得到补偿，因而其停留在实物形态上的价值不断减少，转化为货币形态的价值不断增加，直到固定资产报废，其价值全部脱离实物形态转化为货币形态。

2）流动资金主要是指用于劳动对象方面的资金，其实物形态为原材料、燃料、其他材料等。流动资金所代表的物质在生产过程中一次性被消耗，实物形态也随着改变，其价值除按规定分期摊销外，都全部转移到产品中，构成产品成本，通过销售和出租得到补偿，转化为货币资金。流动资金还用于工资和其他费用，以货币形式垫付，并从房地产商品的销售和出租中得到补偿。

另外，房地产投资资金按地域不同可分为国内资金和国际资金，按资金在生产经营过程中的作用不同可分为生产领域资金和流通领域资金等。

2. **房地产投资资金的特点**

房地产投资资金会随着生产经营活动的进行不断地流动，与房地产商品生产和再生产过程相对应，依次表现为储备资金、生产资金、成品资金三种形态，顺次变化。它们的运动轨迹为：货币资金——储备资金——生产资金——成品资金——货币资金，如此周而复始不断反复循环，即资金的周转流程。由于房地产自身的特点，房地产资金在房地产商品生产过程中的运用具有以下特点。

（1）资金用量大。房地产开发经营在其产品的生产过程中，吸收了大量社会物化劳动和活劳动，动用了大量的人力和物力，其产品的价值都在几千万、几亿甚至几十亿元以上。而且，房地产自身的规模很大，单位价格很高，在房地产再生产过程的各个环节中，都需要相当大的资金的支持，否则再生产将无法顺利进行，这是房地产资金运用的首要特点。

（2）资金的流动量大。房地产开发项目的建设一般要经过取得土地、开发土地、勘察设计、施工、装修、配套、验收等一系列的过程，生产周期较长，至少需要1~2年的时间，资金在其生产周期内常分成若干次投入，并且投入的数额都较大；因为价值较大，在销售阶段常采用分期付款或租赁的方式，这样投资回收期就很长；在项目竣工后销售房屋或在开发期内预售房屋时，收回的资金数量也很大。因此，资金的计划性和资金的实践价值对资金使用效益来说是巨大的影响因素。

（3）非自有资金的比重大。由于房地产资金的运用量大，投资者不可能独自承担全部的资金，必须有外来的巨额资金支持。而且，如果资金投向过分单一，风险就大，所以投资者往往也不会愿意投入所有的资金。因此，要采用多渠道融资的方法。但是，筹集资金是需要分享利润或支付利息的，所以必须对非自有资金使用的效益、成本和风险进行认真分析，以决定是否使用非自有资金、使用多少、如何使用等问题。

房地产资金运用的这些特点决定了其筹集资金的必要性和可能性。

7.3.2 房地产投资的筹资渠道和方式

房地产资金的筹资渠道是指取得资金的来源，即资金由谁提供、从哪里取得。筹资方式是指取得资金的具体形式，或者说用什么方法取得资金。不同的筹资渠道会采用不同的筹资方式，而不同的筹资方式往往又有不同的筹资渠道。这两者既密切关联，又相互区别。

房地产资金有的来自国内资金，也有的来自国际资金。要大力发展房地产业，既要充分运用国内资金，也要充分吸引国际资金。

筹集国内资金的渠道和方式主要如下：

1. 通过财政渠道取得资金

（1）财政拨款。财政拨款主要是由国家无偿投入房地产项目的土地和资金，主要是国家投入科研、各级各类学校、医疗卫生、市政工程、公路等非营利性项目以及投入“安居工程”的资金。

（2）财政贴息贷款。

（3）纳入国家预算并安排的贷款。这部分资金主要是投入国家重点支持的一些大、中型房地产项目以及需要重点解决的房地产建设项目。

2. 通过融资的方式取得资金

这是房地产资金筹集的最主要方式。所谓融资就是货币资金的融通，主要有两种方式。

（1）直接融资。直接融资是指没有金融中介机构参与的融通资金的方式。在这种方式下，需要融出资金的单位或个人与需要融入资金的单位之间的货币资金转移，不通过任何金融中介机构进行，而是由融资双方直接商定。这种方式主要用于筹集资本金进行联合开发经营，建设住房等。使用这种方法的具体形式有发行股票、发行债券等。

（2）间接融资。间接融资是一种由金融中介机构参与的融通资金的方式。在这种方式下，需要融出资金的单位或个人与需要融入资金的单位之间的货币资金转移，要通过各种金融中介机构来进行。这种方式是使用最为广泛的筹资方法。使用这种方法的具体形式有楼宇按揭、房地产抵押贷款、房地产信托投资等。

3. 通过自我积累形成的资金

企业内部积累是企业筹资的重要渠道之一，主要有注册资本金、企业利润分配形成的各种基金、未分配利润、住房建设存款等。这部分资金是企业从事房地产开发的基础，从事房地产开发必须具备国家规定的资金标准，而且要取得银行贷款等融资性资金，也必须具有一定的自有资金。开发企业的自有资金，包括现金和其他资产以及在近期内可以收回的各种应收款。

4. 通过其他方式取得的资金

这主要包括：土地所有者或者持有土地使用权的组织以土地作价入股，与他人进行联合开发；在房地产开发过程中，以预售方式取得开发资金等。这部分资金在房地产资金中起着重要的补充作用，特别是预售商品房是取得资金的一个行之有效的方法。对于买家来说，它可以降低购楼费用，所以有很高的积极性；对于开发商来说，预售商品房，既可筹集到必需的建设资金，又可将部分市场风险转移给买家。但是，预售商品房在各地都有一些具体的限制。

7.3.3 房地产投资多渠道筹资的意义

房地产投资与开发所需资金如今已不可能完全依靠国家拨款或银行贷款，而应该走多渠道筹资的道路，多渠道筹集资金也越来越显示出它的重要意义。

1. 多渠道筹资有利于弥补自有资金的不足，解决房地产资金需求量大的问题

单一渠道投资建设，不利于调动各方面的积极性，难以解决好房地产投资的资金需求量大的问题。房地产项目投资大、周期长、连续性强，如果一旦出现资金短缺问题，将会导致工程的停工、延期，造成巨大的经济损失和社会损失。因此，必须在工程建设之前或建设之中，解决好资金需求问题，而解决这一问题的行之有效的方法就是开辟广泛的筹资渠道，充分利用我国现有的资本市场和国际资本市场，多渠道筹措资金。

2. 多渠道筹资有利于分散风险，还可以做到以最低筹资成本保证资金的需求

由于房地产投资的资金量很大，因而即使房地产项目的风险很小，风险损失的绝对值仍会很大，任何一个独立的经济实体都无力承担这种损失。因此必须将风险分散，多渠道筹资是分散风险的一种行之有效的方法。而且，正确地选择不同筹资渠道和筹资方式，有利于投资者在最低成本、最优惠的条件下取得开发与经营所必需的资金。

3. 多渠道筹资有利于集中社会闲散资金，促进社会生产力的发展

随着经济的发展和人民生活水平的不断提高，各企业、各阶层人民的收入也在不断增加，形成企业之外巨大的货币资金，有个别企业在尚未形成新的投资之前的资金积累，等待寻找新的投资领域的积存资金，还有各阶层人民为不同用途的储蓄存款等。这些货币和资金是分散的，数量和大小不一，所追求的目标不同，它是闲散的货币资金。投资者通过发行股票、债券、商业信用、信托、租赁等多渠道筹资，能迅速集中这些货币资金用于投资，有利于减轻通货膨胀的压力，有利于社会生产力的发展。

4. 多渠道筹资有利于房地产市场的形成与发展

房地产市场是由生产经营市场、产权转让市场、房地产金融市场组成的统一体。生产经营市场主要包括房地产买卖、租赁等交易活动。产权转让市场主要包括融资开发、抵押交易、保险等金融活动。特别是房地产金融市场的发育与健全是房地产业得以发展的重要条件。房地产金融市场的发育与健全要求开辟多渠道筹资，并能实现产权的流通和转换。

7.3.4 房地产投资资金来源分析

房地产企业投资资金是房地产企业为进行房地产开发、经营和从事有关配套服务活动所使用的资金。我国房地产开发企业资金除部分来源于财政、主管部门和企业在开发经营过程中的积累资金外，绝大部分是企业自行筹集的。房地产投资资金的来源主要有：自有资金、银行贷款、社会筹资、利用外资、财政拨款、预收款、承包商带资承包等。

7.3.4.1　自有资金

在中国当前，自有资金一般包括企业自我积累、主管部门投入的资金和联营的企业单位提供的资金三部分。

企业自我积累是企业依据财务制度，从产品生产成本和税后留利两个渠道中提取的资金，主要表现为生产发展基金、后备基金、员工福利基金等。其中，生产发展基金即企业从税后留利中提取的，用于补充流动资金不足部分的资金。

主管部门投入的资金指各级地方政府在其正常支出外可自行支配的财政资金中拨入房地产开发经营的资金。这类资金包括：①上年地方财政预算的结余；②当年地方财政超收分成；③地方预备费用；④由地方财政掌握的预算外资金。

联营的企业单位投入的资金由于联营方式的不同而呈多样化。如果联营各方共同出资组建房地产企业，则各方按协议或企业章程投入到联营房地产企业的资金均为该房地产企业的自有资金；如果联营各方仅就一个具体房地产项目按协议或合同投入资金，没有设立联营企业，则这些资金作为借入资金。

7.3.4.2　银行贷款

房地产企业的资金投入和其他企业相似，主要是自有资金和借入资金。由于房地产企业是资金密集型行业，开发项目的高投入量引发对资金的需求量必定大大高于其他行业，因此，房地产开发企业更依赖于借入资金，主要是从银行等金融机构借入。一般贷款比例应小于总投资的 75%，而且是以开发项目本身的抵押贷款为主。

房地产市场的风险因素使房地产贷款具有预期的不确定性，因而银行为了提高信贷资产质量，对房地产开发性贷款采取严格而谨慎的态度是可取的；但过分严格的贷款政策，会使不少具有市场前景的开发项目失之交臂，银行也难以取得较好的收益。目前，各家商业银行都对发放的用于商品房及其配套设施建设的流动资金贷款采取担保贷款的方式，比如中国建设银行规定：商品房开发贷款采取担保贷款的方式，具体包括抵押贷款、质押贷款、保证贷款三种方式。这种以借款人资产保证大小为贷款发放条件的贷款方式严重影响了房地产企业的融资能力，造成房地产企业想方设法去找抵押物或找第三方担保，往往使好的项目因达不到贷款条件而半途而废。

房地产投资方面的银行贷款，主要有银行借贷和抵押贷款两种方式。

1. 银行借贷

房地产信贷就是银行或房地产信用机构通过各种信用手段，把筹集起来的各种房地产信用资金，以偿还为条件暂时让渡给房地产开发经营者和消费者使用的一种借贷行为。房地产信贷是房地产资金的重要来源，因而房地产信贷资金的筹集具有非常重要的意义。房地产信贷资金的筹集有政策性房地产银行资金的筹集和商业银行房地产信贷资金的筹集两种。政策性房地产银行资金筹集一般都是以行政命令为前提来筹集资金，带有一定的强制性。比较普遍的是商业银行房地产信贷资金的筹集。对商业银行而言，信贷资金主要由以下几部分组成：自有资金、各类存款、借入资金、同业往来资金、主动负债资金、国外借款等。目前，我国四大国有商业银行还开展政策性住房信贷业务，所以其信贷资金来源还包括集资款项、个人住房公积金、住房合作社存款和保证金等款项。

（1）自有资金。自有资金是房地产金融机构从事信贷业务的基础，也是房地产金融机构进行信用货币活动的本钱，是其他负债业务的基础。在资产负债表上表现为股东权益或国家资金，是我国商业银行房地产信贷资金的主要来源，它可分为两个部分：一是国家拨入资金或其他股东投入形成的部分；二是商业银行在经营中资金增值部分的银行留成部分。我国有很多商业银行都是通过股份制形式成立的，其自有资金包括股本、储备资金及未分配利润等。一般自有资金在银行总资产中的比例不超过10%，但它是银行中可以独立自主运用的最稳定可靠的信贷资金来源，是银行吸收外来资金的基础，与非自有资金相比，具有稳定性、增值性、安全性。

（2）各类存款。房地产金融机构吸收的各类存款是其信贷资金的主要来源，一般约占商业银行资金来源的70%，银行能否合理地获得大量的存款，对房地产信贷工作起着决定性的影响，而且这对房地产企业的贷款起着制约作用。商业银行为了迎合存款人的不同需要，开办了各具特色的存款种类。按不同标准，可将存款分为不同的种类，如按存款主体可分为各级政府部门存款、企事业单位存款、个人存款；按存款的用途可分为房地产开发经营存款、基金存款、个人住房储蓄存款；按提取存款的方式可分为定期存款、活期存款、储蓄存款。

（3）借入资金。借入资金包括同业拆借资金和向中央银行借款或再贴现两种。同业拆借资金是房地产金融机构为了解决临时性资金不足而从其他银行或金融机构拆入的短期资金，从时间上看，短的只有几个小时，长的也一般不超过三个月。因此，这种资金一般只能解决房地产金融机构流动资金贷款的来源。

银行在信贷资金不足时，可以向中央银行借款或向中央银行申请再贴现未到期的票据以获得资金来源。中央银行向商业银行贷款的种类可按期限和用途分为年度性贷款、季节性贷款、月拆性贷款和再贴现贷款四种。

（4）同业往来资金。同业往来资金是银行间资金融通的一种基本形式。房地产企业之间、房地产企业与其他企业间的资金往来和货币收付都是通过银行进行转账结算的，这就引起银行间的互为代收、代付款项。这种代付款项一般经银行之间的联行往来进行清算，在清算之前，由于代收和代付金额时间的差异性，有时会有一部分汇差资金停留，可视为一项资金来源。

（5）主动负债资金。主动负债资金是房地产金融机构利用其信用去吸收一部分资金作为贷款资金的来源。不管是专业银行的房地产信贷部，还是住宅储蓄银行，都可以通过发行金融债券和银行大额存单的方法来吸纳更多的资金。

（6）国外借款。房地产金融机构可以积极创造条件争取国际资金，增加自身资金投资来源。目前，我国利用外资开发房地产业主要有两种形式：一种形式是企业借款或与外资合营，这会以企业存款增加的方式增加信贷资金；另一种形式是房地产金融机构在国外金融市场上发行金融债券或吸收国外贷款，包括有外国政府贷款、国际金融组织贷款、国际商业银行贷款等。其基本方式是向国际金融组织贷款和发行国际债券。国际金融组织贷款主要是向世界银行、国际货币基金组织和亚洲开发银行等国际金融机构提供的中长期项目贷款，主要用于旧城改造和危房改造，利率比商业银行贷款利率低，期限比较长。发行国际金融债券是房地产金融机构在海外发行的金融债券，债券的期限可长可短，利率可固定也可浮动，通常略低于国际商业银行贷款利率。

除了上述主要资金来源外，房地产金融机构在办理一些中间业务过程中，可以占用一部分客户的资金作为自己的资金来源。例如，通过办理代客买卖有价证券、代收款项、信用证、承兑票据等业务，占用客户的资金。

2. 抵押贷款

抵押贷款也叫抵押放债或财产担保放债，是指银行或其他金融机构要求借债人提供一定的财产作为还款的物质保证而发放的贷款。房地产抵押贷款则是银行或其他金融机构以借款人提供房产或地产作为还款的物质保证的抵押贷款。在房地产抵押贷款中，不转移房屋的占有权、使用权、处分权和收益权，但产权人和受押人都不能随意处理房屋。

房地产抵押贷款按其贷款方式的不同可以分为土地开发抵押贷款、房屋开发抵押贷款、住房抵押贷款等几类。这里主要介绍房地产开发抵押贷款。房地产开发抵押贷款是房地产开发企业以取得的土地使用权或其开发的房屋权作为抵押向银行取得的贷款。贷款主要用于弥补房屋开发建设中的资金不足，这种贷款的期限一般是 1~2 年，具有流动资金性质。由于这类贷款通常期限较短，贷款对象大多数为银行的基本客户，其资产和经营状况银行较为了解，所以，对那些资金雄厚、经营效益好、信誉佳的开发企业，银行可提供优惠的抵押贷款，而对那些资金薄弱、经营状况不佳、资信无保证的开发企业，则银行在发放抵押贷款时要格外谨慎。同时，由于房屋开发投资具有阶段性，而资金的回收则以建成楼宇的售出或经营取得收入为前提，所以，这类抵押贷款采取按建筑图纸分阶段支付贷款和一次性清偿或分期清偿贷款的方式。

根据有关规定，凡在当地注册登记的法人，如果符合如下条件，均可申请抵押贷款：①借款人具备偿还本息的能力；②借款人应提供指定地块的土地使用权证、开发方案、项目可行性研究报告、偿还贷款本息的途径、批准的建设计划和其他要求提供的文件；③借款人应以土地使用权及其他建筑物、其他附着物设定抵押，向贷款人办妥抵押登记和登记公证手续；④借款人应在贷款银行开立贷款户和结算户。

抵押贷款额度由贷款人根据借款人的资信程度、经营收益、申请借款额和借款时间长短而定，一般不超过抵押房地产现价的 70%，抵押贷款的利率按建筑业流动资金执行，并根据贷款期限长短实行浮动利率。房地产抵押贷款利率实行固定利率，在贷款期限内不变动贷款利率。利息按季结算，收取方法是由贷款方直接从借款方的存款账户中提取。

7.3.4.3 社会集资

能筹集一部分社会闲散资金集中用于项目建设，就可以缓解向金融机构筹资的压力。目前，我国的社会集资主要是指房地产企业以发行房地产股票和房地产债券的方式筹集资金。

1. 房地产股票

股份制房地产企业在投资开发房地产项目过程中，可以通过发行股票的方式筹措资金。房地产股票是房地产股份有限公司给股东的所有权凭证，股票持有者作为股东承担公司的有限责任，同时享有相应的权利，承担相应的义务。房地产股票既有一般工商企业的特点，如基本的“三性”特性、发行程序、上市交易种类、利润分配顺序等，又有本行业的一些特点，如股本总额大、股票收益较高、升值较快、股票资信较高、市场稳定。

房地产投资者发行房地产股票往往是出于以下几个目的：①筹集注册资本；②扩大公司规模或因新上项目而追加投资；③兼并其他公司；④公积金或资产增值转化为新股票；⑤债券转化为股票；⑥分割或合并股份；⑦在公司不景气或在扩大业务急需资金时，按原股东股息配股，起到集资的目的。

房地产开发企业可以在企业不同时期、不同经营情况下，选择发行不同种类的房地产股票，以满足自己的资金需求和投资人的需求。房地产股票可按不同的标准进行分类，其中最主要的是根据股东权益和承担风险程度的不同，分为普通股和优先股。优先股在收益分配上享有优先权，但一般没有公司的经营管理权。优先股又可分为累积优先股、股息可调整的优先股和可转换优先股三类。普通股代表持股人在股份中的财产和所有权。持有普通股的股东对公司的经营管理行使权力，参加股东大会并有投票权，但普通权的股息要视公司经营业绩的好坏和收益高低而升降，不予固定。另外，普通股股东可以通过股东公司资产增值和股票交易价格的上升来取得收益，股份公司发行股票时，必须发行一定数量的普通股。房地产股票还可以分为记名股票和不记名股票；有票面股票和无票面股票；多权股票和无权股票。

股票的发行一般有两种方式：①由股份公司直接向社会发行，由银行或其他金融机构协助；②由银行或债券公司代理发行或包销。股票的发行价格有四种确定方式：①按面值发行，即按票面价格发行；②按市价发行，即按照或接近股票市场上该种已发行股票或同类股票的近期买卖价格发行；③按折价发行，即按股票票面价格打折扣后发行；④按股票票面价格和市场价格的中间价发行。

利用房地产股票进行投资或进行筹资，可以很好地解决急需资金的问题，可以使企业获得永久性资本，可以分散风险，可以减轻财务负担等。

2. **房地产债券**

房地产债券是为了筹措房地产资金而发行的借款信用凭证，是证明债券持有人向发行人取得预期收益和到期收回本金的一种凭证。房地产债券具有发行总额大、票面利率高、期限长、可与购房相结合、较安全、风险小等特点。

房地产债券的种类繁多，最主要的一种是按发行主体的不同分为房地产政府债券、房地产金融债券、房地产企业债券。房地产企业债券是我国房地产债券中最常见的一种，是指房地产企业为了筹集长期资金而发行的债券，其种类繁多，可以按照一般企业债券的分类来划分，如按发行目的可分为合并债券、购价债券、偿债债券等。我国房地产企业债券主要有住房建设债券、土地开发债券、房地产投资债券、危房改造债券、小区开发债券、住房有奖债券等。

发行房地产企业债券是房地产开发商的资金来源之一，与银行贷款一样，同属于企业外来资金。由于企业债券风险较政府债券要大，因此其利息率一般要高于政府债券的利息率。

房地产债券有记名式和无记名式两种，由于记名式房地产债券手续烦琐、流通性差，而无记名式房地产债券手续简单、流通性良好、风险小，所以房地产投资者应以选择无记名式房地产债券为主。按照期限划分，房地产债券又可分为长期债券（10 年以上）、中期债券（1~10 年）、短期债券 (1 年以内) 三种。由于短期债券要求偿还的时间紧迫，长期债券又面临着利率风险，所以宜以中期债券为首选对象。

发行房地产债券的好处很多，它可在需要资金时及时筹集到资金，又可在资金充裕时停止筹措行为，灵活且高效；它没有银行贷款那种中途停贷或收回的风险，而且发行债券易被大众接受。

7.3.4.4 利用外资

房地产投资者利用外国资金进行房地产投资活动的主要方式有：外国政府贷款、国际金融组织贷款、外国商业银行贷款、与外资合营、发行国际债券、租赁开发等。

1. **外国政府贷款**

这是一国政府利用财政资金向另一国政府提供的带有友好性质的优惠贷款，利率较低，期限较长，有的长达 30 年；并有一定的宽限期。在宽限期内可以不偿还本息或只还本不付息。但由于其贷款较少，所以获得的机会不多。

2. **国际金融组织贷款**

这主要是指世界银行、国际货币基金组织和亚洲开发银行等国际金融机构提供的中长期项目贷款。利率较低，一般低于商业贷款利率；期限较长，如世界银行贷款最长为 25 年。但国际金融组织贷款的审查非常严格，所以不易获取。

3. **外国商业银行贷款**

国际金融市场上资金供求状况决定这种形式的借款条件。一般来说，贷款的利率较高。外国商业银行贷款要通过国内资信高的银行出面借入，再贷给项目开发者使用。虽然这种贷款的代价较高，但相对容易获取，而且额度较大，所以它成为利用外资的最主要方式，但是房地产投资者在利用此种贷款时，一定要审慎，不能盲目地贷款。

4. 与外资合营

房地产投资者与外国投资者进行合作，与外国投资者共同投资，这种方式是房地产业利用外资的主要形式之一。合营的形式多种多样，如中方企业以土地入股，外方以资金入股联合开发；双方资产以股票的形式共同投资开发等形式。总的来看有股权式、契约式合营两种类型。

5. 发行国际债券

发行国际债券是指房地产投资者通过国内几家大银行和国际信托投资公司等金融机构，在国际金融市场上发行房地产债券来筹集资金的方式。国际债券的期限可长可短，利率可以采取浮动利率，也可以采取固定利率。其利率一般略低于国际商业银行贷款利率，且风险较小。发行国际债券必须选择债券承销机构、发行日期、发行方式、发行价格等，并需支付一定的发行费用。

6. 租赁开发

这是以土地使用权出租为基础的开发方式。通过租赁，承租方取得一定时期的土地使用权，在土地上进行规定项目的开发，项目完成后，承租方享有租赁期内的经营权，一旦租赁期到，土地使用权及土地上的房屋所有权归国家所有。这种开发方式，在新区的开发中有较大的作用，能有效地吸引巨额外资进行房地产开发。

7.3.4.5 预售款

预售款就是房地产投资和在商品房交付使用之前，预先向购房者收取的房款。从实际情况来看，这几年由于银行贷款较为困难，预售款逐渐占据了开发筹资的主要部分。在房地产市场前景看好的情况下，市场对期房销售会表现出极大的热情。这是因为购房者仅需支付少量的资金，就可以享受未来一段时间内房地产增值的收益，而且容易买到楼层和位置好的房地产；而对房地产开发企业来说，预售可以筹集到必需的建设资金，又可将部分市场风险转移给购房者，另外还可通过差价来减少低价预售的损失。

然而，期房销售有一定的限制条件，市场不确定性风险始终存在，如市场发生变化、预售商品房不能按原计划竣工交付使用等，既可能损害消费者的权益，又影响正常经营运作。因此，利用预收款来筹资，应注意政府的政策规定，不同时期、不同地区的关于房地产预售的规定还会有所不同，另外消费者的消费心理状态同样也是值得考虑的重要因素。

7.3.4.6 财政拨款

房地产投资的财政拨款是指国家各级政府无偿投入房地产项目的土地和资金。它的资金来源主要有两部分：一是政府划出一定地块和拨出一定资金给国有房地产开发公司进行房地产开发；二是国有大中型企业和事业单位依靠财政拨款而为企业或事业单位员工兴建住宅的那部分资金。前一部分资金和地块主要用于开发微利房或廉价租金租给城市居民或搬迁户的住房，它是一些房地产开发公司的主要资金来源；后一部分资金用来兴建单位自管房并低租金分配给本单位员工。

7.3.4.7　承包商带资承包

承包商带资承包是指由承包商垫资进行建设工程施工的筹资方式。当建筑市场处于买方市场的情况下，许多具有一定实力的承包商，为了获得施工项目，避免“窝工”和设备闲置的损失，很可能愿意带资承包建设工程。房地产投资者可以利用这种市场状态，将一部分筹资风险分摊给承包商。当然，对延期支付的工程款，投资者除了应补足应付款外，还要支付利息，但利率一般低于银行贷款利率。

本章小结

1. 住房抵押贷款的概念、作用、市场参与者和定价；住房抵押贷款的运作程序；住房抵押贷款的资信评估。

2. 房地产保险的概念、种类和作用。

3. 房地产企业贷款的概述、程序；房地产企业资信评估；房地产企业财务分析；房地产企业贷款的项目评估。

4. 房地产投资资金的分类、特点、筹资渠道、筹资方式和资金来源。

思考题

1. 什么是住房抵押贷款？住房抵押贷款有什么作用？
2. 可以抵押的房地产有哪些？
3. 简述住房抵押贷款的运作程序。
4. 什么是住房抵押贷款资信评估？
5. 房地产保险类型有哪些？
6. 房地产企业贷款的特点有哪些？
7. 好的贷款的标志是什么？
8. 银行内部对借款企业资信评估的概念和作用是什么？
9. 房地产企业财务比率分析的方法有哪些？
10. 房地产项目评估应具备哪些基本条件？
11. 房地产投资资金的特点是什么？
12. 筹集国内资金的渠道和方式有哪些？

第8章

房地产税收

学习重点

1. 房地产税收的特征
2. 房地产税收的经济学原理

学习难点

怎样理解房地产税收的经济学原理

8.1 房地产税收的经济学原理

8.1.1 房地产税收概述

8.1.1.1 房地产税收的概念

房地产税收是税收概念体系中的一个范畴，有广义和狭义两种概念。广义的房地产税收，是指房地产开发经营中涉及的税，包括城镇土地使用税、耕地占用税、房产税、契税、印花税、城市维护建设税、固定资产投资方向调节税、营业税、企业所得税、外商投资企业和外国企业所得税、个人税等。

狭义的房地产税收，是指以房地产为课税依据或者主要以房地产开发经营流转行为为计税依据的税，包括城镇土地利用税、耕地占用税、固定资产投资方向调节税、房产税、契税和土地增值税六种。其中，我国的固定资产投资方向调节税已于2000年1月1日起停征。

8.1.1.2 房地产税收的特征

房地产税收作为税收总系统的一个子系统，除具有所共有的“三性”外，还有一些有别于其他税收的特征。

1. 征收对象的特定性

房地产税收是以特定的房地产投资行为、房地产价值或数量为征税对象，不同于以其他事项为征税对象的税收。从自然属性上讲，它的征税对象是房屋和土地；从法律关系上讲，它的征税对象是附着在房地产上的各种权益。所以，房地产税收具有特定的征收对象。

2. **税收体系的复合性**

房地产税收不是由单一税种组成的，而是由许多税种构成的复合体系。在这个体系中，一是涉及的税种多，有十多个税种；二是涉及的税类多，有流转税、所得税、财产税、资源税、行为税的复合体。

3. **调节范围的广泛性**

房地产税收的调节范围涉及房地产开发交易过程的每一个环节，也就是说，在房地产运作过程的每一个环节都有相应的税种予以调节。在房地产开发投资环节，有建筑业营业税、投资方向调节税、印花税等税种；在房地产交易环节，有房地产业营业税、土地增值税、印花税、契税、遗产与赠与税等税种；在房地产使用环节，有房地产税、土地使用税等税种；在房地产所得环节，有企业所得税、涉外企业所得税等。

4. **税源分布的零散性**

涉及房地产的税种大多是一些小税种，如房产税、土地使用税、契税、印花税、耕地占用税、个人所得税等，这些税种的征收对象很不集中，从农村到城镇，从生产经营企业到行政事业单位，直到居民个人，几乎无所不及。而且，这些税种的税基较小，税率较低，所征税款也比较少，征管难度大，这是房地产税收有别于其他税收体系的一个显著特点。

5. **税收收入的地方性**

房地产税收收入大部分属于地方财政收入，是地方税收的重要组成部分。

8.1.2 房地产税收的理论依据

所谓房地产税收的理论依据，就是指政府房地产课税行为的基本出发点是什么，要达到何种目的或实现哪些社会经济目标。

房地产税收的理论依据究竟有哪些呢？对此问题，目前理论界尚未形成共识。从房地产经济学观点来看，土地及其改良物可以看作一种普通的经济资源或生产要素，与资本、劳动、技术和管理等生产要素一样，其价值只有通过投入到经济领域才可以得到充分体现。因此，政府课征房地产税应当重点关注它是否可以改善土地、资本的配置，是否有助于提高其利用效率；或者在实现房地产税收的其他社会目标时不会破坏土地或资本的配置机制从而损害其经济效率。

随着人类社会步入工业文明时代，房地产税收作为国家财政收入主要手段的地位日渐削弱，所得税逐渐成为政府财政收入的主要来源。因此，课征房地产税已经不是或主要不是出于财政收入方面的考虑，而开始更多地关注房地产税收的经济效率功能与经济政策目标。

房地产经济领域存在着广泛的外部效应现象，我们可以从不同的角度对这些外部效应进行分类。其中对房地产经济学分析最有用也最常用的分类方法有两种：一种是按照外部影响的性质将房地产外部性分为房地产外部经济和外部不经济；另一种是按照产生外部性的主体类型或主体性质分为公共部门外部性和私人部门外部性。由于房地产外部经济与公共房地产有着天然的联系，而房地产外部不经济则多与私人房地产共生，所以，这两种分类方法有着较密切的耦合关系。具有外部经济效应的房地产如果由私人提供则会出现供给不足的问题。外部经济性房地产本身具有较强的垄断性，即使政府采取财政补贴的激励措施也只能实现房地产商的个人最优而非社会最优。有鉴于此，再加上这类房地产存在的定价与收费困难，应当由政府部门提供这类垄断性、公益性房地产，同时对因此而受益的主体课税。

城市地区甚至是城市边缘地区以及交通干线途经之地，其地价升值的主要原因是政府部门对一定区位上的土地进行公共投资，这种公共投资对相关区位的土地产生了正向外部效应。由于这种正向外部效应可以给土地的所有者、占有者或使用者带来土地投资利用上的节约，或产生超额的利用收益，这种超额利用收益的贴现值就是某个时点上土地价值正常增加的那一部分。由于政府公共投资的真实资金来源主要是城市全体纳税人交纳的税金，为保证城市基础设施资金的良性循环，保证公益性房地产有充足的供应，同时也为了体现社会公平原则，因公共投资外部经济效应而获得的私人土地增值收益应当有一部分为公共主体所吸收，吸收的形式一般采用房地产税收手段（如土地增值税）。曾经有土地经济学家认为，投资外部效应论很早就有，并且也比较容易为公众所接受，因为这种观点在一定程度上体现了税收的利益与义务对等的基本原则。从具体税种上来看，土地增值税和土地产权转让所得税可以说是这种理论依据在房地产税收实践中最恰当的体现或运用。

8.2 我国的房地产税收制度

8.2.1 我国房地产税制的历史沿革

1949 ~ 2004 年，新中国土地税制大致经历了以下四个阶段。

1. 房地产税制初创阶段：1949 ~ 1970 年

1950 年，新中国税制建立，地产税、房产税、契税和遗产税也随着新税制的建立而建立。同年 6 月，中央政府决定遗产税暂不开征，而房产税和地产税合并为房地产税。房地产税和契税两个税种组成了新中国成立初期我国比较简单的房地产税制体系。1953 年和 1958 年我国进行了两次税制改革，但两次税制改革均未触及当时的房地产税制，房地产税和契税仍得以保留。

2. 房地产税收萎缩阶段：1971 ~ 1983 年

1973 年，我国实施了税制简并，把对国有企业课征的城市房地产税并入工商统一税中征收。同时，随着我国城市土地的全部国有化、国有企事业单位职工住房所有权的逐步国有化，房地产税收的课税范围日渐萎缩，房地产税和契税在我国整个税收体系中的地位日渐下降。直到 20 世纪 80 年代初期，在城市土地使用制度改革和城镇住房制度改革前夕，我国房地产税的实际纳税人主要是居民个人（私房所有者）、外侨和外企。在城镇土地无偿使用和职工住房国有化的制度背景下，房地产税收必然趋于萎缩。

3. 房地产税制恢复与建设阶段：1984 ~ 1990 年

从 1984 年开始，在国家经济体制改革的宏观背景下，我国城镇土地有偿使用制度改革和住房分配市场化的制度改革稳步向前推进，房地产资源配置的市场化程度逐步提高，这为房地产税制的恢复和建立提供了必要的制度条件。1984 年，我国实施第二次“利改税”时把地产税从城市房地产税中划出，并更名为土地使用税（因为城市土地归国家所有，个人和单位只有使用权而无所有权，这与大多数西方国家的土地私有制有根本不同）。1985 ~ 1986 年，我国又进行了一次税制改革，城镇房产税于 1986 年 10 月恢复课征；1987 年 4 月，为保护耕地、抑制滥占耕地行为，我国开征耕地占用税；1988 年，为调整城镇土地级差收益，同时也为了促进城镇土地的有效利用，国务院颁布《城镇土地使用税暂行条例》，并于当年 11 月份开征了城镇土地使用税。这三个事件标志着转轨经济背景下的我国房地产税制开始恢复与重建。

4. 房地产税制的改革与完善阶段：1991 ~ 2004 年

1994 年的税制改革对房产税的计税依据和课税范围进行了修改，同时增加了一个新的房地产税种——土地增值税；新税制提出计划开征遗产税。

1997 年 10 月 1 日，新的契税条例开始实施。1999 年 12 月 2 日，中央政府的三个涉税部门联合颁发财税率（1999）278 号文，即财政部、国家税务总局、建设部《关于个人出售住房所得征收个人所得税有关问题的通知》，决定开始征收房产转让所得税。

8.2.2 中国房地产税制的现状

房地产经济活动具有综合性的特点，其内容和层次的多样性和广泛性，使房地产经济活动涉及社会经济的方方面面。因此，在从事房地产经济活动中，每一个具体的税种都可能直接或间接地调整房地产经济行为，也就是说，房地产经济活动所涉及的税收是十分广泛的。房地产税收有广义与狭义之分，本节将仅从狭义方面对我国的房地产税收进行说明。

8.2.2.1 房产税

房产税是以房产为征收对象，依房产价值或租金向房产所有权人征收的一种税，它属于对纳税人资产存量征收的一种财产税。

1. 纳税人

纳税人是拥有房屋产权的单位和个人。房产税一般应由房屋所有人交纳；房屋属于全民所有的，由经营管理单位交纳；房屋出典的，由承典人交纳；产权所有人、承典人均不在房产所在地的，或者产权未确定以及租典纠纷未解决的，以房产代管人或者使用人为纳税人。

2. 征税范围

房产税的征税范围包括城市、县城、建制镇和工矿区，其征税对象是房屋，农村的房屋则不在此限。

3. 计税依据

房产税的计税依据分为以下两类。

（1）对于非出租的房产，以房产原值一次性减除10%~30%后的余值为计税依据计算纳税。具体减幅，由省、自治区、直辖市人民政府确定。

（2）对于出租的房产，以房产租金收入为计税依据。租金收入是房屋所有权人出租房屋使用权所得的报酬，包括货币收入和实物收入。对以劳务或者其他形式为报酬抵付租金的，应根据当地房产的租金水平，确定一个标准租金额计征。

4. 税率

房产税的税率根据计税依据的不同分为两种：依照房产余值计算交纳的税率为1.2%；依照房屋租金计算交纳的税率为12%。

5. 税额计算

房产税应纳税额按以下公式计算。

1）依照房产余值计算：

$$应纳房产税税额=房产原值\times(1-30\%)\times 1.2\%$$

2）依照房屋租金收入计算：

$$应纳房产税税额=房屋租金收入\times 12\%$$

6. 纳税地点和纳税期限

房产税在房产所在地交纳。房产不在同一地方的纳税人按房产的坐落地点分别向房产所在地的税务机关纳税。

房产税按年计征，分期交纳，具体纳税期限由各省、自治区、直辖市人民政府自行确定。

7. 减税免税

下列房产免纳房产税：

1）国家机关、人民团体、军队自用的房产。

2）由国家财政部门拨付事业经费的单位自用房产。

3）宗教寺庙、公园名胜古迹自用的房产。

4）个人所有非营业用的房产。

5）经财政部批准免税的其他房产。

此外，纳税人交纳房产税确有困难的，可由省人民政府确定，定期减征或者免征房产税。

8.2.2.2　城镇土地使用税

城镇土地使用税是国家在城市、县城、建制镇和工矿区范围内，对拥有土地使用权的单位和个人，以其实际占用的土地面积为计税依据，按照税法规定的税额计算征收的一种税，它属于土地税的一种。

1. 纳税人

城镇土地使用税由拥有使用权的单位或个人交纳。拥有土地使用权的纳税人不在土地所在地的。由代管人或实际使用人交纳。土地使用权未确定或权属纠纷未解决的，由实际使用人纳税，土地使用权共有的，由共有各方划分使用比例分别纳税。

2. 征收范围

城镇土地使用税的征收范围为城市、县城、建制镇、工矿区。城市的征税范围包括市区和郊区；县城是指县人民政府所在地，县城的征税范围为县人民政府所在地的城镇；建制镇是经省级人民政府批准的建制镇，建制镇的征税范围为镇人民政府所在地的地区，不包括镇政府所在地所辖行政村。工矿区是工商业比较发达，人口较集中，符合国务院规定的建制标准，但尚未设立建制镇的大中型工矿企业所在地。

但是，城市、县城、建制镇和工矿区中的不同地方，其自然条件和经济繁荣程度各不相同，情况非常复杂。因此，国家规定：城市、县城、建制镇和工矿区的具体征税范围，由各省、自治区、直辖市人民政府确定。

3. 计税依据

城镇土地使用税以纳税人实际占用的土地面积为计税依据，从量计收。纳税人实际占用的土地面积。是指由省、自治区、直辖市人民政府确定的单位组织测定的土地面积。具体按以下办法执行：

1）凡由省、自治区、直辖市人民政府确定的单位组织测定土地面积的，以测定的土地面积为准；

2）未组织测定的，但纳税人持有政府部门核发的土地使用证书的，以证书确认的面积为准；

3）尚未核发土地使用证书的，由纳税人据实申报土地面积，待核发土地使用证书后再做调整。

4. 税率

城镇土地使用税采用分类分级的幅度定额税率或称分等级幅度税额。城镇土地使用税每平方米年税额如下：

1）大城市 0.5 ~ 10 元；

2）中等城市 0.4 ~ 8 元；

3）小城市 0.3 ~ 6 元；

4）县城、建制镇、工矿区 0.2 ~ 4 元；

5）经济落后地区的税额标准可以适当降低，但降低额不得超过规定的最低税额的 30%，经济发达地区的税额标准可以适当提高，但须报财政部批准。

上述大、中、小城市是以公安部门登记在册的非农业正式户口人数为依据，按照国务院颁布的《城市规划条例》规定的标准划分。

5. 税额计算

城镇土地使用税是以纳税人实际占用的土地面积为计税依据，按照规定的税额计算征收。其计算公式为：

年应纳税额 = 应税土地面积 × 适用税率

6. 纳税地点和纳税期限

城镇土地使用税由土地所在地的税务机关征收。纳税人使用的土地不属于同一省、自治区、直辖市的，应由纳税人分别向土地所在地的税务机关交纳；在同一省、自治区、直辖市管辖范围内，纳税人跨地区使用土地的，其纳税地点由省、自治区、直辖市税务机关确定。

城镇土地使用税按年计算、分期交纳。交纳期限由省级人民政府确定。各省、自治区、直辖市可结合当地情况，分别确定按月、季和半年等不同的期限交纳。

7. 减税免税

土地使用税的减免分为三类：一是政策性免税，这类免税是长期、定期的；二是由地方确定的免税；三是困难性及临时性减免税。

（1）政策性免税。下列土地免征城镇土地使用税：

1）国家机关、人民团体、军队自用的土地；

2）由国家财政部门拨付事业经费的单位自用的土地；

3）宗教寺庙、公园名胜古迹自用的土地；

4）市政街道、广场、绿化地带单位等公共用地；

5）直接用于农、林、牧、渔业的生产用地；

6）经批准开山填海整治的土地和改造的废弃土地，从使用的月份起免交土地使用税 5% ~ 10%；

7）由财政部门另行规定的能源、交通、水利等设施用地和其他用地。

（2）由地方确定的免税。下列用地是否免税，由省、自治区、直辖市税务机关确定；

1）个人所有的居住房屋及院落用地；

2）房产管理部门在房租调整改革前经租的居民住房用地；

3）免税单位职工家属的宿舍用地；

4）民政部门举办的安置残疾人的占一定比例的福利工厂用地；

5）集体和个人举办的学校、医院、托儿所、幼儿园用地。

（3）困难性及临时性减免税。纳税人交纳土地使用税确有困难需要定期减免的，由省、自治区、直辖市税务机关审批，但年减税额达到或超过 10 万元的，要报经国家税务总局批准。

对遭受自然灾害需要减免税的企业和单位，省、自治区、直辖市税务机关，可根据受害情况，给予临时性的减税或免税照顾，以支持生产，帮助企业和单位渡过难关。对各类企业用地，需要临时性减免的，由各省、自治区、直辖市地方税务部门按税收管理权限报批。

8.2.2.3 土地增值税

土地增值税是对有偿转让国有土地使用权及地上建筑物和其他附着物产权并取得收入的单位和个人，就其转让房地产所取得的土地增值额课征的一种税。

1. 纳税人

土地增值税的纳税人为转让国有土地使用权、地上建筑物及其附着物并取得收入的单位和个人，具体包括：各类企业、事业单位、国家机关和社会团体及其他组织和个体经营者。有转让房地产行为的单位和个人并不一定都是土地增值税的纳税人。区分土地增值税纳税人与非纳税人的关键在于看其是否因转让房地产的行为而获得了收益。只有以有偿方式转让房地产而取得收益的单位和个人，才是土地增值税的纳税人，而以继承、赠与诸方式无偿转让房地产的单位和个人，则不是土地增值税的纳税人。

2. 征税范围

土地增值税的征收范围包括国有土地使用权、地上建筑物及其他附着物。集体土地需先由国家征用，转化为国有土地后才能转让。

3. 计税依据

土地增值税的计税依据为纳税人转让房地产所获取的土地增值额，即纳税人转让房地产所收取的收入（包括货币收入、实物收入和其他收入等全部收入）减去税法规定扣除项目后的余额。法定扣除项目包括：

1）取得土地使用权所支付的金额，如土地使用权出让金、土地征用及拆迁费；

2）开发土地的成本、费用；

3）新建房及配套设施的成本、费用或者旧房、建筑物的评估价格；

4）转让房地产有关的税金；

5）财政部规定的其他扣除项。

同时，对纳税人有下列情形之一的，由主管税务机关按照房地产评估价格计算征收：

1）隐瞒、虚报房地产成交价格的；

2）提供扣除项目金额不实的；

3）转让房地产成交价格低于房地产评估价格又无正当理由的。

4. 税率

土地增值税实行四级超率累进税率，具体税率如下：

1）增值额未超过扣除项目金额 50% 的部分，税率为 30%；

2）增值额超过扣除项目金额 50%，未超过扣除项目金额 100% 的部分，税率为 40%；

3）增值额超过扣除项目金额 100%，未超过扣除项目金额 200% 的部分，税率为 50%；

4）增值额超过扣除项目金额 200% 的部分，税率为 60%。

其中，每级“增值额未超过扣除项目金额”的比例均包括本比例数。

5. 税额计算

土地增值税可以通过以下公式计算：

土地增值税 = 转让房地产所取得的收入 – 规定的扣除项目金额

应纳税额 = 每级距土地增值额 × 适用税率

为简化计算，应纳税额可以按增值额乘以适用税率减去扣除金额乘以速算扣除系数的简便方法计算，速算公式为：

1）增值额未超过扣除项目金额 50% 的

应纳税额 = 土地增值额 ×30%

2）增值额超过扣除项目金额 50%，未超过扣除项目金额 100% 的

应纳税额 = 土地增值额 ×40%– 扣除项目金额 ×5%

3）增值额超过扣除项目金额 100%，未超过扣除项目金额 200% 的

应纳税额 = 土地增值额 ×50%– 扣除项目金额 ×15%

4）增值额超过扣除项目金额 200% 的

应纳税额 = 土地增值额 ×60%– 扣除项目金额 ×35%

6. 纳税地点和纳税期限

纳税人应当自转让房地产合同签订之日起 7 日内向房地产所在地税务机关办理纳税申报。纳税人转让的房地产坐落在两个或两个以上地区的，应按房地产所在地分别申报交纳土地增值税。

纳税人办理土地增值税的纳税申报，应在转让房地产合同签订之后的 7 日内。因经常发生房地产转让行为而难以在每次转让后纳税申报的纳税人，经纳税机关审核同意后，可以在定期进行纳税申报，具体期限由税务机关根据情况确定。纳税人办理纳

税申报后，应按税务机关核定的期限交纳土地增值税。

7. **减税免税**

有下列情形之一的，免征土地增值税：

1）纳税人建造普通标准住宅出售，增值额未超过扣除项目金额的 20% 的；

2）因国家建设需要依法征用、收回的房地产；

3）个人因工作调动或改善居住条件而转让原自用住房，经申报核准，凡居住满 5 年或 5 年以上的（居住满 3 年以上、5 年以下的减半征收）。

【例 8-1】某房地产公司开发 100 栋花园别墅，其中 80 栋出售，10 栋出租，10 栋待售。每栋地价 14.8 万元，登记、过户手续费 0.2 万元，开发成本包括土地征用及拆迁补偿费、前期工程费、建筑安装工程费等合计每栋 50 万元，贷款支付利息每栋 0.5 万元（能提供银行证明）。每栋售价 180 万元，营业税率 5%，城建税税率 5%，教育费附加征收率 3%。问该公司应交纳多少土地增值税？

解：

（1）转让收入 =180×80 = 14 400（万元）

（2）计算增值额的扣除项目

①取得土地使用权所支付的金额 =（14.8 + 0.2）×80 = 1 200（万元）

②房地产开发成本 =50×80 = 4 000（万元）

③房地产开发费用 = 利息 +（① + ②）×5%=0.5×80 +（1 200+4 000）×5% = 300（万元）

④转让税金 =14 400×5%×（1 + 5% + 3%）= 777.6（万元）

⑤加计扣除金额 =（① + ②）×20%=（1 200+4 000）×20% = 1 040（万元）

扣除项目 = ① + ② + ③ + ④ + ⑤ =1 200+4 000 + 300 + 777.6 + 1 040 = 7 317.6（万元）

（3）增值额 = 14 400 − 7 317.6 = 7 082.4（万元）

（4）增值额与扣除项目金额比率 = 7 082.4 / 7 317.6×100% = 96.79%

增值比率位于 50% ~ 100% 之间，适用于第二档，税率 40%，速算系数 5%。

（5）应纳增值税税额 = 增值额 ×40% − 扣除项目金额 ×5% = 7 082.4×40% − 7 317.6×5% = 2 467.08（万元）

8.2.2.4 耕地占用税

耕地占用税是指国家为了合理利用土地资源，加强土地管理，保护农用耕地，对占用耕地建房或从事其他非农业建设的单位和个人，按其占用耕地面积和税法规定的单位税额，一次性征收的一种税。

1. **纳税人**

耕地占有税的纳税人为占用耕地建房或者从事其他非农业建设的单位和个人。外商投资企业占用耕地应纳之税，由国务院另行规定。因此，外商投资企业不是耕地占用税的纳税人。

2. **征税范围**

耕地占用税的征税范围包括进行建房和其他非农业建设占用的国有和集体所有的耕地。耕地是指用于种植农作物的土地，包括菜地、园地和其他农业用地。占用前三年内留用于种植农作物的土地也视为耕地。占用鱼塘及其他农用土地建房或从事农业建设，也视为占用耕地。占用荒山、荒坡等非耕地，不属于征税范围。

3. **计税依据**

耕地占有税以纳税人实际占用的耕地面积为计税依据，按照规定税率一次性计算征收。耕地占用税实行据实征收原则，对于实际占用耕地超过批准占用耕地，以及未经批准而自行占用耕地的，经调查核实后，由财政部门按照实际占用耕地面积，依法征收耕地占用税，并由土地管理部门按有关规定处理。

4. **税率**

耕地占用税采用定额税制。税额标准以县为单位按人均耕地面积多少加以规定，具体分为四个档次：

1）以县为单位（下同），人均耕地在 1 亩以下（含 1 亩）的地区，每平方米征税 2 ~ 10 元；

2）人均耕地在 1 ~ 2 亩（含 2 亩）的地区，每平方米征税 1.6 ~ 8 元；

3）人均耕地在 2 ~ 3 亩（含 3 亩）的地区，每平方米征税 1.3 ~ 6.5 元；

4）人均耕地在 3 亩以上的地区，每平方米征税 1 ~ 5 元。

5. **税额计算**

耕地占用税税额按下列公式计算：

$$应纳税额 = 实际占用耕地面积 \times 适用税率$$

另外，在某些特殊情况下，耕地占用税存在某些减免税优惠。此时的计算公式为：

$$应纳税额 = 实际占用耕地面积 \times 适用税率 \times 优惠减免比例$$

6. **纳税地点和纳税期限**

耕地占用税的纳税地点是耕地所在地。凡占用耕地单位在耕地所在地的，在耕地所在地的财政部门申报纳税；不在耕地所在地的，由上级财政机关根据具体情况确定。如果属于跨两个或两个以上地区的耕地，应按耕地所在地向当地财政部门申报纳税。

耕地占用税的纳税期限为 30 天，即纳税人必须在经土地管理部门批准占用耕地之日起 30 日内交纳耕地占用税。

7. 减税免税和加税

（1）减税

1）农村居民占用耕地新建住宅，按规定税额减半征收。

2）农村革命烈士家属、革命残疾军人、鳏寡孤独及革命老根据地、少数民族聚居地区和边远贫困山区生活困难的农户，在规定的用地标准以内新建住宅纳税确有困难的，由纳税人提出申请，经所在地乡（镇）人民政府审核，报经县人民政府批准后，可以给予减税或者免税。但是，减免税额一般应控制在农村居民新建住宅用地计征税额总数的 10% 以内，少数省、区贫困地区较多的，减免比例最高不超过 15%。

3）对民政部门所办福利工厂，确属安置残疾人就业的，可按残疾人占工厂人员的比例，酌情给予减税照顾。

4）国家在“老、少、边、穷”地区采取以工代照办法修筑的公路，交税确属困难的，由省、自治区财政厅（局）审查核定，提出具体意见报财政部批准后，可酌情给予照顾。

5）对定居台胞新建住宅占用耕地，如确属于农业户口，可比照农民建房减半征税。

6）对不属于直接为农业生产服务的农田水利设施，但确属综合枢纽工程的，可按为农业服务直接效益占工程总效益的比重确定耕地占用税征收额。

（2）免税

1）部队军事设施用地；

2）铁路沿线、飞机场跑道和停机坪用地；

3）炸药库用地；

4）学校、幼儿园、敬老院、医院、殡仪馆、火葬场用地；

5）直接为农业生产服务的农田水利设施用地（不包括以发电、旅游为主的水利工程占地）。

上述免税用地，凡经改变用途，不属于免税范围的，应从改变时起补交耕地占用税。

（3）加税

加税的政策主要有以下两项：

1）经济特区、经济技术开发区和经济发达、人均耕地特别少的地区，适用税额可以适当提高，但最高不得超过规定税额的 50%；

2）对单位或者个人获准征用或者占用耕地超过两年不使用的，按规定税额加征 2 倍以下的耕地占用税。

8.2.2.5　契税

契税是指在房地产所有权发生转移时，就当事人订立的契约，按房产价的一定比例向不动产取得人一次性征收的税。契税属于财产税兼行为税的范畴，亦属于地方税范畴。

1. **纳税人**

《中华人民共和国契税暂行条例》规定：契税的纳税人是指在中国境内从事土地使用权出让以及房屋买卖、赠与或交换活动的房地产产权受让单位和个人，包括城乡居民、私营经济组织、华侨、港澳台同胞、外商投资企业、外国人等。

2. **征税范围**

契税的征收范围是所有在中国境内的单位和个人转移土地、房屋权属的行为。我国城镇土地属于国家所有，土地所有权禁止买卖，因而契税条例中所指的土地产权转移仅指土地使用权的转移。这些行为包括：

1）国有土地使用权出让；

2）土地使用权转让，包括出售、赠与和交换；

3）房屋买卖、赠与和交换。

其中，土地使用权转让不包括农村集体土地承包经营权的转让。

3. **计税依据**

契税的计税依据按房地产产权转移方式的不同可分为三种情况：

1）国有土地使用权出让、土地使用权出售、房屋买卖，计税依据为成交价格；

2）土地使用权赠与、房屋赠与，由征收机关参照土地使用权出售、房屋买卖的市场价格核定；

3）土地使用权交换、房屋交换，为所交换的土地使用权和房屋的价格之差额。

成交价格显著低于市场价格且无正当理由的，或者所交换的土地使用权和房屋两者的价格之差明显不合理且无正当理由的，由征收机关参照市场价格拟定。

4. **税率**

契税实行比例税率，税率为3% ~ 5%。契税的适用税率，由省、自治区、直辖市人民政府在该幅度范围内根据本地区的实际情况确定，并报财政部和国家税务总局备案。

5. **税额计算**

契税的计算公式为：

$$\text{应纳税额} = \text{计税依据} \times \text{税率}$$

应纳税额以人民币计算。转移土地、房屋权属以外汇结算的按照纳税义务发生之日中国人民银行公布的人民币市场汇率中间价折合成人民币计算。

6. **纳税地点和纳税期限**

契税应当向土地、房屋所在地的财政机关或者地方税务机关交纳。具体征收机关由省、自治区、直辖市人民政府确定。

契税由承受人自转移合同签订之日起10日内办理纳税申报手续，并在征收机关核定的期限内交纳税款。

7. **减税免税**

有下列情形之一的，减征或者免征契税：

1）国家机关、事业单位、社会团体、军事单位承受土地、房屋用于办公、教学、医疗、科研和军事设施的，免征契税；

2）城镇职工按规定第一次购买公有住房的，免征契税；

3）因不可抗力灭失住房而重新购买住房的，免征契税；

4）纳税人承受荒山、荒沟、荒丘、荒滩土地使用权用于农、林、牧、渔生产的，免征契税；

5）土地、房屋被县级以上人民政府征用、占用后，重新承受土地、房屋权属的，是否减征或者免征，由省、自治区、直辖市人民政府确定；

6）依照我国有关法律规定以及我国缔结或参加的双边和多边条约或协定的规定应予以免税的外国驻华大使馆、领事馆、联合国驻华机构及其外交代表、领事官员和其他外交人员承受土地、房屋权属的，经外交部门确认，可以免征。

因我国已暂停征收固定资产投资方向的调节税，故本章对此部分内容将不做介绍。

8.2.3　我国房地产税税制体系的完善与创新

我国现行的房地产税制体系在增加国家财政收入、优化组合和合理配置土地资源，改善投资环境和抑制房地产投机等方面都起着重要的作用。但在新形势下，随着社会经济的发展，也会暴露出一些不足，主要表现为：

1）房地产税收结构不尽合理，如城镇土地使用税与土地使用费的并举；契税与城市维护建设税的功能定位不当等，都未能很好地适应形势的发展要求，体现税收的公平性、效率性原则。

2）存在重复征税的现象。

3）房地产税、费概念不清，存在以费代租、费挤税等现象。这在一定程度上造成我国税源流失；另外，一些地方政府的乱收费、乱摊派现象严重，增加了房地产开发与流通成本，并最终成为我国房地产业发展的制约因素。

针对现行体系存在的问题，我国房地产税制体系应从以下几个方面加以完善与创新：

1）房地产税收体系应突出优化资源配置的激励机制作用，从而使我国房地产税制体系能激励投资、刺激需求和加快市场流通，促进我国房地产业和经济的平稳发展。

2）税制体系改革的根本在于税费归位。

3）科学选取税种，简化税制，公平税负，形成以流转税为主体的优化的房地产税制体系。

4）改革现行的税收征管模式，加强房地产税收的征管工作。科学优化的房地产税制体系还须有健全的房地产税收征管体制，它关系到税收的预期实现，有利于减少“偷、漏、逃、欠”现象的发生。

8.3 国外房地产税收制度

房地产税收作为各国地方政府的重要财政收入来源，历来受到各国政府的重视，并且各国房地产税收历史悠久，均在实践中积累了不少成功经验，为完善我国的房地产税制提供了参照。

8.3.1 美国的房地产税制

美国是一个以所得税为主体的复税制国家。房地产税收在美国的税收体系、特别是联邦政府税收体系中并不占主导地位，而主要是作为地方税收。主要房地产税种有以下几个：

一是所得税性质的房地产税：地租税和土地改良物租金税。包括对土地、土地改良物出租所得的课税。这类房地产税并非美国的独立房地产税种，而是所得税的计税基础中的一个组成部分。由于美国三级政府均课征所得税，所以，所得税性质的房地产税不仅构成美国的国税收入，也是州和地方税收的组成部分。

二是财产税性质的房地产税：房地产价值税。财产税是美国州及州以下地方政府的主要财源。从历史上看，早期美国的财产税主要以土地和牲畜为课税对象；到19世纪曾试行对财产总额课征单一比例税，其中包含对土地、房屋等不动产的课税；20世纪以后美国财产税则逐渐过渡为以房地产为主要课税对象。1986年地方评估的应税不动产占全部评估财产总量的84.7%。可见，美国的财产税实际上主要是房地产价值税。

美国房地产价值税的税率和课税办法由各地方政府自行决定，课税收入也全部归属相应的地方政府支配。

三是财产税性质的房地产税：遗产税和赠与税。美国税制中，遗产税和赠与税是与财产税并列的税种。其实，这两个税种完全可以并入财产税系列。联邦政府和州政府均开征遗产税和赠与税。在遗产税和赠与税中，土地、房屋类的不动产是其中的一项重要的课税客体。

美国的房地产税制具有以下几个特点：①房地产税收在整个税收体系中并不具有特别重要的地位；②主要房地产税种的税收立法权、课税权以及课税收入均归地方政府，是地方财政收入的主要来源，因而是典型的地方税种；③整个房地产税制结构中，财产税性质的房地产税，即不动产价值税（包括地上价值税、土地改良物价值税以及房地产价值税）是主要的房地产税种；所得税性质的房地产税是非独立的次要税种；④房地产税的重点课税对象是城市房屋、土地；⑤上述特点决定了美国政府课征房地产税的主要目的在于为地方公共服务筹措资金、调整收入分配，而房地产税收的资源配置目的显然处于相对次要的地位。

8.3.2　印度的房地产税制

印度的整体税制以消费税为主体税种，以关税、所得税、营业税等为辅助税种。房地产税收在印度的税制体系中并不占重要地位。独立的房地产税种主要有对农耕地课征的土地税，对城市不动产课征的土地及建筑物价值税、土地捐等。非独立的房地产税包括所得税中对房地产所得的课税、遗产税与赠与税中对房地产价值的课税、富裕税中对城市房地产的课税等。从总体上来看，印度针对土地开征的税主要是对农耕地收益的课税。

国税中的房地产税分为两类。

1）所得税性质的房地产税。针对房地产的资产所得、房地产转让所得的课税，构成了印度所得税的一个组成部分。因此，所得税性质的房地产税并非独立的房地产税种。所得税属于印度国税。

2）财产税性质的房地产税。印度富裕税的课税对象“纯财产”中包含对城市房地产价值的课税（而对农地、农用资产免税）；遗产税与赠与税中的税基也包含房地产价值。因此，这两类财产税中均包含了对土地或土地改良物价值的课税，是房地产税的重要组成部分。富裕税、遗产税和赠与税均属于印度国税。

地方税中的房地产税，指州及州以下地方政府课征的房地产税。主要有以下三类：

1）所得税性质的房地产税。对农地课征的土地税，即农地收益税。其课税权全部归州，联邦政府（即中央政府）不征此税。农地收益税的课税对象及税率各州不一，但主要是对农用耕地课税。对农地以外的土地及土地改良物课征另外的税收。地税的计税依据是以平均价计算的农作物总收益金额扣除地主负担的各项费用以后得到的“纯收益”。印度早期也曾以毛收益为计税依据，但因税负分配不均，现在大多数州已经改作以净收益为课税基础。地税的税率在每个课税年度决定以后予以公布。以纯收益为计税依据的州，最高税率一般在 25% ~ 55% 的范围内。其他所得税性质的房地产税还有印度曾经征收的土地增值税，亦属州以下地方土地税，对因城镇规划与地区基础设施的改进而导致的地价增值而课税。

2）商品税性质的房地产税。主要是对土地及建筑物租金开征的赋税，由州以下的地方政府课征，以农耕地、农用地以外的土地及土地改良物为课税对象。由于它以租金额为计税依据，类似于商品税中的营业税，因此，本书将它归入商品税类房地产税。

3）财产税性质的房地产税。包括州政府课征的土地及建筑物价值税、土地价值税（地价税）；州以下地方政府课征的土地捐（地价税的附加税）、财产转移税、富裕税附加（对大城市的富裕税纳税人，就其保有的土地及建筑物价值课征的附加税以及市政府在其辖区课征的财产价值税)。

印度房地产税制具有两个突出特点：一是联邦、州、地方三级政府均参与房地产课税，但又各有侧重、税权彼此独立。联邦政府对农地收益税以外的所得税性质的房地产税、遗产税和赠与税中的房地产税具有管理权；州政府主要课征农地收益税、土地及建筑物价值税；地方政府课征不动产租金税、土地增值税和一些附加性土地税。二是对农地课征以纯收益为计税依据的土地税，并作为州政府管辖下的主体税种。

国外经验表明，一个结构完备、运行良好的房地产市场离不开一个能同市场经济相吻合，并将国家的宏观经济政策及其意图渗透于市场的完善、高效的房地产税收制度。它的有效运行，不仅可以增加财政收入，为城市建设积累资金，而且可以调整土地等资源的配置。通过对房地产市场的干预，调节城市经济运行及收入分配。但是，我国现行的房地产税收制度尚存在诸多不合理因素，不能发挥税收应有的功能，一定程度上阻碍了房地产市场的进一步发展。因此，有必要借鉴国外房地产税制的成功经验，健全完善我国的房地产税制，从而促进我国房地产市场的健康发展。

本章小结

本章主要介绍了房地产税收的基本理论与我国现行房地产税制体系。在阐述国外房地产税制的基础上对我国房地产税制体系的完善进行了简单的论述。

思考题

1. 什么是房地产税收?
2. 房地产税收的特征是什么?
3. 如何理解房地产税收的理论依据?

第 9 章

房地产经济周期

学习重点

1. 房地产经济周期阶段的特征
2. 房地产经济周期的形成机制
3. 房地产泡沫的内涵和特征
4. 房地产泡沫的判断指标

学习难点

1. 房地产经济周期成因理论
2. 房地产泡沫的判断指标

9.1 房地产经济周期

9.1.1 房地产经济周期与宏观经济周期的关系

一般来说，经济周期是国民经济整体经济活动随着时间的变化而出现的扩张和收缩交替反复运动的过程。由于房地产业的发展要受到宏观经济发展的影响，因此房地产业在发展过程中，也会不可避免地表现出周期性波动的变化。房地产经济周期就是指房地产业在发展过程中，随着时间的变化而出现的扩张和收缩交替反复运动的过程。同宏观经济周期一样，从房地产经济周期波动的阶段来分析，也可分为复苏、扩张、收缩、衰退四个阶段。

房地产经济周期是宏观经济周期的组成部分之一，其周期波动与宏观经济周期相协调，两者波动方向相同，但与宏观经济周期相比，房地产经济周期又有其不同之处：

1）由于房地产供给的滞后，房地产经济周期与宏观经济周期存在时间差，一般复苏、衰退期滞后，而繁荣、收缩期超前。

2）房地产经济周期波动的幅度一般大于宏观经济周期，即波峰要高于宏观经济周期，而波谷要低于宏观经济周期。房地产经济的波动周期与宏观经济周期也不一定相同。如英国宏观经济周期平均为 20 年，而房地产经济周期平均为 9 年。

3）房地产经济周期的长期趋势是增长的，房地产经济周期将以螺旋式上升的方式形成增长。

9.1.2 房地产经济周期阶段的特征

1. 复苏阶段

由于前一阶段的新增建设或需求的负增长率，市场处于供给过剩阶段。最低点过后，需求开始增长，来慢慢吸收现存的过剩供给，但这时的供给增长是不存在的，或者相当低。随着过剩供给的吸收，空置率下降，随着复苏阶段的继续，对市场前景的看好，房地产价格慢慢回升。

2. 扩张阶段

需求继续增长。当空置率下降到长期空置率之下时，表示供给开始紧张，租金开始快速上涨直到达到使收益足以刺激新的建设，开发商投入建设，但是由于建设迟滞，需求的增长还是比供给的增长快，价格上涨加快。当需求和供给的增长率相同（平衡点）的时候，循环达到顶峰。在平衡点之前，需求的增长比供给的增长快，在平衡点之后，供给的增长比需求的增长快。

3. 收缩阶段

在平衡点之后，循环进入收缩阶段。这时很多房地产市场参与者并不了解循环的顶峰（空置率最低点）已经过去，仍然热衷于进行建设。在收缩阶段，供给的增长率比需求的增长率高，于是空置率又开始上升，逐渐接近长期平衡空置率。由于这时的供给过剩还不是太严重，房地产价格仍在上升。供给越来越多，价格的增长缓慢下来。最后，市场参与者发现市场已经下滑，于是停止新的建设。但是由于建设时滞，供给仍在上升，于是空置率上升到长期平均空置率之上。

4. 衰退阶段

第四阶段是衰退阶段。刚进入此阶段时空置率低于长期平均空置率，供给的增长率很高，而需求增长率较低或者是负增长。在这个阶段，房地产价格下降，新的建设逐渐减少，当新建设的增量供给停止的时候，市场达到最低点。随后需求又开始增长。

9.1.3 房地产经济周期波动的影响因素

影响房地产经济周期波动的因素有许多种，影响过程也很复杂，大体上可分为内生因素和外生因素两大类。所谓内生因素，是指房地产经济体系本身的内部因素，如供给、需求、投资、投机、房地产业的时滞性等。所谓外生因素，是指房地产经济体系以外的、对房地产经济活动产生外部冲击和作用的影响因素，如宏观经济周期、国家政策、社会因素和其他随机因素。当然，内生因素和外生因素的划分并不是绝对的。通常，外生因素通过内生因素而起作用，房地产经济周期波动是内生因素与外生因素共同作用的结果。

房地产市场供求矛盾是房地产经济周期波动的直接原因，而房地产投资的波动常常被人们看作是影响房地产经济周期波动的决定性因素。从理论上说，房地产投资的增加会引起房地产业的扩张，使房地产市场进入繁荣阶段；投资下降则会使房地产业出现衰退。房地产投资的变动与房地产经济周期的变动基本上是一致的，或者说，两者几乎是同向和共振的；但是，房地产投资波动比房地产经济周期的波动往往更为活跃一些。

国家政策直接影响房地产开发活动，主要包括与房地产业密切相关、敏感程度较大的财政政策、货币政策、产业政策、经济体制和经济制度改革政策以及区域发展政策等，这是政府对房地产市场实行宏观调控时所采用的一系列政策措施。这些措施从房地产业发展的各个方面对房地产市场进行调控，从而影响房地产经济周期波动。例如，政府采取积极的财政政策加大支出时，以政府自身的支出总量与结构的变动影响着房地产市场的总量与结构，包括调节出让土地使用权的供应量、控制经济适用住房的建设规模、城市基础设施的建设等，影响房地产经济周期的被动。当采取积极的货币政策扩大信贷规模时，也会影响房地产经济周期的波动。

9.1.4 房地产经济周期类型

9.1.4.1 国家房地产周期

房地产周期有很多种，其中包括全国性的房地产周期，它是由全国性的政策、法规、税收或宏观经济因素的变化而产生的，如我国1993年曾出现过房地产过热，随着后来中央宏观调控政策的推行，房地产市场逐渐进入调整期，直到1997年下半年，才又逐渐上扬。

9.1.4.2 区域房地产周期

这是区域的供需因素所决定的，如南方沿海地区1992 ~ 1993年房地产市场达到高峰期，随后进入调整消化期；而北方一些城市1993 ~ 1994年才进入高峰期，1994 ~ 1995年进入调整消化期。国家房地产周期是同国家整个经济发展和宏观政策紧密联系在一起的，地区性房地产周期是同地区的供应和需求相关的，虽然后者受到前者的影响，但在很多情况下，二者不可能同步，所以出现了地区房地产周期同国家周期在发生时间、波动幅度方面的差别。

地区性房地产周期波动的特征与该地区的产品结构也密切相关，一般来说，一个地区房地产市场的规模较大、成熟度高、产品品种（物业类型）全面、结构稳定，则其波动性小；如果某一地区的房地产正处于发展初期、市场规模小、物业类型单一，则其波动性较大。在房地产生产结构中，如果波动性大的地区的房地产市场所占比重较大，则整个房地产市场的波动性就较大，反之亦然。

例如，尽管我国香港房地产市场已经较为成熟和发达，但由于其地域狭小，土地供应量及房屋建设规模都很有限，价格波动仍比内地房地产市场波动更加剧烈。

9.1.4.3 不同类型房地产的周期

不同类型的房地产具有不同的需求对象，所以供需矛盾也不同。当一种房地产供不应求时，其他类型的房地产可能已经过剩，如在南方一些小城市高级别墅供应已远大于需求，空置率为 50% ~ 70% 时，工业房地产和商业房地产却还很短缺，这就充分地说明了不同类型房地产具有不同的周期。即使同为住宅，因结构、质量不同也可能产生不同的周期性，如南方高级别墅过剩，但普通住宅还是很旺销的。当然，这也是因为不同类型的住宅具有不同的需求对象，当某一类型房屋的供应数量同目标群体数量产生矛盾时，就可能产生供不应求或供过于求的现象，就可能出现某一类型的房地产周期。

9.2 房地产经济周期的形成机制

9.2.1 影响房地产经济周期波动的主要因素

影响房地产经济周期波动的因素有许多种，大体上可分为内生因素和外生因素两大类。所谓内生因素，是指房地产经济体系本身的因素，如市场因素、房地产价格预期、投资回报与投资增长因素等；所谓外生因素，是指房地产经济体系以外的、对房地产经济活动产生外部冲击和作用的影响因素。通常，外生因素通过内生因素而起作用，房地产经济周期波动是内生因素与外生因素共同作用的结果。

1. 影响房地产经济周期波动的内生因素

（1）房地产市场供需矛盾，是房地产经济周期波动的直接原因。房地产供需矛盾通过开发成本、市场价格和销售利润等几个指标，最终反映在房地产投资的变化上，投资规模的大小可以引导房地产的投资走向扩张或收缩，从而使房地产经济出现周期性的变化。

（2）房地产价格预期是房地产波动的主要动因。一方面，对以消费为主要目的的商品住宅消费者来说，房地产价格涨跌的预期将左右住宅消费者的购买行为；另一方面，从房地产的投资需求来看，如果预期未来的房地产经济形势不好，则市场对土地的需求量和可作为投资的物业的需求量将减少，从而导致房地产的波动。相反，如果预期未来的房地产经济形势发展势头良好，则市场对土地的需求量和物业的需求量都将增加。

（3）在房地产经济活动中，房地产投资是影响房地产业发展的重要因素。房地产投资的波动，常常被人们看作是影响房地产经济波动的引擎。从理论上说，房地产投资的增加，将会引起房地产业的扩张，使房地产市场进入繁荣阶段；投资下降，则会使房地产业出现萧条。房地产投资的变动与房地产经济周期的变动基本上是一致的，或者说，两者几乎是同向共振的；但是，房地产投资波动比房地产经济周期的波动往往更为活跃一些。

（4）房地产收益率也是一个重要的内生因素。收益率为房地产开发获取的净收益与房地产投资额的比率，即投资回报率。一般来说，当房地产开发商的预期收益率不断提高时，开发商会增加投资和扩大开发规模；当预期收益率不断下降时，开发商的投资行为就会变得较为谨慎。因此，收益率的大小是开发商最为关心的问题之一。

由于市场始终存在竞争，任何一个房地产开发商不可能长久地获得高出社会平均投资收益水平的超额利润。只要房地产开发投资存在着超额利润，就会不断有新的投资者加入到房地产开发的行列。新的投资者的进入，导致商品房供给增加和市场竞争的加剧，结果使得房地产开发的收益率逐渐回落到社会平均水平，甚至更低。此时，聪明的新的投资者将不再进入，而原有部分投资者还可以退出，此时，房地产市场上的新增供给开始出现减少。而随着房地产消费和投资需求的增加，超量的供给将被市场所吸纳，开发商的赢利状况又会出现回升。当回升到一定水平时，又会有新的投资者再进入房地产市场。房地产市场就是这样周而复始地运动，形成了房地产经济周期的波动。

2. 影响房地产经济周期波动的外生因素

（1）经济因素，包括直接影响房地产开发活动的宏观经济因素和相关因素，如宏观因素对房地产的影响和其他相关产业对房地产的影响等。在不同的经济增长方式下，房地产需求的数量和结构都会有很大的差别。例如，粗放型增长方式主要依靠规模的扩大实现增长，因而，对土地、工业厂房、仓库等不动产的需求明显增加。当经济增长方式由粗放型转向集约型增长时，通过技术含量的提高，房地产的需求也会发生较大变化，从而影响房地产市场的发展。

一定时期内的产业结构特征，决定着当时国民经济周期波动的基本形态。或者说，不同的经济发展阶段，应有相应的产业结构，而不同时期产业结构的特征不同，房地产经济周期波动的基本形态特征也不同。发达国家的经济历史表明，在工业化初期和中期，因制造业发展迅速，造成对工业用地需求剧增，工业地价的涨幅要大于其他类型用地和平均地价的涨幅。而在工业化的后期，由于第三产业的长足发展，房地产业的规模越来越大，在国民经济中的比重和地位也越来越高，房地产经济周期对国民经济周期的影响也越来越大。

此外，对房地产影响特别大的经济因素，还包括银行利率和通货膨胀率。一般来说，利息率变动与房地产经济周期波动呈反方向变化，因为利息率的升高与降低，会影响开发商的财务费用和房地产价格，进而影响房地产投资需求和消费需求，成为货币信用影响房地产经济周期波动的中间环节。利息率对房地产市场的直接影响分为供给和需求两方面。在供给方面，对于开发商是融资成本的高低和借贷资金的取得。当金融市场资金宽松时，利息率下降，开发商融资比较容易，融资成本较低，房地产价格较低，从而促进房地产供给和市场的繁荣；反之，当金融市场银根紧缩，利息率上升时，房地产开发商利息负担沉重，开发成本居高不下，则不利于房地产市场的发展与繁荣。在需求方面，由于房地产价值高，进入房地产市场必须获得金融支持。就住宅而言，大部分购房者必须依赖长期的负债以取得住房，这就必然涉及长期融资的取得与长期融资的成本。利息率高势必加大了购房者的贷款成本，从而阻止了对房地产的需求；利息率低则会提高人们投资房地产的意愿，加大房地产的投资需求和消费需求。

在经济发展过程中，通货膨胀与通货紧缩的交替变化，周期性地影响着房地产投资的预期回报率，从而必然影响房地产经济周期波动。在成熟发达的房地产市场中，一般来说，长期租金与通货膨胀率是紧密挂钩的，通货膨胀的上升会直接导致名义租金的上升。短期名义租金除主要受供求关系影响外，总体上也要受通货膨胀率的影响。因此，通货膨胀率的变化与房地产租金波动的趋势十分紧密。另外，通货膨胀率的变化还会直接导致房地产的建造成本、经营成本以及利润率的变化，从而反方向影响房地产的投资收益率。

（2）社会发展因素。随着人民生活水平、收入水平和精神文明素质的提高，住房消费的观念和行为将会对房地产产生重要的影响，从而引发对住房的价值需求、功能需求以及对社区和社区环境的需求，这种变化和价值趋向最终会影响房地产的市场和需求空间。

（3）城市发展因素。城市化进程将极大地加剧对城市基础设施和普通住宅的需求，并影响着人口增长、人口流动和交通运输业的发展，而这些因素，又进一步对地价上涨和房地产业的发展产生强烈的持久作用，进而影响各类房地产经济周期波动。

（4）政策因素。这主要包括与房地产业密切相关、敏感程度较大的财政政策、货币政策、产业政策、经济体制和经济制度改革政策以及区域发展政策等，这是政府对房地产市场实行宏观调控时所采用的一系列政策措施。这些措施从房地产业发展的各个方面对房地产市场进行调控，从而影响房地产经济周期波动。例如，政府采取积极的财政政策加大支出时，以政府自身的支出总量与结构变动，影响着房地产市场的总量与结构，包括通过调节出让土地使用权的供应量、控制经济适用住房的建设规模、从事城市基础设施的建设以及直接参与房地产市场的交易和部分物业的建设等来影响房地产经济周期的波动，当采取积极的货币政策扩大信贷规模时，也会影响房地产经济周期的波动。

（5）房地产业的随机因素。这包括战争、政治风波、地震、自然灾害、社会突发因素等的影响。

9.2.2 房地产经济周期的形成机制

房地产经济周期波动是由房地产经济体系的内生因素和外生因素相互共同作用形

成的。内生因素形成房地产经济周期波动的内在传导机制和基础结构，外生因素形成房地产经济周期波动的外在影响机制。

1. 房地产经济周期波动的内在传导机制

所谓内在机制，是指经济体系中的主要内生因素，依其自身规律发生周期性变化而又相互作用，从而使经济波动呈现出周期性变化的逻辑必然性。经济体系的内在因素成为房地产经济周期波动的自我推动力量，每一次扩张阶段给衰退和收缩创造条件，而每一次收缩又为复苏和扩张创造条件。

房地产需求的增长或房地产的短期供给不足，将引起房地产开发活动的增加和房地产行业收益率的上升；而需求的增加和收益率的提高，将引致企业自我累积的投资需求增加，同时吸引其他行业资本的投入，从而导致房地产开发规模的进一步扩大。然而，这种投资的扩张并不是无止境的。在投资扩张过程中，一方面，房地产的供给由短期不足到短期过剩，造成供给和需求的比例和结构失调，从而导致房地产开发活动和秩序的混乱甚至开发过程的中断；另一方面，扩张活动受到社会资源（如资金、建材和劳动力等）供给的约束，特别是土地资源有限性的约束，形成房地产扩张的“瓶颈”，导致房地产经济扩张活动的中断，进而转向收缩。

收缩阶段的作用机制与上述过程类似。在收缩过程中，一方面，由于开发规模的下降，资源供给由过度紧张转为宽松，资源供给“瓶颈”的制约逐步得以缓解；另一方面，经过收缩阶段的调整，开发活动逐步走向有序性，混乱状态恢复正常。随着不动产供给的逐步消化与需求水平的增长，房地产经济活动又开始逐步走向扩张。这样，周而复始形成了房地产的周期波动过程。

需要注意的是，与宏观经济周期波动的作用机制不同，房地产经济周期波动的引发因素主要是房地产需求因素，它更多地受经济发展水平和宏观经济运行环境的影响，而不仅仅是房地产经济体系内部作用的结果。另外，房地产供给因素主要受房地产经济体系内部因素（如房地产投资）的影响，而受宏观经济运行状况的影响相对较小。这样，需求因素和供给因素综合作用的结果，可能使房地产经济周期波动具有与国民经济周期波动不同的表现。

2. 房地产经济周期波动的外在影响机制

房地产经济周期波动既有自己独立的运行体系，同时，它的运动也不可避免地要受到外部因素的扰动和制约。外生因素一般通过内生因素的作用实现对房地产经济活动的影响。外生因素的变动，会引起相关的房地产经济体系的内部因素即周期波动的内生因素的变动，而某项内生因素的变动，又会通过乘数作用和加速作用，造成整个房地产经济体系的变动，从而对房地产经济周期波动造成影响。而且，有些外生因素如技术革命、产业结构的变化等，与其说是通过影响内在机制的变化而发生作用，还不如说它更多的是通过改变内在机制的基础而发挥作用。对于地震、洪水、战争、政治风波等随机因素，它们直接给整个宏观经济的运行环境带来巨大的影响，改变房地产等各行业的发展环境，给房地产经济周期带来了不规则变动的影响。

当然，外生因素不可能取代内生因素的作用，它只会改变房地产经济周期波动的形式，由它引起的周期特殊性是次要的，由内生因素决定的周期规律性才是主要的。

9.2.3 房地产经济周期成因理论

影响房地产经济周期波动的因素包括收益率、投资、利率、通货膨胀率等内生因素，以及政策、经济增长方式的转变、产业结构的演进、城市化等外生因素。这些内生和外生因素分别形成房地产经济周期的内在传导机制和外在影响机制，从而导致房地产经济周期的产生。而由于对这些影响房地产经济周期的因素重要程度的强调不同，又产生了不同的房地产经济周期成因理论。较有影响的有金融货币论、心理预期论、蛛网理论和综合因素理论等。

1. 金融货币论

在市场经济比较发达的国家或地区，房地产业的活动与政府的金融货币政策关系密切。根据货币供应决定论，货币供应量的变化导致了经济周期的波动。并且，由于货币供给有紧松的不同，因此房地产市场也就有兴衰的循环，而货币供应量不易控制正是房地产经济周期波动的主要原因。进一步说，政府可以采取相应的货币政策，调节货币的供应量来控制房地产市场的景气状况。

值得注意的是，货币因素对房地产经济周期波动的影响是有地域性的。房地产市场的结构和发育程度不同，货币因素对房地产市场景气状况的影响程度也不同，政府采用货币政策的效果也就有所不同。例如，美国的抵押贷款制度健全，利率对房地产需求与供给影响重大，从而对美国房地产经济周期的影响就大。但在房地产市场发育不很成熟、金融市场尚不完善、金融制度也不够健全的我国，货币因素对房地产经济周期的影响就很有限了。因此，不仅美国的房地产经济周期状况与我国的不同，就是在我国国内，由于各地区经济发展水平不同，房地产市场发育状况不同，其房地产经济周期的表现也有所不同。所以探讨房地产经济周期波动的成因，还应该结合相应的社会现状和传统背景。

2. 心理预期论

这种观点认为，在房地产市场繁荣扩张阶段，投资者受经济环境的感染，产生乐观的心理预期，对未来的投资收益做出过高估计，投资意愿大增，导致了投资的过度增长，进一步推动了市场的扩张；而一旦经济事实与预期状况发生背离，投资者的心理预期则转向悲观，投资意愿随即锐减，反而加速经济“向下摆动”的趋势，也加大了房地产经济周期波动的幅度。

心理因素与影响房地产经济周期波动的其他因素是相容的，心理预期因素加剧了投资意愿的强度，从而变成对市场的“超常”反应，导致“乐观估计错误”或“悲观估计错误”。投资决策与产生的后果之间的平均期间落差越长（而这正是房地产业本身的特性），预测错误的概率越可能失调，严重性也随之扩大。一旦整个市场越趋动态化，预期造成的错误将成为周期波动的主要原因。

3. 蛛网理论

在充分竞争的市场条件下，房地产的市场价格最终取决于由买卖双方所形成的供求关系。但由于房地产市场本身的特性，房地产市场实际上很少能达到完全均衡的状态。蛛网理论采用动态分析的方法，探讨在房地产市场中，当需求或供给发生变动时，从旧均衡点转向新均衡点变动的动态过程。国外学者多用其来解释生产阶段建筑周期的成因。

由于房地产的生产周期较长，房地产的供给存在时滞，房地产开发商从产品生产到产品上市之间有一段相当长的时间差距；同时，需求变动一般不存在时滞；此外，房地产市场信息不完全，生产者只能以目前的景气状况作为决定产量的依据。这样，由于房地产无法在短时间做弹性的调整，因而导致供给与需求失调，市场产生“摆动”现象。根据需求弹性与供求弹性大小的不同，这种摆动可分为收敛式摆动、扩散式摆动和循环式摆动。当需求价格弹性大于供给价格弹性时，房地产价格和产量的变动幅度越来越小，呈现出收敛式摆动现象；当需求价格弹性小于供给价格弹性时，房地产价格和产量的变动幅度越来越大，呈现出扩散式摆动现象；当需求价格弹性等于供给价格弹性时，房地产市场呈不稳定状态，呈现出循环式摆动现象。但不论是哪一种摆动，都会使土地开发商或房地产开发商遭受一定的损失，并导致市场不断在均衡与不均衡之间摆动，因此从长期来看，就产生了房地产经济周期的波动。

4. 综合因素理论

许多学者认为，房地产经济周期是一个复杂的经济现象，因而房地产经济周期波动的理论不应是“唯一”的，而可能是上述各种学说的综合。房地产市场是由多种因素综合作用形成的，房地产经济周期是在宏观经济周期影响下，由参与房地产业的各种社会经济要素相互作用而形成的价格平衡点围绕价值波动的轨迹。美国学者 Stephen E. Roulac 提出了影响房地产经济周期波动的五种相互作用力：①经济结构调整，即由经济活动热点及政策倾斜所引起的宏观经济结构的调整；②房地产的供给水平，即房地产的供给规模和类型对宏观经济活动水平的支持程度；③房地产的需求水平，即房地产市场对物业提供的需求量；④资本流向，即由于投资者对不同地区、不同地段及不同类型的物业的投资抉择所形成的资金流向；⑤投资特征，即由经济活动水平、资金流向、市场供求关系所决定的房地产市场的投资收益、投资风险及投资价值特征。他认为，正是由于这五种相互作用力的综合作用，影响了房地产经济周期的波动。

9.3 房地产经济周期的计量与监测

9.3.1 房地产经济周期的计量指标体系

从大量的房地产经济指标中，选择反映房地产经济周期波动的具有代表意义的指标，形成监测预警体系，必须遵循指标体系设计和指标选择的确定原则。

1. 房地产经济周期计量指标的确定原则

（1）经济显著性。经济显著性主要是判断某项经济指标是否属于主要经济指标，即对宏观经济或某行业经济活动的反映具有一定广度和深度的指标。例如，可以将经济意义分为三级，以百分制评分划分等级：90 ~ 100 分为高级；80 ~ 90 分为中级；70 ~ 80 分为低级。低于 70 分的指标则不能列为主要经济指标。

（2）统计数据的充分性。判断某项指标统计数据充分性的主要依据有：①充分、直接的统计报告体制；②统计方法的全面性；③统计时间间隔、密度越充分越好；④误差估计要尽量准确；⑤统计数据修订的次数；⑥时间数列的起始时间越早越充分；⑦不同时期数据的可比性；⑧其他因素。

（3）对周期长度的要求。一般来说，一个周期长度至少要在 15 个月以上，其扩张期和收缩期不得短于 6 个月。

（4）方向的一致性。当某项时间序列指标在宏观经济的扩张期是上升的，在宏观经济的收缩期是下降的，则这个时间序列指标与同期变动方向是一致的；反之，则不一致。

（5）序列的平滑性。在其他条件相同的情况下，平滑的数列比不规则的数列更易于进行经济分析和预测。由于很多时间数列是不规则的，即使经过季节性调整也是如此，所以通常的解决办法是用适当间隔的月度数据，来观察时间序列的周期运动。

（6）数据的时效性。判断指标数据的时效性一般考虑两个因素，即数据发布的频率和数据公布的滞后时间。及时获得一定时期的数据，对当期的经济分析和预测是非常重要的。

2. 房地产经济周期指标体系的构成

房地产经济周期指标的变化体现了房地产经济活动的变化。按照其与房地产（基准）周期波动的先后关系，可以分为先行指标、同步指标和滞后指标三类。至于各个具体指标的选取，则应根据不同的目的、不同的地区具体选择。

（1）先行指标。先于房地产经济基准周期波动而变化的指标称为先行指标，可以用于预测房地产周期波动的峰和谷。具体处理时，将选取的各项指标变动的波峰和波谷出现的日期与基准循环的基准日期比较，如果平均较为领先，则为先行指标。

这些指标包括：①全社会固定资产投资；②房地产开发活动的资金来源合计；③房地产投资实际完成额；④土地购置面积；⑤完成土地开发面积；⑥基本建设贷款利率；⑦建筑安装工程价格指数；⑧商品房新开工面积；⑨商品房施工面积；⑩沪

深房地产综合指数。

（2）同步指标。同步指标是与房地产经济周期波动大体一致的指标，反映当前房地产业的发展形势。具体处理时，将选取的各项指标变动的波峰和波谷出现的日期与基准循环之基准日期比较，如果平均同步，则为同步指标。

这些指标包括：①国内生产总值；②商品房实际销售面积；③预售面积；④出租面积；⑤商品房实际销售额；⑥商品房销售均价。

（3）滞后指标。滞后指标是滞后于房地产周期波动的一类指标，用于认定经济周期波动的峰和谷是否确已出现。具体处理时，将选取的各项指标变动的波峰和波谷出现的日期与基准日期比较，如果平均较为滞后，则为滞后指标。

这些指标包括：①商品房竣工面积；②竣工房屋价值；③商品房空置面积；④租金。

9.3.2 房地产经济周期指标的筛选

1. 基准循环和基准日期

在介绍房地产经济周期指标的筛选方法之前，有必要了解两个基本概念，即基准循环和基准日期。因为，基准循环和基准日期不仅是选择房地产经济周期指标和确定指标体系的依据，而且是观察房地产经济周期波动形态的最主要条件。

所谓基准循环，又称基准周期。房地产经济周期波动的复苏、扩张、收缩和萧条都不是在一个月发生的，而是通过许多经济变量在不同的经济过程中不断变化而展开的。我们可以根据不同的经济变量参与房地产经济周期波动各个阶段的先后顺序来确定基准点，最后再根据专家建议来确定各阶段，特别是峰和谷的转折点日期。而峰和谷的转折点日期就构成了基准循环。基准循环是进行房地产经济周期分析的基础，而基准日期就是基准循环转折点的位置，即房地产经济周期中的峰谷点时间。确定基准循环和基准日期，一般采用历史扩散指数（HDI）法，即初选几项重要的经济指标计算历史扩散指数。

2. 指标的筛选方法

确定了基准循环和基准日期后，以此为参照系，选择若干与基准日期相比超前、同步、滞后波动的三类指标。景气指标的挑选用数学方法和人为判断相结合，挑选的三条准则是：①与基准日期相比较，指标的时间相关性要好，即在时差分布上，先行、滞后关系稳定，在各个循环时期内差异基本一致；②与基准日期比较，景气指标循环次数基本相同，不规则变动次数少、幅度小；③景气指标不能选得过多，同时要考虑指标对宏观经济的覆盖面。

9.3.3 房地产经济周期指标的综合

对房地产经济周期进行测度的指标一般可分为单项指标和综合指标两类。用单项指标（一般为房地产价格指数）监测房地产市场的变化，形式简单明了，能够较好地反映出指标的前后联系、变动状况以及市场的活跃程度等。但是，如果要全面反映房地产经济周期波动的状况，单项指标则显得过于单一，且不具备监测预警功能；而使用综合指标则比单个指标更准确，不规则性也小。房地产经济周期指标的统计综合在具体处理上分为扩散指数和合成指数两种。

1. 扩散指数

扩散指数（DI）是一个能反映和衡量各经济部门波动的集中趋势和偏离趋势之间关系的指标，它以扩张的经济指标占全部选用的经济指标的百分比来表示经济变动的指标。扩散指数类似于总量的变化率或一阶导数，它趋于在总量变动改变方向之前先行变动，因此，它对预测具有较重要的意义。扩散指数值与房地产经济循环波动的关系如表 9-1 所示。

表 9-1　扩散指数值与房地产经济循环波动的关系

阶段	扩散指数范围	房地产经济循环波动	景气状况
上升	50% ~ 100%	加速上升	复苏
下降	100% ~ 50%	减速上升	高涨
下降	50% ~ 0	加速上升	衰退
上升	0 ~ 50%	减速下降	萧条

2. 合成指数

合成指数（CI）是由一类特征指标以各自的变化幅度为权数的综合加权平均数。它是将各种不同计量单位计算的景气指标转变为无量纲的增长率指标，然后经过一系列标准化处理，综合成的一个定基指数。合成指数除了能描述经济波动及其转折点外，还能较好地反映市场经济波动的幅度。

合成指数制作的一般步骤为：①对剔除了季节因素、不规则变动因素影响的各种不同单位的指标求对称变化率。这种变化率不是以本期或上期为基数，而是以两者的平均为基数求得，这种处理可以消除基数的影响，使指标的上升与下降在数量上有同等的反映。②求领先、同步、滞后三组指标的组内、组间平均变化率，使三类指数可比。③以某年为基期，计算其余年各月（季）的动态相对数，即合成指数。

9.4 房地产泡沫

房地产泡沫是泡沫的一种，是以房地产为载体的泡沫经济。房地产泡沫是房地产经济波动的一种形式，它的产生又加剧了房地产经济的波动。随着市场经济的发展，出现了越来越多的房地产泡沫现象，对经济发展构成极大的威胁。

9.4.1 房地产泡沫的内涵与特征

9.4.1.1 房地产泡沫的内涵

所谓泡沫，就是一种或一系列资产的价格脱离了实际基础价值连续上涨的现象。在这个定义中，首先，我们可以看到，泡沫是一种价格波动现象。价格波动是市场经济中不可避免的现象，但是与一般的价格波动相比，泡沫具有在短期内大起大落的特点。其次，泡沫不是一般物价的上涨，而是资产价格的上涨。作为泡沫的载体，往往具有稀缺性的特点，在短期内不易达到供求平衡，很容易成为投机的对象。土地的稀缺性、不可移动性、不可替代性等一系列特性，使房地产成为最常见的泡沫载体之一，房地产泡沫也是最常见的一种泡沫。

9.4.1.2 房地产泡沫的特征

作为房地产经济波动的一种特殊形式，房地产泡沫有自己的一些独特特征。房地产经济波动有长期趋势、周期波动、季节波动以及随机波动，也包括泡沫式的波动。而房地产泡沫仅仅指房地产价格的剧烈波动。房地产泡沫尽管常常伴随着投资量、成交量的波动，但这些波动并不是房地产泡沫的本质特征。房地产周期是房地产经济在运行过程中出现的周期性的、连续性的循环往复现象，是市场经济中不可避免的一种现象。房地产泡沫在形态上表现为房地产价格的大起大落，不具有连续性的特征，不具有在一定时间内反复出现的必然性。房地产泡沫是市场投机行为盛行的结果，不是经济发展中必然出现的产物，是可以消除、防范和控制的。房地产泡沫的产生加剧了房地产周期的波动幅度，改变了周期波动形态。

与通货膨胀相比，房地产泡沫乃至任何一种泡沫，都是某一类资产的价格持续性上涨，而非“一般物价水平”普遍性地持续上涨。正是由于这种房地产泡沫和通货膨胀的区别与联系，才可以用地价指数与物价指数的比值来衡量泡沫的严重程度。通货膨胀是由于货币量增长的速度超过了生产的增长速度，即流通中货币供应量超过实际需求量时就发生了通货膨胀。在房地产泡沫产生的过程中，货币供应量不断增加，各种各样的资金包括私人投资、企业资金、银行贷款、国外游资纷纷介入，在短期内迅速使房地产价格升高。

总的来说，房地产泡沫有以下主要特征：房地产泡沫是房地产价格波动的一种形态；房地产泡沫具有陡升陡降的特点，振幅较大；房地产泡沫不具有连续性，没有稳定的周期和频率；房地产泡沫主要是由投机行为引发的货币供应量在房地产经济系统中短期内急剧增加造成的。

9.4.2 房地产泡沫产生的原因及运行机理

房地产经济波动中的许多内在传导机制，同样适用于房地产泡沫。如利益驱动机制、产业关联机制、增长的制约机制等。与房地产经济波动不同的是，房地产泡沫还具有自身运行的特殊机制。

9.4.2.1 投机价格机制

在房地产经济波动中，价格机制的作用是：价格上升时，需求量减少，供给量增加；价格下降时，供给量减少，需求量增加。但是在房地产泡沫的形成过程中却相反。价格上升时，人们认为今后价格还要上升，需求量反而增加，房地产持有人惜售，供给量反而减少，这样就进一步刺激了价格上升。在泡沫破灭时，价格下跌，人们认为价格还要下跌，持有人纷纷抛售，反而增加了供应量，同时由于无人肯接手买入而需求量减少，这样就加剧了价格的下跌。

9.4.2.2 自我膨胀机制

由于银行信贷的参与，房地产泡沫具有了一种自我膨胀的机制。在房地产价格上升之后，房地产拥有人的资产价值上升，随后他将房地产抵押给银行，获得贷款之后继续购买房地产，如此往复循环。在一个投机的市场当中，许多人都是这么做的，于是形成了泡沫的自我膨胀机制。不但一般的投机人参与房地产的炒作，有时候银行也积极参与炒作，更加助长了泡沫的泛滥。如果银行将房地产抵押贷款证券化，就会有更多的资金放贷给投机者。流入房地产市场的资金就像滚雪球一样越滚越大。银行等金融机构和广大的房地产证券投资人在这种膨胀机制中一步一步陷入泥潭。

房地产泡沫独特的运行机制，扰乱了市场的一般运行机制。此外，由于某些传导机制的作用，使房地产泡沫的危害加大。例如由于产业关联机制的作用，在房地产泡沫繁荣时期，相关产业也被带动起来。但是一旦泡沫破灭，相关产业也不可避免地受到牵连。

房地产泡沫的外在冲击机制指的是在某种外界因素的冲击下，房地产泡沫产生或者破灭。许多因素都可能成为泡沫的冲击因素。诸如利率的升降、税收的增减、石油价格的升降等。有些冲击因素是政府调控造成的，如利率、税收等；有些冲击因素可能是投机者制造的，如市场谣言、狂热的情绪、恐慌的气氛等。

正是在内在传导机制和外在冲击机制的共同作用下，房地产泡沫开始产生、膨胀乃至达到极点，直到最后破灭。在房地产泡沫的形成过程中，银行起着重要的推动作用；房地产泡沫破灭时对银行业的破坏作用也大。

9.4.3 房地产泡沫的判断指标

根据指示指标与房地产泡沫产生的时间顺序，可以将判断指标划分为预示指标、指示指标和滞后指标。

9.4.3.1 预示指标

1. 房地产贷款增长率 / 贷款总额增长率

泡沫经济的形成在很大程度上依赖于信贷杠杆的推动。在虚拟资产膨胀过程中，信贷规模也是同步扩张的，两者互动发展。信贷增长使股市、房地产市场升温，同时随着股价、房地产价格的提高，信贷规模尤其是抵押贷款的数量也在扩大。另外，选取该项指标作为预示指标，符合房地产投资或投机的步骤。无论是投资还是投机，获得一定数量的资金是前提条件。因此，通过对该指标变动情况的分析可以预测房地产经济活动的非正常变化。

从图 9-1 上两条曲线的变动可知，房地产贷款增长率和贷款总额增长率相差最大的时期是 1985 ~ 1990 年，而在此前后差别不是很大。这说明 1985 年前后有大量的资金涌入日本房地产业，其中最主要的原因是日本银行实行的降低贴现利率以抵消日元升值压力的政策。房地产贷款数量的过快增长使其占贷款总量的比重由 1985 年的 18% 提高到 1987 年的 20%。宽松的贷款条件是房地产泡沫得以产生的“催化剂”，它使房地产泡沫不断膨胀，并直接导致了泡沫破灭后银行出现大量呆账、坏账等一系列严重后果。

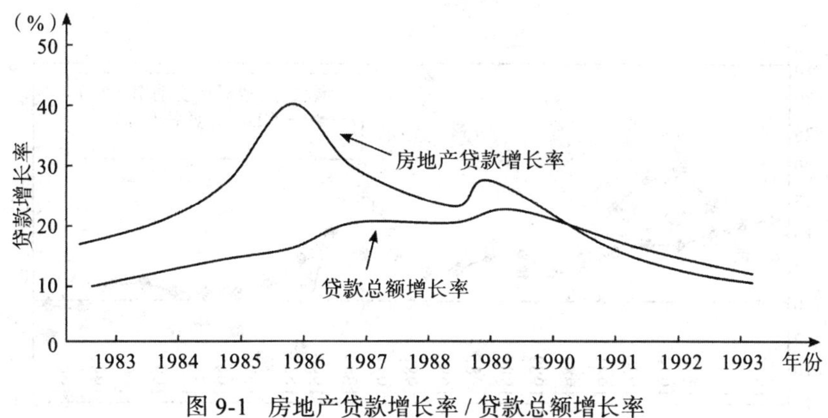

图 9-1 房地产贷款增长率 / 贷款总额增长率

资料来源：OCED ECONOMICS SURVEYS—1994.

2. 货币供给量

货币供给量的多少直接影响流入房地产市场的资金。货币供给量的增加使得产生房地产泡沫的可能性增大，因此可以作为一个先行指标。徐滇庆（2000）的研究证明，在我国台湾，货币供应领先于房地产泡沫。台湾的货币供给量在 1986 年第一季度以后，增长率从不到 20% 变为超过 30%，而房地产价格是从 1997 年第一季度开始飙升的。研究表明：货币供给变动 1%，房价变动 0.897%。

3. 股价指数

股票市场是一个投机程度很高的市场，是最容易产生泡沫的领域。在泡沫经济时期，股票的反应极其灵敏，股票泡沫的变化往往领先于其他市场的泡沫变化。徐滇庆（2000）的研究证明，台湾的前期股价对房价有很高的解释能力：股价每变动1%，房价变动0.564 4%。

日本的情况略有不同。日本的房地产泡沫在1985年就出现了，从1986年开始急剧上升。股价从1986年也开始急剧上升。股票指数与地价指数基本同步上升但是股价下跌略领先于地价下跌。股价从1990年第一季度下跌，地价在1990年9月达到高峰后，从1991年开始下跌。

9.4.3.2 指示指标

1. 地价增长率/GDP增长率

从图9-2可以看出，1987～1990年是日本地价增长最猛烈的时期，其增长速度远远超过GDP增长速度。日本六大城市的地价指数在20世纪80年代的10年间上涨了5倍，地价市值总额高达4 000万亿日元，相当于美国地价总值的4倍，土地单价为美国的100倍。这一横向比较，显著地说明1987～1990年间日本存在严重的地产泡沫。此外相对于住宅用地来讲，商业用地因其保值增值的潜力更大而备受投机者的青睐，且其价格对经济形势的变化较为敏感而波动幅度更大。

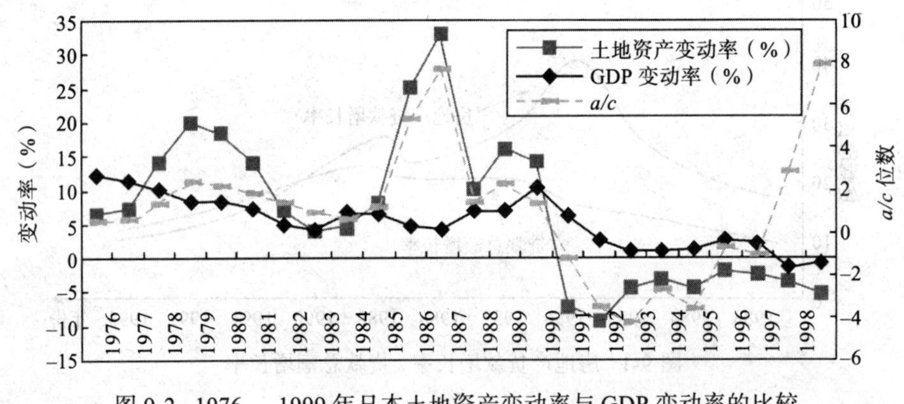

图9-2 1976～1999年日本土地资产变动率与GDP变动率的比较

资料来源：马场元："土地资产的变动与景气循环"，《不动产研究》（日），第43卷，第2号.

我国香港的房地产价格增长率/香港地区生产总值增长率在1986～1996年10年间的平均值为2.4，到了1997年楼市高峰时，该指标达到了3.6~5.0。

2. 地价增长率/物价增长率

地价是物价的一个组成部分，在常规状态下，地价的涨跌与物价涨跌应该保持一致。但是在地产泡沫期间，地价会脱离物价水平单独上扬，因此可以用地价指数增长率与物价指数增长率的比值检验地产泡沫。

3. 房价 / 家庭年平均收入

这个指标最初是用来衡量家庭对房价的承受能力。如果房价远远大于家庭年平均收入，则说明住房价格超过了居民消费水平，房价过高。比较理想的情形是房价与家庭年平均收入的比值维持在一个合理的范围内，国际上通常认为这个范围是 3 ~ 6。世界银行认为发展中国家的比值一般在 4 ~ 6 之间，发达国家一般在 1.8 ~ 5.5 之间。日本政府的目标是将房价与家庭年平均收入的比值控制在 5.0 之内。但是当我们对日本泡沫经济时期该项指标进行分析之后，发现它远远高于预期值，而且致使其不断升高的原因在于地价的上涨。换句话说，地价上涨是促成该项比值不断提高的主要动力。因此反过来我们可以通过分析该项比值来判断地价的变化，如表 9-2 所示。

表 9-2 房价①（建筑成本、地价）/ 家庭年平均收入

年份		1955	1960	1970	1980	1985	1990	1994
房价 / 收入		4.2	5.4	7.6	7.3	8.5	10.2	9.4
其中	建筑成本 / 收入	2.8	2.7	2.8	2.8	3.1	3.4	3.4
	地价 / 收入	1.4	2.7	4.8	4.4	5.4	6.9	5.9

① 房价是指一套标准住宅的平均价格。标准住宅在日本是指建筑面积为 116m² 的自有住房。因计算时四舍五入，数据上有一定误差。

资料来源：OECD ECONOMICS SURVEYS—1994.

从表 9-2 中的数据可以看出，房价 / 家庭年平均收入的比值在 1990 年达到了 10.2，之后有所下降，说明此时正值泡沫高峰期。1980 年之前的 20 年间，该项比值的变化较为稳定，说明地价的上涨没有此后泡沫时期那么严重。同时，建筑成本在 1955 ~ 1994 年间增长缓慢，它对房价的影响较小。这说明建筑物作为劳动产品价格相对稳定，房地产泡沫的实质是地产泡沫。

4. 商业房地产实际价格同理论价格比

表 9-3 显示从 1987 年开始，实际地价增幅与理论地价增幅迅速拉开距离，以极其陡峭的斜率向上攀升，犹如泡沫的迅速泛起。在 1991 年，两者差距达到最大，超出幅度达到 509%，此时日本房地产泡沫达到了顶峰并出现下跌趋势，1992 年之后，指标值迅速回落，猛降到 292%，而且是一去不回头，犹如泡沫破灭。自此，现实地价开始了理性回归之路，逐步与理论地价接近，到了 1996 年，实际地价首次低于理论地价，指标值出现负值。

表 9-3 东京都商业用地实际价格和理论价格之比较

（单位：1 000 日元 / m²）

年份	1982	1983	1984	1985	1986	1987	1988	1989
理论价格（A）	565	486	432	546	895	1 069	774	569
实际价格（B）	562	611	743	968	1 485	2 217	2 489	2 470
$(B-A)/A$(%)	–0.53	25.72	71.99	77.29	65.92	107.39	221.58	334.09

（续）

年份	1990	1991	1992	1993	1994	1995	1996
理论价格（*A*）	601	415	594	616	810	730	987
实际价格（*B*）	2 532	2528	2 331	1 753	1 198	866	630
(*B*–*A*)/*A*(%)	321.30	5 09.16	292.42	184.58	47.90	18.63	–36.17

资料来源：曹振良，傅十和："房地产泡沫及其防范"，《中国房地产》，2000(2).

5. 价租比（租价比）

价租比是房价与房屋租金的比值或地租与地价的比值（反过来则是租价比，也称租售比）。房租反映了住房的有效需求。一般来说，房租和房价水平是相互匹配的，如果房价超过房租很多，则说明市场存在过度投机炒作。一般认为该指标达到160 ~ 200时，有存在泡沫的可能性。根据有关研究机构的统计分析，2006年北京、上海城市中心城区的住房租售比已经达1 : 270 ~ 1 : 400，房价虚高倾向明显。

表9-4显示的是1987年东京住宅地价与出租费，最低的地区价租比也在130以上，绝大多数地区在200以上，远远高于一般正常利率的倒数或者是股票的市盈率。从此以后，日本开始出现了房地产泡沫。

表9-4 1987年东京住宅地价与出租费比较

地点	现实地价（万日元/m^2）	出租费（万日元/年•m^2）	价租
千代田区大手町	2 500	19.1	130.890 1
中央区银座	2 300	11.5	200
港区新桥	2 850	12.9	220.930 2
港区赤坂	2 080	10	208
新宿区西新宿	2 860	11.6	246.551 7
横滨市	1 140	4.2	271.428 6
大阪市梅田	1 820	6.6	275.757 6
福冈市	820	2.9	282.758 6
名古屋市	940	4.2	223.809 5
札幌市	653	3.4	192.058 8

资料来源：1. 现实地价来自1987年日本国土厅的"地价公告"。
2. 出租费来自日本经济新闻调查数据（1987年2月23日）。

9.4.3.3 滞后指标

滞后指标是泡沫经济发生以后衡量其严重程度的指标。通常选择地价总额/GDP作为滞后指标，这符合地产泡沫是虚拟经济对实体经济的偏离这一本质含义，该指标是一项静态指标。由于地产泡沫的形成是一个动态过程，所以地价总额/GDP衡量的内容具有事后统计性的特点。图9-3是日本1960 ~ 1997年不同用地价格指数同GDP指数的变化曲线。

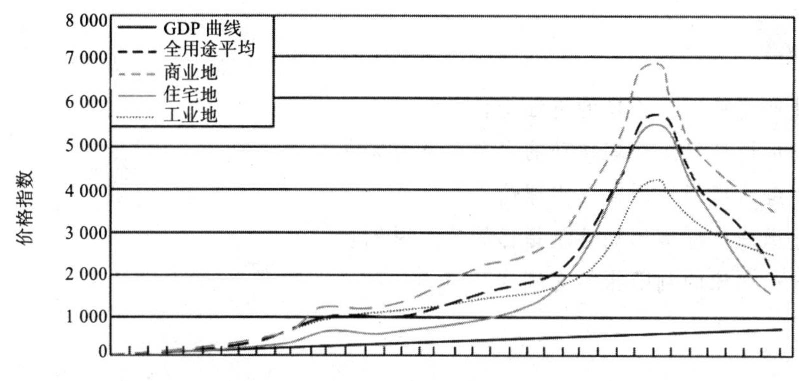

图 9-3　1960 ~ 1997 年日本六大都市市街地地价指数

资料来源：本图由谢经荣等根据日本不动产研究所 2000 年公布的《日本六大都市市街地价格指数》编制。

日本地价总额曲线在 1986 ~ 1991 年间形成一个波峰，地价总额 /GDP 的比值最高达到 560%，接近 600%，这应当是泡沫经济高峰期，此后曲线迅速下降，表明了泡沫经济的破灭。

以上讨论了几个不同的指标。需要注意的是，不同的指标作用各有不同。有些指标比较敏感，可以用来预测地价的走势，为政府决策提供依据，防止地产泡沫的产生，也可以为开发商提供决策依据。有些指标可以帮助我们分析地产泡沫存在的可能性及严重程度。各类指标要相互补充，综合考虑才能得出正确的结论。此外，不同的指标适合于不同的国家或地区。这些指标是否适合于我国，还需要结合实际进一步研究。

本章小结

1. 作为房地产经济学的宏观部分，本章首先阐述了房地产经济周期复苏、扩张、收缩、衰退四个阶段的特征及其与国民经济周期的关系。

2. 深入了解房地产经济周期的形成机制，有助于我们更好地解释房地产经济现象，为此我们介绍了影响房地产经济周期波动的主要因素、房地产经济周期的形成机制、房地产经济周期的成因理论等。

3. 本章还介绍了房地产经济周期的计量与监督，包括房地产经济周期的计量指标体系、房地产经济周期指标的筛选、房地产经济周期指标的综合等。

4. 是否存在房地产泡沫及房地产泡沫对国民经济的影响，已经成为现阶段中国房地产市场的热点问题。本章特意介绍了房地产泡沫，包括房地产泡沫的内涵与特征、房地产泡沫产生的原因及运行机理、房地产泡沫的判断指标等内容。

思考题

1. 房地产经济周期阶段的特征是什么?
2. 影响房地产经济周期波动的主要因素有哪些?
3. 简述房地产经济周期成因理论。
4. 简述房地产经济周期计量指标的确定原则。
5. 房地产泡沫的判断指标有哪些?

第 10 章

房地产经济的宏观调控

学习重点

1. 房地产经济宏观调控的含义
2. 房地产经济宏观调控是市场经济的要求
3. 房地产宏观调控手段
4. 房地产可持续发展的原则

学习难点

1. 房地产宏观调控体系
2. 房地产宏观调控的经济手段

10.1 房地产经济宏观调控的含义

房地产行业作为国民经济的重要组成部分，其发展一直受到国家的高度关注，对房地产经济的调节也构成了国家经济宏观调控的重要组成部分。

宏观调控是国家为了保证国民经济能持续、稳定、健康、迅速的发展，促进经济结构的优化，引导推动社会全面进步而采取的经济措施。根据宏观调控的含义，对于房地产经济的宏观调控则是指政府通过经济的、法律的，并辅之以计划的、行政的政策手段和市场机制，对房地产行业的经济运行进行的宏观调节和控制。

10.2 房地产经济宏观调控是市场经济的要求

国家对房地产经济调控，是由市场经济本身的局限性；房地产经济与房地产市场的特殊性；我国经济还处于转轨的过程中，市场机制还很不成熟；尤其是房地产经济与房地产市场在国民经济发展中的重要性决定的。

10.2.1 市场“失灵”决定了国家必须对房地产经济进行调控和管理

当代经济发展实践表明，在市场经济条件下，市场虽然是资源配置的最佳方式。但是，市场本身存在着许多弊端，在许多地方是“失灵”的。这就要求通过国家对市场干预和调控，以弥补市场的不足。

1. 市场调节是盲目的

市场调节是以市场价格为导向的。当市场上某种商品价格较高时，各种生产企业都竞相生产这种商品，社会各种经济资源就流向这些企业。社会究竟需要多少这种产品，企业是无法知道的。只有当市场上这种产品供过于求，价格下降时，企业才会知道这种产品生产多了。但是在这时，生产要素和产品已经过多地集中于这些企业或这些生产部门，由此造成了经济资源的巨大浪费，引起国民经济比例关系的严重失调。

2. 市场调节是事后的

市场调节是以价格等为导向的，但是商品的价格是在市场上形成的。一旦市场上某种商品供过于求，价格下跌，生产者感觉到或者确切知道这种商品已经太多，超过了市场的需求时，商品已经生产出来，要想改变已经太晚。所以，通过市场价格的变动，调节生产者的经营活动只能是事后的。

3. 市场调节是短期的，是缺乏预见性的

市场调节是盲目的，是事后的，由于它只能根据当前市场价格的高低去调节生产经营活动，是无法预见市场未来发展状况的，因而只能是短期的。

4. 市场调节会引起垄断，从而降低市场调节的效力

在市场经济条件下，由于竞争等的作用，就会引起市场的垄断。垄断形成了垄断价格，从而降低了市场调节的效力。

5. 市场调节容易引起外部不经济

在市场调节的情况下，对于企业本身来说一般是经济的，但是为了使企业本身经济，从而造成企业外部的不经济。如环境污染等。

6. 市场调节对于某些公共部门是无效的

如市场调节对国防、社会公共设施等是不起作用的，因而是无效的。为了克服或解决市场调节中的这些问题，只有加强国家对市场的宏观调控。国家对市场经济的调控和管理，是当代市场经济的一个重要标志。

10.2.2 房地产本身的特殊性要求国家进行调控和管理

房地产商品与其他商品具有许多不同的地方或有许多特殊性，这些特殊性进一步决定了国家对房地产市场调控的必要性。

一是土地的有限性和稀缺性，决定了土地供需的矛盾性，因而要求对土地市场进行调控。

二是房地产的固定性，决定了房地产市场的地域性，为了解决这个矛盾，必须加强对房地产市场的调控。

三是房地产具有保值和增值的性质，从而使它具有更大的投机性，因而也要求加强对房地产市场的宏观调控。

四是房地产经济中的住房，是居民最必需的消费品，具有社会保障性质。国家对住房进行必要的干预，可以保证居民都有一处符合要求的住房。

五是我国城市土地是属于国家所有的，在土地市场流通的只是土地的使用权，这不仅为国家提供了对房地产市场调控的基础和可能，而且也要求国家必须对房地产市场进行调控。

10.2.3　转轨时期要求国家加强对房地产经济的调控和管理

中国经济正处于转轨的过程中，在经济体制改革的过程中，出现了一系列新的特点和问题。房地产经济作为一个独立的经济部门，正处于发展的过程中，房地产市场还处于发展的初期阶段，运行还不很规范。在国民经济转轨过程中，为了促进房地产经济的发展和规范房地产市场的运行，更加需要国家对房地产经济和房地产市场进行调控和管理，以求规范房地产市场运行。

10.3　房地产经济宏观调控体系

10.3.1　房地产经济宏观调控的目标

10.3.1.1　房地产经济宏观调控的必要性

研究房地产经济的运行，不仅要考察房地产经济的内在规律，同时也要注意房地产经济与宏观经济的协调发展，为此国家对房地产市场进行宏观调控。事实上，对房地产经济的宏观调控是自始至终必须进行的，只不过宏观调控的方向、力度和重点在不同时期有所区别。

1. 宏观调控是房地产资源优化配置的需要

房地产经济是整个国民经济的重要组成部分，是市场经济中的一个子系统，市场虽然能在资源配置中有效地发挥作用，但存在着自发性、滞后性、盲目性和分化性等缺陷，容易造成大起大落的不稳定状态，也可能带来资源的浪费。因此政府干预是必要的，政府在房地产市场供求平衡过程中担当重要角色，发挥政府的货币政策、财政政策、产业政策和计划机制的协调作用，真正使房地产资源配置达到高效率。

2. 宏观调控是引导房地产业健康发展的必需

房地产的基础产业性质和支柱产业地位决定了政府对房地产业的宏观调控较之其他产业的宏观调控更为必要。供求矛盾是房地产经济的根本矛盾，目前的房地产市场发育程度决定了房地产的供求矛盾运动受到许多非市场因素的制约，政府作为体制改革的推进者和市场的培育者，需大力造就市场机制得以发挥的环境，并通过多种手段调控供求总量与结构，以达到市场发育和供求平衡的双重目标。只有针对房地产经济的特点采取相应的对策措施，才能引导房地产业健康发展。

3. **宏观调控是促进国民经济持续稳定增长的客观要求**

房地产业是先导性、基础性产业，又是国民经济中的支柱产业。房地产业的产业链长，同国民经济中的其他产业关联度强。房地产业的发展状况，直接影响相关产业的发展，房地产业的发展，直接影响社会总供给与总需求的平衡和结构的平衡，对整个国民经济的发展至关重要。因此，对房地产经济的宏观调控，就成为政府对整个国民经济实施宏观调控的重要环节。

10.3.1.2 房地产经济宏观调控的目标

对于一个完善的房地产市场来说，市场的自由运行非常重要，政府必须保证市场对资源配置起到基础性的作用。宏观调控应与市场调节相结合，从全局考虑，来设定房地产经济宏观调控的具体目标。

1. **实现房地产供给与需求结构平衡**

房地产商品的社会总需求是指某一时期内全社会或某一地区内房地产市场需求的总量，包括投资性需求和消费性需求两大方面，这里所说的需求指有效需求。房地产商品的社会供给则是由多种所有制经济主体投资建造的各类房地产商品的总和。供给与需求结构平衡具有极端重要性，只有当房地产总供给和总需求平衡时，才能保证房地产市场正常运行和健康发展，优化房地产资源配置，也才能保持房价基本稳定。由于房地产的区域性特点，在实现供给和需求总量平衡时，要重在一个地区或城市内实现供求平衡。国内外的统计资料表明房地产投资一般占国家固定资产投资的10% ~ 15%，占 GDP 的 5% 比较恰当。

2. **优化房地产产业结构**

结构优化是房地产经济宏观调控的重要目标。房地产产业结构优化主要包括两方面内容：一是房地产业发展的地区平衡问题。房地产市场虽然具有区域性，地区之间发展水平不同是正常的，但就一个国家的整体来看，差距过大也会造成不良后果。二是房地产业内部的供给结构要与市场需求结构相协调。房地产种类很多，包括厂房、商业用房、办公楼、居民住宅、娱乐设施等各类用房，各类供给要符合市场需求的比例，一般来说住宅建设应占主体地位。而住宅的供给结构又必须与市场需求结构相适应，根据居民收入结构，合理安排高档房、中档房、中低档房建设，以满足不同层次的需求，实现结构的基本合理。

3. **房地产价格合理化**

房地产价格是价格体系中的基础性价格，直接影响着房地产的供给与需求。因此，实现房地产价格的合理化，保持房价的基本稳定，是对房地产经济实施宏观调控的核心目标。所谓的房价稳定并不意味着房价不变，而是房价的涨跌平稳，不会出现暴涨和暴跌的现象。一般规律是居民收入与住房价格为 1 ∶ 3 ~ 6 的关系，房价上涨的幅度要小于居民可支配收入增长的幅度，并与房屋升值的幅度相协调。

4. 房地产经济与国民经济协调发展

房地产经济与国民经济协调发展就是房地产经济与国民经济其他部门按比例发展，不断实现经济结构的优化，不发生结构的失调，同时房地产经济应与现阶段经济发展水平相适应，既能带动相关产业和国民经济的发展，又与其他产业保持合适的比例，以保证国民经济协调发展。如果房地产经济在较长时间内发展失控，就可能产生房地产经济泡沫，对国民经济造成严重危害。

5. 房地产业持续稳定健康发展

房地产经济宏观调控的最终目标是实现房地产业的持续稳定健康发展。所谓持续发展，就是不仅要考虑当前的发展，而且要为今后的长期发展创造必要的条件，不能片面追求一时的快速发展，而损害今后的发展。所谓稳定发展，就是要保持适当的增长速度，避免大起大落的波动。

10.3.2　房地产经济宏观调控体系

房地产经济宏观调控具有宏观性、市场性、间接性和动态性的特点。对房地产市场实施有效的调控，关键在于政府在市场运行中正确选择自己的位置和充分发挥自己的作用，按照市场发育程度建立起完备的调控体系。房地产经济宏观调控是个完整的体系，这个体系包括房地产经济的决策控制系统、控制调节系统、信息反馈系统和监督保证系统。

10.3.2.1　决策控制系统

决策控制系统是通过制定各种计划和规划来实现国家对房地产市场的影响力，而决策正确与否，直接关系到宏观调控的成败，所以决策系统是房地产经济宏观调控体系的中枢。

我国对房地产经济宏观调控的决策分为两个层次：第一个层次是国家的集中决策，决策机构包括：全国人民代表大会及其常务委员会、国务院、计划发展委员会和国家住建部。它们对房地产业发展的重大方针政策和总体规划做出决策，引导其健康发展。第二个层次是地区性决策，决策机构包括：地方各级人民代表大会和政府机构、主管委办，在执行中央决策的过程中，根据本地区实际情况进行具体决策，并相应制定符合本地区特点的房地产地区性法规、条例和具体实施措施。如住房分配货币化方案，各地区都有一定差异。两个层次的决策，既体现了全国的统一性，又反映了地区的灵活性，二者结合有利于房地产经济宏观决策的贯彻实施。

房地产经济宏观决策的内容主要有：房地产业发展的战略目标、指导性发展规划或计划、涉及房地产业的重大方针政策、房地产开发投资规模、土地规划、房地产业内部结构、对房地产业的财政与货币政策、住房制度及其改革等。

为了保证房地产经济宏观决策的正确性，必须做到科学决策、民主决策、依法决策。并且应建立决策的责任制，对产生巨大效益的正确决策给予奖励，对造成严重后果的决策失误，给予必要的惩罚，直至追究法律责任。

10.3.2.2 控制调节系统

控制调节系统是指政府综合运用经济的、法律的、计划的和行政的各种手段调节和控制房地产经济运行的体系。政府对房地产市场行为如果缺乏完善的调节系统，就难以保证决策的正确执行，宏观调控的目的也难以实现。因此，必须建立健全完备有效的调节系统。

在市场经济条件下，房地产资源的配置以市场机制调节为基础，政府对房地产业的宏观调控，利用市场机制的调节作用，以间接调控方式为主，同时辅之以必要的行政的直接调控方式。房地产经济的控制和调节主要通过土地的供应量和土地价格、贷款利率和额度、房地产税收等方面的调整间接影响房地产市场的运行。为使宏观调控达到高效率，必须建立计划、金融、财政之间相互配合、综合协调的制度。

10.3.2.3 信息反馈系统

国家宏观调控的信息反馈系统是国家对房地产市场进行调节和控制、把握市场行情、制定决策的主要依据。建立和健全房地产信息反馈系统，是政府进行科学决策的重要依据，是政策执行情况动态反馈的基本前提，也是影响房地产企业决策、个人决策及其经济行为的重要手段。

信息反馈系统既要反映宏观市场信息，又要反映微观市场信息，包含动态市场信息和静态市场信息。信息来源包括各级政府和主管部门、国内外市场、消费者或用户，以及各开发企业或开发商等。信息收集的方法包括观察法、登录法、试验法、预测法、征集法以及市场调查法等。应建立信息储存资料库，分类分层保管，形成完善的信息网络，便于信息的搜集、发布与交流等。

10.3.2.4 监督保证系统

房地产经济宏观调控的监督，是指国家通过各种监督机构和手段，对房地产业的各环节进行全面监察和督导。包括：财政监督、税务监督、银行监督、审计监督、统计监督、会计监督、财务监督、法律监督、工商行政监督及其他行政监督等。完善的监察和督导可控制决策的正确性，保证各种调控手段、法律法规、相关政策的贯彻实施，使其作用得到正常发挥。同时，通过监督，可规范企业和个人的经济行为，约束和引导房地产企业的生产经营活动符合宏观调控的目标。

10.4　房地产经济宏观调控政策的分类

10.4.1　按照房地产调控目标实现的手段区分

按照房地产调控目标实现的手段区分，房地产经济宏观调控政策可划分为经济政策手段（又可分为税收政策、货币政策、产业政策等）、法律政策手段、行政计划政策手段等。

10.4.2　按照政策调控的对象区分

按照政策调控的对象区分，房地产经济宏观调控政策可划分为土地政策和住房政策两大类。土地政策包括土地出让政策、土地收购储备政策等。住房政策依据作用对象可分为商品房政策、经济适用房政策、廉租房政策；依据政策实施手段还可划分为住房金融政策、住房供给政策和住房分配政策等。

10.4.3　按照政策颁布的主体区分

按照政策颁布的主体区分，房地产经济宏观调控政策可分为中央政策和地方性政策。中央政策主要包括法律法规、部门规章和行政法规等。地方性政策主要指由各级地方政府及人大颁发的一些地方性法规、实施细则、办法等。

10.5　房地产经济宏观调控的手段

为了实现房地产经济宏观调控的目标，政府必须运用适当的手段进行有效的调节和控制。房地产经济宏观调控的主要手段有：经济手段、法律手段、行政手段等。

10.5.1　经济手段

房地产经济宏观调控的经济手段是指政府按照房地产经济规律，调节房地产相关人的经济利益关系，运用经济杠杆来调控房地产经济的一种手段。在现代市场经济中，经济手段是政府对房地产经济宏观调控的最主要手段，主要包括产业政策、财政政策、货币政策等手段。

10.5.1.1　产业政策

房地产产业政策是整个产业政策的组成部分，是政府通过产业定位、产业发展规划和政策导向，对一定时期房地产业发展制定并实施的基本政策，以此引导房地产业与国民经济协调、稳定健康的发展。一般根据实际情况分为产业促进政策和产业抑制政策，它是对房地产经济实施宏观调控的重要政策手段，对房地产业本身和整个国民经济的发展都具有非常重要的意义。

房地产产业政策目标是确立恰当的发展水平、建立合理的房地产结构、实现良好的微观经济效益和宏观经济效益。房地产产业政策划分为三个层次。第一个层次是关系国民经济全局的总体房地产产业政策，主要是房地产产业定位和发展政策，确定房地产业在国民经济中的地位、发展规模和速度等。如1996年中央做出住宅业是国民经济发展的新经济增长点的战略决策，加快住宅建设，扩大住宅消费，以此拉动经济增长。2003年又进一步明确房地产业的支柱产业地位，这些都是事关全局的重大房地产产业政策。第二个层次是根据房地产行业的具体情况制定的房地产行业内部的各类政策。主要包括：土地使用制度政策、城镇住房制度及其基本政策、产业内部各类房地产商品比例结构政策、房地产综合开发和综合经营政策、房地产行业管理政策等。第三个层次是各类政策的具体化，它是具体的、可操作的政策法规手段。如土地使用权出让与转让政策、征地拆迁政策、房地产市场交易政策、房地产价格政策、房屋租赁政策、物业管理政策、住房公积金制度、住房分配政策等。房地产产业政策是一种方向性、导向性的政策措施。

10.5.1.2 财政政策

财政政策是国家以财政理论为依据，选择和运用各种财政收支工具，调节国民收入分配、再分配的方向和规模，以实现预定政策目标的各种财政措施的总和。在宏观调控中，财政政策具有最直接、最有效的作用。财政政策对房地产业的调控主要反映在财政收入政策和财政支出政策两个方面。

1. 财政收入政策

财政收入政策在房地产经济中主要是房地产税收政策。税收由纳税人、课税对象、税率、附加和减免、违章处理等基本要素构成。房地产税收政策通过调整税种、税率、附加和减免，来影响房地产的社会供给与需求。在其他因素不变的情况下，税费水平的变化将会引起房地产供给量或需求量的变化；而不同类型房地产税费水平的变化，将导致房地产供给结构或需求结构变动。在房地产市场交易中，税种增加、税率提高，将使市场需求减少；反之，则相反。对房地产开发企业的税种增加、税率提高，导致开发成本上升，投资的预期收益减少，抑制房地产投资增长率，促使其下降；反之，促进房地产开发投资增长率上升。对高档住房提高税率则使高档住房的需求减少，从而间接调整了住房的供给结构。

地租政策也是财政收入政策的重要组成部分，我国城镇土地归国家所有，国家通过收取土地出让金和土地使用年租赁金方式征收地租。调节地租，拉开地段差价，来影响市场对不同用途土地的需求和各类房地产的开发成本，达到控制房地产供给，调整供给结构和优化土地利用目的，从而实现房地产业的宏观调控功能。地租与房地产供给量呈反向变化，在其他因素相同情况下，当地租水平上升时，房地产开发成本增加，房地产供给减少；反之，地租水平下降，房地产供给增加。但在卖方市场条件下，地租往往被转移到消费者，削弱了对供给量的影响，甚至完全失去对供给的调节作用。

2. **财政支出政策**

财政支出是将部分国民收入进行再分配，由政府支出和转移支出组成。财政支出政策手段，主要是通过财政支出结构的变动和财政支出量的变化，来影响房地产的需求与供给结构，它直接影响资源的配置和人们从支出中得到利益的多少。如在财政支出中增加职工工资，实施住房消费补贴，增强了居民购房能力，扩大了住房消费，直接拉动了住房消费需求。

运用财政支出政策对房地产业进行宏观调控的目标是稳定房地产市场价格，实现公平分配，为房地产业提供良好的发展环境，促进房地产业持续稳定发展。财政支出政策对房地产业宏观调控的内容主要包括：①财政支出杠杆，如财政投资、财政补贴、财政贴息和税收支出等。②财政支出结构。通过财政支出项目的结构性调整，改变房地产的生产结构、流通结构和消费结构。③财政支出规模与效益。为了确保财政支出政策宏观调控功能的持续性和有效性，必须充分考虑财政支出的规模与效益。坚持“量入为出”的原则，保持财政收入与财政支出的基本平衡。以综合效益来度量财政支出的效益，不仅分析其经济效益，还要分析其社会效益。

10.5.1.3　货币政策

运用货币政策手段对房地产经济进行宏观调控，实际是将房地产市场的实物供求调控转化为资金的供求调控。一般意义上的货币政策，是指一个国家的中央银行通过一定的措施调节货币供应量，进而控制货币的投放量和需求量，最终达到社会总供给和总需求平衡目的的政策手段。社会总供给是指能够向市场提供的各种最终产品和劳务，它是由投资量和投资规模决定的，与货币投放量直接相关。社会总需求指的是有效需求，它是由货币供应量及其周转速度所体现的现实购买力形成的。调节货币供应总量，就可以使之体现的社会总供给与社会总需求的规模相适应。因此，货币政策是宏观调控最重要的手段。

货币政策对房地产经济宏观调控的主要内容有两个方面：一是控制货币发行量，保持货币系统的稳定，以满足货币供应适应房地产业发展的需要；二是调控房地产生产和消费的信贷总量、信贷结构和信贷质量，使之既能满足房地产开发经营和支持居民购房的资金需求，又能防止过度膨胀，确保信贷平衡。

房地产货币政策调控的基本形式分为直接手段和间接手段。

1. **房地产货币政策直接调控**

房地产货币政策直接调控是指以行政命令、中央银行直接干预房地产信用的信贷限额和信贷质量。具体包括：央行直接限制商业银行对房地产业的信贷结构和信贷条件；制定银行和其他金融机构发放房地产信贷的方针、政策等。

2. **房地产货币政策间接调控**

房地产货币政策间接调控主要是通过利率政策、法定存款准备金率、再贴现率和公开市场业务等工具，调节货币的供求量，达到调控房地产业发展的目的。

1）利率政策。利率是货币政策最重要的杠杆，国家可以通过银行运用利率杠杆来调节流入房地产业的货币投放量。当信贷规模过大、资金供应紧张时，提高贷款利率，使房地产开发融资成本上升，抑制开发量；住房消费信贷利息负担加重，减少住房消费贷款，抑制住房需求量。反之，降低贷款利率，则作用相反。

2）法定存款准备金率。法定存款准备金率是指政府规定的商业银行向中央银行交存的存款准备金占总存款量的比例。提高存款准备金率，就提高了商业银行向中央银行交存的法定准备金，降低了商业银行的放贷能力，可以使商业银行收缩信贷，从而紧缩货币供应量，抑制投资和消费增长。反之，降低存款准备金率，就会扩大货币供应量，鼓励投资，刺激消费。存款准备金率的高低，通过商业银行信贷投放量影响房地产信贷扩张或收缩，从而使房地产总供给和总需求得以有效控制。

3）再贴现率。再贴现率是指中央银行对商业银行及其他非银行金融机构的再贷款利率。各商业银行主要通过两种方式向中央银行贷款：一是将各种票据如国库券等政府公债，向中央银行再贴现；二是用自己所拥有的政府债券和其他财产为担保，向中央银行贷款。当经济过热时，中央银行通过提高再贷款标准和利率，限制商业银行的融通资金量，紧缩信贷；反之，当经济衰退时，则中央银行通过降低再贷款标准和下调再融资利率，扩大商业银行融通资金量，扩张信贷。再贷款利率的高低直接影响商业银行的信贷规模，从而也调节其对房地产开发投资和消费的贷款总量。

4）公开市场业务。公开市场业务，是指中央银行在公开市场上，通过买卖有价证券的办法来调节货币供应量，从而调节社会总供给和总需求的金融业务活动。当国民经济出现衰退时，中央银行可以在公开市场上买进有价证券，增加货币供应量，从而刺激投资和消费，促进经济复苏。而当出现经济过热、通货膨胀时，则卖出有价证券，回笼货币，减少货币供应量，从而抑制投资和消费需求，促进经济稳定。公开市场业务不仅从总体上调节房地产供给和需求，而且通过买卖住宅债券，直接调节投入房地产开发和消费的货币供应量，达到控制房地产经济总供给和总需求趋向平衡的目的。

10.5.2 法律手段

房地产经济宏观调控的法律手段，是指政府通过立法和司法，运用法律和法规来管理房地产经济活动，引导房地产业健康发展的方法和手段。法律手段具有强制性、规范性、稳定性，并具有普遍的约束性，是间接宏观调控的重要手段。

房地产经济活动涉及广泛的、复杂的经济关系、财产关系和社会关系。为了保障房地产开发者、经营者、所有者、使用者等相关利益主体的合法权益，必须以立法和司法为手段，通过法律规范房地产市场主体行为，来协调房地产经济各方面的利益关系，引导房地产经济健康运行。房地产法律体系应当包括：土地征用、土地批租、房地产企业的开发经营、住宅建设、房地产交易以及租赁、抵押、房地产产权登记、房地产税费、房地产估价、房地产金融、房地产售后服务和中介服务等内容。它们主要调整房地产方面的经济法律关系、民事法律关系和行政法律关系。

我国实行的是中央与地方二级立法体制，中央主要制定房地产方面最基本、最主要的法律规范，而地方各级政府根据中央有关法律、法规、法令制定适合本地区的地方性法规。我国已公布的与房地产有密切关系的法律主要有《土地管理法》《城市房地产管理法》《城市规划法》《建筑法》以及一些有关的条例，如《商品房销售管理办法》《城市房屋拆迁管理条例》《城市房地产开发经营管理条例》等，但缺口较多，如住宅法尚未出台，相关法律很不健全，借鉴国外的经验还需花大力气建立房地产法律体系。

作为不动产的房屋财产和土地财产，其转移并非实际物体发生移位，而是权利主体发生变动（交易和转让），房地产权属的设定转移都必须办理权属登记，房地产经济的正常运行必须依靠法律手段。近年来随着房地产交易活动的扩大，涉房经济纠纷明显增多，加强房地产司法工作，能够及时、准确、公正地解决各种纠纷，有力地打击违法犯罪活动，维护正常的房地产经济运行秩序，促进房地产业发展。

10.5.3 行政手段

房地产行政管理是指通过制定和实施房地产经济方针、政策和规划，采取行政命令和指示等形式，按照行政隶属关系来管理房地产经济活动。行政手段是直接的宏观调控手段，具有权威性、操作性和政治性。相对其他行业来说，房地产开发与城市建设的发展关系极为密切。由于房地产是不动产，位置固定，一旦出现失衡，调整极为困难，或者要花费很大代价来调整。城市土地的合理利用和开发，直接关系到城市建设可持续发展的重大问题，而且市场机制存在着盲目性、滞后性等缺陷和弱点，容易引起大起大落。因此，政府必须实施必要的行政管理，直接干预房地产经济活动，以保证房地产业的健康发展。

我国房地产行政管理实行统一领导、分级管理的原则，其机构设置与国家政权机构相对应，从中央到地方在国务院统一领导下，各级管理机构既受同级政府的管理，又受上级房地产行政管理机构的业务管理，主要包括土地行政管理机构和房地产行政管理机构。

土地行政管理机构有国家土地管理局，省、市、自治区土地管理局（国土厅），地、市土地管理局，县土地管理局。国家土地管理局为中央级土地行政管理机构，其职能是负责全国土地的统一管理工作，如贯彻执行土地法律、法规、政策等，制定土地管理规章制度、编制土地利用总体规划、负责地籍管理工作等。县级以上的各级地方土地管理局主管本行政区域土地的统一管理工作。房地产行政管理机构主要有住建部房地产业司，省、市、自治区建设厅（建委）房地产管理局（处），地、市房地产管理局（处），县、区建委房地产管理局（处）。住建部房地产司是城市房地产业的行政管理者，负责组织和管理全国的住宅建设和房地产业，其主要职能为负责制定全国房地产开发、经营管理的方针、政策法规；负责城镇房地产权属管理、房地产市场管理等。地方各级政府设立的房地产管理局，管理行政区域内的住宅建设与房地产业发展。

在运用行政手段的过程中，要认真研究市场机制调节与房地产行政管理的关系，既不能越俎代庖，也不能放任不管；要正确处理管理与服务的关系，增强以服务为中心的管理观念，为市场经济主体提供优势服务；要把国有房地产企业的资产管理与行政管理区分开来，建立国有资产管理和经营机构，专司国有房地产企业的资产管理职责；要建立房地产行政管理体系，加强管理的力度，简化管理的手续，改变施政机构杂乱、政出多门的状况，可以采取联合办公的形式，集中处理行政管理事务，使之既便捷又达到高效管理的目的；要坚持依法管理，增强行政管理的透明度，体现公开、公平、公正的原则，加强民主管理和科学管理，提高管理水平。

10.6 房地产经济可持续发展

10.6.1 房地产经济可持续发展的内涵

10.6.1.1 可持续发展思想的发展

可持续发展思想，是在当代经济社会发展的实践中逐步形成和发展起来的。在相当长时间里，人们认为只有经济的增长是发展，人们一味追求经济的快速增长，特别是第二次世界大战以后，工业发展非常迅速，生产力水平大幅度地提高。这种高速增长一方面创造了前所未有的经济奇迹，同时也对人类生存环境造成了巨大影响。水、空气、土壤以及生物中的污染物已达到危险的程度；生物界的生态平衡受到重大和不适当的扰乱；一些无法取代的资源受到破坏和陷于枯竭；人为的环境，特别是生活和工作环境里存在着有害于人类身体、精神和社会健康的严重缺陷。面对经济社会发展中的问题，特别是资源和环境问题，人们逐步深刻地认识到，为了人类社会发展的长远利益，必须使人口、资源、环境、经济、社会得到协调发展。持续发展的思想就是在这种背景下逐步形成和发展起来的。

可持续发展思想的内涵可以归结为经济持续、生态持续和社会持续三个方面，即以自然资源的可持续利用和良好的生态环境为基础，以经济可持续发展为前提，以谋求社会的全面进步为目标，既要满足当代人的需要，也不能因为满足当代人的需要而使后代人失去生存发展的机会。

10.6.1.2　房地产经济可持续发展的内涵

根据可持续发展的基本思想，房地产经济可持续发展的基本含义是：房地产经济发展既要满足当代人对住房的需要，以及从事其他社会经济活动所需房地产的需要，又要满足子孙后代未来的需要，既符合局部人口的利益又不对其他人的需求利益造成损害和威胁。具体地说，房地产经济可持续发展的根本要求，就是在进行住宅与房地产开发建设时，主要做到以下几点：

1）充分考虑人口的因素，树立以人为本的思想。

2）合理利用各种资源，对土地资源、空间资源、建材资源等自然资源进行可持续性开发利用，不能进行掠夺性开发。

3）注意环境保护，房地产经济发展和生态环境之间必须保持平衡。

4）房地产经济和国民经济其他产业之间、房地产业各类物业之间协调发展。

5）建立健全房地产市场体系，保证资源的有效配置和高效使用。

6）建立具有科学性、系统性和可持续性的房地产经济宏观调控体系，实现整个房地产业自身经济的良性循环。

房地产经济可持续发展的主要任务就是最终建立适合现代化城市协调发展的开发模式，实现房地产经济和人口、资源、环境协调发展，力求取得生态效益、经济效益和社会效益的有机统一。在房地产业实现生态可持续、经济可持续和社会可持续。

10.6.2　房地产经济可持续发展的原则

房地产经济可持续发展必须遵循以下原则。

1. 合理发展性原则

可持续发展并不意味着停止发展，而是合理地发展。事物总在不断的发展变化中，只有房地产经济不断发展，才能满足社会经济的需求，只是在发展中要注意发展的合理性，不做掠夺性开发。

2. 生态性原则

房地产经济发展是以各种资源和环境为条件、前提的，特别是土地资源和水资源。所以，房地产经济在创造人为环境时，必须与自然环境形成一种均衡和谐的稳定关系，维护生态平衡。而且生态资源、环境也有其特有的价值，良好的生态环境不仅有利于房地产的可持续发展，而且也提高了房地产本身的价值。

3. 持续性原则

持续性原则，要求房地产经济发展的规模、速度与自然资源和生态环境的承载力相适应，减少房地产经济发展对自然环境和人为环境的影响，实现房地产经济长期、稳定和健康的发展。

4. 公平性原则

当代人与后代人之间应公平，在外在生态环境可接受的条件下，在满足当代人的生存和发展需求的同时，绝对不能损害后代人满足其需求的自然资源与环境条件，为后代人保持充分利用自然资源的公平权利，但也不能为了后代人而让当代人贫困。当代人之间也应公平，贫富悬殊、两极分化的现象不可能实现可持续发展。

5. 适度消费性原则

适度消费模式，是在一定生产力水平和资源的状况下，既不过分节俭也不过分奢侈浪费的一种消费模式。我国尚处在发展阶段，并且人均资源相对不足，人均耕地面积只相当于世界平均水平的1/3，人均森林面积不足世界平均水平的1/6，我国经济、社会资源发展的这种状况，决定了只能选择适度消费的发展模式，才能促进房地产经济的可持续发展。

6. 协调性原则

房地产业是一个关联度很高的行业，必须在环境保护、经济发展、社会进步与生态优化之间保持协调，绝对不能出现由于一个方面的发展而损害了另一个方面发展的局面。也只有这样，房地产经济才能得到发展。

10.6.3 房地产经济可持续发展的内容

10.6.3.1 生态可持续

房地产业发展中的生态可持续要求在房地产开发中要避免掠夺式利用有限的自然资源，要实现自然资源的集约利用，为后代留下生存空间。同时，要创造良好的生态环境。

1. 要严格控制城市用地规模，提高土地利用率，实现土地的集约利用

因为我国人口众多，人均耕地面积相对较小，所以城市房地产开发要立足于土地的节约利用，而不能盲目仿效欧美等发达国家，走城市空间布局低密度郊区化的路子，这样必然会减少城市周围的耕地面积。

2. 保护生态环境

现代化城市是一个以人为主体，以空间环境利用为特点，以聚集经济效益为目的，集约人口、社会、经济、科学、文化的空间地域大系统。城市生态经济系统是一个自然和社会的复合人工生态系统。这个系统是一个以人为主体的开放式生态系统，必须从城市生态经济系统以外输入大量的生产资料和生活资料，从城市生态系统以内输出废弃物。同时城市又是一个不完整的人工生态系统，城市缺乏第一生产者，即绿色植物，所以一个不完全的生态系统对周围其他生态系统具有很大的依赖性。人们既可以从正面保护城市生态，增强城市生态系统自然再生能力和保持生态经济平衡，也可以从负面破坏城市生态平衡，干扰城市生态系统的正常运行，最终制约城市经济的可持续发展。为了保护和维持城市自然生态系统，只有在房地产开发建设中做到环境效益、经济效益和社会效益的有机统一，才能促进房地产业的可持续发展。改善生态环境首先是积极发展绿化，增加城市自净能力，其次要保护好城市中原有的自然生态系统和城市自然景观，如水体、山体、林地等，同时要加强对重点敏感景观地段（如生态脆弱区）的保护，加强自然保护区的建设，保护生物多样性，提高和增强区域的生态环境功能。

3. 建设绿色住宅

首先，在建筑材料的利用方面贯彻可持续发展思想，要求建筑材料的生产和采购要符合建筑物的长期、安全、清洁的使用要求，节约材料使用量，使用可循环再生的无害材料、新型环保节能的替代品。其次，城市住宅等建筑物要有包括能源、水、气、声、光、热、绿色、环境、建材、废弃物处理等基本要求，做到节约能源、尽量使用清洁能源，如最大可能地充分利用太阳能、风能、水能、生物能、地热等，有雨水收集利用和排水深度净化、循环利用系统；室内自然通风，自然采光，建筑设计冬暖夏凉，有良好的自然空调效果。另外做到垃圾分类收集，废弃物收集达到100%。

4. 要加强环保法律建设和提高公民的参与意识

首先，要完善法律法规体系，消除在生态保护等方面存在的立法空白；其次，要严格执行法律法规，加强环境执法队伍建设，提高执法能力；最后，要强化全民环境意识，加强环保宣传和示范工作，在全社会营造良好的爱护环境、建设环境、保护环境的氛围。

10.6.3.2　经济可持续

房地产经济可持续性是指房地产业的开发与投资要与整个国民经济发展速度相适应，房地产供求基本平衡，大部分的房地产企业资金实现良性循环，使整个房地产业的再生产过程能够顺利进行。

房地产生产是一个复杂的过程，而房地产业的产业关联度很强，房地产业经济能否实现良性循环，涉及面极其广泛。第一，要建立完善的房地产市场体系，同时加强对房地产业发展的宏观调控，使房地产市场供给结构合理，防止房地产开发过热，出现大起大落；第二，要完善房地产金融体系，房地产业是一个资金密集型产业，金融的介入是房地产业发展必不可少的条件；第三，建立公正、公开、透明的土地有形市场；第四，促进房地产中介服务业的发展，如房地产咨询评估业、房地产经纪、代理等业务的健康发展；第五，提高物业管理水平，推进现代化、专业化、市场化的物业管理方式。

10.6.3.3　社会可持续

房地产业发展中的社会效益和社会公平是房地产业经济可持续发展的基础。

1. 调整房地产产品结构，满足不同层次人的不同需要

房地产企业在开发房地产产品过程中，主要受经济利益的驱动，建造经济收益较高的高档房地产产品，针对中低收入者的中低价位的住宅产品不足，从而造成了房地产产品结构的不合理。这就需要政府利用各种调控手段对房地产结构进行调整。

2. 完善住房社会保障体系，切实解决低收入家庭的住房问题

住房社会保障体系是房地产市场发展中必须重视和研究解决的一个重要课题。要构建和完善弱势群体住房的社会保障体系，使更多的低收入家庭能享受到社会救助政策，适当建设经济适用房和廉租房。

3. 加强对城市历史文化遗产的保护

城市的古老建筑中沉淀了人类历史的文化遗产，这些建筑常常位于现代城市中心或城市较繁华地段。在现代房地产开发过程中，由于受经济利益的驱动，这些历史文化古迹常常受到破坏。这就需要政府从社会可持续发展的高度来保护历史文化遗产，在城市的开发过程中通过制定详细的文物保护规划来规划房地产企业的开发行为。

[资料链接]

2003 ~ 2013 年中国房地产调控政策一览

2003 年（1 项政策）

2003 年 8 月份，国务院明确将房地产行业作为国民经济的支柱产业。

《关于促进房地产市场持续健康发展的通知》，简称 18 号文件，将房地产行业定位为拉动国民经济发展的支柱产业之一，明确提出要保持房地产业的持续健康发展，要求充分认识房地产市场持续健康发展的重要意义。

2004 年（2 项政策）

2004 年 3 月，“8 · 31”大限提高拿地“门槛”，调控开始。

国土资源部、监察部又联合发文，严令各地在当年 8 月 31 日前将协议出让土地中的“遗留问题”处理完毕，否则国土部门有权收回土地，纳入国家土地储备，是为“8 · 31”大限，此举是中央政府从土地供给方面抑制房地产过热的举措。

2004 年 10 月，央行 10 年来首次宣布上调存贷款利率。

中国人民银行决定从 2004 年 10 月 29 日起上调金融机构存贷款基准利率并放宽人民币贷款利率浮动区间和允许人民币存款利率下浮。金融机构一年期存款基准利率上调 0.27 个百分点。

2005 年（6 项政策）

2005 年 3 月，房贷优惠政策取消，调控涉及消费层面。

央行决定即日起调整商业银行自营性个人住房贷款政策，宣布取消住房贷款利率优惠政策；对房地产价格上涨过快的城市或地区，个人房贷首付比例从 20% 上调到 30%。

2005 年 3 月，房地产税改革深入，调控涉及交易环节。

2005 年 3 月，“国八条”出台，调控上升到政治高度（老“国八条”）。

国务院出台八点意见稳定房价，一是高度重视稳定住房价格；二是将稳定房价提高到政治高度，建立政府负责制；三是大力调整住房供应结构，调整用地供应结构，增加普通商品房和经济住房的土地供应，并督促建设；四是严格控制被动型住房需求，主要是控制拆迁数量；五是正确引导居民合理消费需求；六是全面监测房地产市场运行；七是积极贯彻调控住房供求的各项政策措施；八是认真组织对稳定住房价格工作的督促检查。

2005 年 5 月，七部委意见，调控加强、细则出台（新“国八条”）。

国务院办公厅发出通知，转发建设部等七部委《关于做好稳定住房价格工作的意见》，要求各地区、各部门要把解决房地产投资规模过大、价格上涨幅度过快等问题，作为当前加强宏观调控的一项重要任务。

2005 年 9 月，银监会 212 号文件收紧房产信托。

2005 年 10 月，国税总局重申二手房交纳个税。

2005 年 10 月 11 日，国家税务总局发布《关于实施房地产税收一体化管理若干具体问题的通知》，文件正式明确个人买卖二手房，须交纳个人税。

2006 年（11 项政策，调控从指导意见转向可操作性）

2006 年 4 月 27 日，房贷利率再次上调。

央行全面上调各档次贷款利率 0.27 个百分点，其中 5 年期以上的银行房贷基准利率由 6.12% 上调到 6.39%。

2006 年 5 月 24 日，“国六条”出台，新一轮调控大幕开启。

温家宝主持召开国务院常务会议，会上提出了促进房地产健康发展的六项措施：一是切实调整住房供应结构；二是进一步发挥税收、信贷、土地政策的调节作用；三是合理控制城市房屋拆迁规模和进度，减缓被动型住房需求过快增长；四是进一步整顿和规范房地产市场秩序；五是加快城镇廉租房制度建设，规范发展经济适用房，积极发展住房二级市场和租赁市场，有步骤解决低收入家庭住房困难问题；六是完善房地产统计和信息披露制度，增强房地产市场信息透明度。

2006 年 5 月 29 日，国务院出台限制套型 90/70 政策。

国务院办公厅出台《关于调整住房供应结构稳定住房价格的意见》，对“国六条”进一步细化，而且在套型面积、小户型比例、新房首付比例等方面做出量化规定。

2006 年 5 月 31 日，国税总局出台二手房营业税政策。

《关于加强住房营业税征收管理有关问题的通知》要求各级地方税务部门要严格执行调整后的个人住房营业税政策。2006 年 6 月 1 日后，个人将购买不足 5 年的住房对外销售全额征收营业税。

2006 年 7 月 6 日，未取得预售许可证的楼盘不得发布预售广告。

2006 年 7 月 11 日，建设部出台 171 号“外资限炒令”。

建设部联合其他五部委下发 171 号文件《关于规范房地产市场外资准入和管理的

意见》。

2006年7月26日，108号文件全国范围内强制征收二手房转让个人所得税。

2006年8月1日，土地新政出台和《协议出让国有土地使用权规范》正式施行。

2006年8月19日，央行调整金融机构人民币存贷款基准利率0.27个百分点。

2006年8月30日，建设部出台《城镇廉租房工作规范化管理实施办法》。

2006年9月，国务院办公厅转发建设部等部门《关于调整住房供应结构稳定住房价格意见的通知》。

2007年（8项政策，5次加息，从金融层面打压房地产）

2007年1月，建设部规范房产经纪行业，资金监管、网上签约、标准买卖合同三大相互配合的文件一起出台，引导二手房交易进入良性、正规的轨道。

2007年3月18日，央行再次上调存贷款基准利率0.27个百分点。

2007年5月19日，央行再次加息，上调0.27个百分点，一年期贷款利率上调0.18个百分点。个人住房公积金贷款利率上调0.09个百分点。6月5日起，上调金融机构人民币准备金率0.5个百分点。

2007年7月20日，央行第三次加息，此次针对活期存款利率上调，由0.72%上调至0.81%，为2002年2月以来首次上调活期存款利率。

2007年8月，央行第四次加息，存贷款基准利率上调0.27个百分点。

2007年8月，央行第五次加息，存贷款基准利率上调0.27个百分点，一年期存款利率达到3.87%，一年期贷款利率达到7.29%。

2007年9月27日，央行出台新政，二套房首付比例不得低于50%，贷款利率上浮至1.1倍。

2008年（16项政策，金融危机爆发成为政策分水岭）

2008年3月，建设部70/90政策适用范围扩大到经济适用住房。

2008年3月25日，上调存款类金融机构人民币存款准备金率0.5个百分点，达到15.5%，创下历史新高。

2008年4月20日，再次上调存款类金融机构人民币存款准备金率0.5个百分点。

2008年5月20日，再次上调存款类金融机构人民币存款准备金率0.5个百分点。

2008年5月30日，国家多项调控政策开始施行，土地阀门再度把紧。商品住宅开发不得超过3年，土地管理不作为将受严惩，6月1日起执行。

2008年6月10日，税务总局表示：企业为个人购买房产需征个人所得税。

2008年7月14日，国土部表示：小产权房不给宅基地证。

2008年8月11日，国务院新规：商品房销售应明示能源消耗指标，并附上住房保修书和住宅产品说明书。

2008年8月14日，三部委联合印发《2008年廉租房工作计划》，新增廉租住房保障户数250万户，达到350万户。

2008 年 8 月 25 日，央行银监会联合发文要求严格建设项目贷款管理。

土地质押必须有土地证，贷款额度不得超过质押物价值的七成，贷款期限原则不超过 2 年。对利用农村集体土地开发商业性房地产的，不得发放任何形式的贷款，对购买农村集体土地上建设的住房的城镇居民，不得发放住房贷款。

美国金融危机拯救了奄奄一息的房地产，在政策支持、通胀恐慌、外贸出口受阻的三大因素下，房地产又迎来一次暴涨，连续数年的宏观调控努力在即将取得成效的时候，戛然而止。

2008 年 9 月 15 日，央行宣布“双率”齐降。

受美国金融危机影响，央行宣布 9 月 16 日起，下调一年期贷款基准利率 0.27 个百分点，下调存款准备金率 0.5 个百分点。

2008 年 10 月 9 日，西方央行联合降息，中国打出“降率免税”组合拳。

10 月 19 日起，下调一年期存贷款基准利率各 0.27 个百分点，下调存款准备金率 0.5 个百分点。同时储蓄存款利息所得税暂免征收个人所得税。

2008 年 10 月 12 日，十七届三中全会宣布：土地或可转让抵押继承，小产权房有望破题。

2008 年 10 月 12 日，系列新政支持房地产。

11 月 1 日起，个人首次购买 90 平方以下普通住房，契税下调到 1%，免征印花税，免征土地增值税。首次购买住房和改善性普通住房提供贷款利率 7 折优惠，最低首付下调为 20%。

个人住房公积金贷款利率同时下调，5 年期内和 5 年期以上的贷款利率分别下调 0.27 个百分点，分别为 4.05% 和 4.59%。

地方政府可制定鼓励住房消费的收费减免政策（杭州救市 24 条，包括购房入户等政策，极大地促进了房地产市场的火爆）。

2008 年 10 月 28 日，央行年内第三次下调利率，存贷款分别下调 0.27 个百分点。

2009 年

从 2009 年的整体政策来看，从 5 月开始为政策分水岭，在 GDP 保八的前提下，前半年出台的政策仍然有利房地产市场发展，大大促进了房地产市场的发展。尤其是地方政府可自主出台救市政策，对沿海一带楼市的推波助澜起到关键性作用。

后半年由于房价快速飙升，投机日盛，房地产宏观调控再次卷土重来。

2009 年 5 月 21 日，为加强房地产开发企业的土地增值税收管理，规范土地增值税清算工作，国家税务总局制定《土地增值税清算管理规程》。1. 房地产开发项目全部竣工完成销售的；2. 整体转让未竣工决算房地产开发项目的；3. 直接转让土地使用权的。

2009 年 5 月 25 日，发改委提出今年将由财政部、税务总局、发改委、住建部负责研究开征物业税。

2009年10月，营业税免征优惠政策终止。

国务院总理温家宝10月9日主持召开国务院常务会议，会议决定：2010年1月1日起，个人住房转让营业税征免时限由2年恢复到5年，其他住房消费政策继续实施。

2009年10月24日，温家宝主持国务院常务会议，“国四条”出笼：1. 增加普通商品住房的有效供给；2. 继续支持居民自主和改善性住房消费，抑制投资投机性购房，加大差别化信贷政策执行力度；3. 加强市场监管；4. 继续大规模推进保障性安居工程建设。

2010年

2010年4月，在国内各大城市房价狂飙的情形下，在一季度GDP增长超过11%的前提下，中央终于下定决心，对房地产市场进行史上最严厉的宏观调控，出台“国十条”，限制异地购房、二套房贷标准大幅提高等具体可执行性的措施一下子将高温的房地产市场打入冰窖，各地房地产市场交易严重萎缩。

1月10日，国务院出台“国十一条”，严格二套房贷款管理，首付不得低于40%，加大房地产贷款窗口指导。

1月21日，国土资源部发布《关于改进报国务院批准城市建设用地申报与实施工作的通知》，提出申报住宅用地的，经济适用住房、廉租住房和中低价位、中小套型普通商品住房用地占住宅用地的比例不得低于70%。

3月10日，国土资源部再次出台了19条土地调控新政，即《关于加强房地产用地供应和监管有关问题的通知》，该通知明确规定开发商竞买保证金最少两成、1月内付清地价50%、囤地开发商将被“冻结”等19条内容。

3月22日，国土资源部会议提出，在今年住房和保障性住房用地供应计划没有编制公布前，各地不得出让住房用地；将在房价上涨过快的城市开展土地出让招拍挂制度完善试点；各地要明确并适当增加土地供应总量；房价上涨过快、过高的城市，要严控向大套型住房建设供地。

3月23日，国资委要求78户不以房地产为主业的中央企业，要加快进行调整重组，在完成企业自有土地开发和已实施项目等阶段性工作后要退出房地产业务，并在15个工作日内制定有序退出的方案。

4月2日，财政部下发通知称，对两个或两个以上个人共同购买90平方米及以下普通住房，其中一人或多人已有购房记录的，该套房产的共同购买人均不适用首次购买普通住房的契税优惠政策。

4月7日，国家发改委发布2010年经济社会发展工作重点，提出要进一步加强房地产市场调控，增加普通商品住房的有效供给，支持普通自住和改善性住房消费，大力整顿房地产市场秩序。

4月14日，国务院常务会议指出，全球金融危机的影响仍在持续，将保持货币信贷适度增长，坚决抑制住房价格过快上涨，并将加快研究制定合理引导个人住房消费的税收政策。

4 月 15 日，国务院出台具体措施，要求对贷款购买第二套住房的家庭，贷款首付款不得低于 50%，贷款利率不得低于基准利率的 1.1 倍，对购买首套住房且套型建筑面积在 90 平方米以上的家庭，贷款首付款比例不得低于 30%。

4 月 15 日，国土资源部公布 2010 年住房供地计划，今年拟计划供应住房用地总量同比增长逾 130%，其中中小套型商品房将占四成多，超过去年全国实际住房用地总量。

4 月 18 日，国务院发布通知指出，商品住房价格过高、上涨过快、供应紧张的地区，商业银行可根据风险状况，暂停发放购买第三套及以上住房贷款；对不能提供一年以上当地纳税证明或社会保险交纳证明的非本地居民暂停发放购买住房贷款。

国土资源部：在建及在售小产权房须停建停售。

住建部：开发商买地不得贷款。

国务院：引导民间资本进入政策性住房建设。

2011 年

2011 年 1 月 26 日公布新“国八条”。

把二套房贷首付比例提至 60%，贷款利率提至基准利率的 1.1 倍。加上此前的政策，2011 年，首套房商业贷款的首付为 30%，第三套及以上住房不发放商业贷款。在东莞，无法提供一年的纳税证明或社保证明的家庭，也无法获得商业贷款。

2011 年 1 月 28 日房产税试点：上海、重庆。

2011 年 2 月 21 日：住建部与地方签订保障房责任书。

加大保障性住房建设和供应；

增加住房用地有效供应。

2012 年

住房信息系统联网。

住建部启动的全国 40 个城市的个人住房信息系统的建设工作将在年底前完成。该 40 个城市包括省会城市，计划单列城市及一批大型的地级市。

四大行首套房贷利率降到基准线。

工、农、中、建四大行在内部召开了研究全面落实差别化房贷政策的座谈会，会上，四大行共同提出，将切实满足居民家庭首次购买自住普通商品住房的贷款需求，合理权衡定价，在基准利率的基础上根据风险原则合理制定首套房贷款利率，但首套房首付比例仍然执行 30% 的标准。此外，还将提高住房贷款审批效率。

2013 年

2013 年 3 月 1 日公布的新“国五条”。

（一）完善稳定房价工作责任制。各直辖市、计划单列市和除拉萨外的省会城市要按照保持房价基本稳定的原则，制定并公布年度新建商品住房价格控制目标。建立健全稳定房价工作的考核问责制度。

（二）坚决抑制投机投资性购房。严格执行商品住房限购措施，已实施限购措施的直辖市、计划单列市和省会城市要在限购区域、限购住房类型、购房资格审查等方面，按统一要求完善限购措施。其他城市房价上涨过快的，省级政府应要求其及时采取限购等措施。严格实施差别化住房信贷政策。扩大个人住房房产税改革试点范围。

（三）增加普通商品住房及用地供应。2013年住房用地供应总量原则上不低于过去五年平均实际供应量。加快中小套型普通商品住房项目的供地、建设和上市，尽快形成有效供应。

（四）加快保障性安居工程规划建设。全面落实2013年城镇保障性安居工程基本建成470万套、新开工630万套的任务。配套设施要与保障性安居工程项目同步规划、同期建设、同时交付使用。完善并严格执行准入退出制度，确保公平分配。2013年年底前，地级以上城市要把符合条件的外来务工人员纳入当地住房保障范围。

（五）加强市场监管。加强商品房预售管理，严格执行商品房销售明码标价规定，强化企业信用管理，严肃查处中介机构违法违规行为。推进城镇个人住房信息系统建设，加强市场监测和信息发布管理。

根据以上资料，试述历年调控分别采用了哪些宏观调控手段？

本章小结

1. 本章首先阐述了房地产经济宏观调控的含义，并说明了房地产经济宏观调控为什么是市场经济的要求。

2. 房地产经济宏观调控是个完整的体系，这个体系包括房地产经济的决策控制系统、控制调节系统、信息反馈系统和监督保证系统。

3. 房地产经济宏观调控政策根据不同的划分标准有不同的分类，本章从三个方面进行了划分。

4. 为了实现房地产经济宏观调控的目标，房地产经济宏观调控的主要手段有：经济手段、法律手段、行政手段等。

5. 本章还介绍了房地产经济可持续发展的原则，其包含了生态、经济、社会可持续发展的内容。

思考题

1. 房地产经济宏观调控的含义是什么？
2. 为什么说房地产经济宏观调控是市场经济的要求？
3. 如何理解房地产经济宏观调控是一个完整的体系？
4. 试分析当房地产经济过热时，如何应用货币手段进行宏观调控。
5. 简述房地产经济可持续发展的原则。

参 考 文 献

[1] 丹尼斯 J 麦肯齐．房地产经济学 [M]．北京 ：经济科学出版社，2003.

[2] 柴强．房地产估价理论与方法 [M]．北京：中国物价出版社，1993.

[3] 屠永良．房地产经济学 [M]．北京：中国建筑工业出版社，1991.

[4] 屠永良，陈阳元．房地产经济学 [M]．上海：文汇出版社，1988.

[5] 杨巍．城市房产经济学 [M]．北京：经济日报出版社，1992.

[6] 杜家琪，余鑫炎．房地产经济学 [M]．武汉：武汉工业大学出版社，1988.

[7] 张学．房地产金融市场 [M]．北京：中国金融出版社，1 993.

[8] 谢地．房地产投资与经营 [M]．长春：吉林大学出版社，1992.

[9] 王贵岭．房地产经济学概论 [M]．南京：南京出版社，1996.

[10] 刘维新．城市发展土地利用与房地产 [M]．北京：中国大地出版社，1996.

[11] 南京地政研究所．中国土地问题研究 [M]．合肥 ：中国科学技术大学出版社，1998.

[12] 科斯，等．财产权利与制度变迁——产权学派与新制度学派论文集 [C]．上海 ：上海三联书店，1994.

[13] 张红．房地产经纪学讲义 [M]．北京：清华大学出版社，2004.

[14] 曹振良，等．房地产经济学通论 [M]．北京：北京大学出版社，2003.

[15] 华伟．房地产经济学 [M]．上海：复旦大学出版社，2004.

[16] 谢纯子．房地产经济学 [M]．北京：企业管理出版社，1994.

[17] 栾淑梅．房地产市场营销 [M]．北京：机械工业出版社，2006.

[18] 钱昆润，卢金锋．房地产经济 [M]．北京：中国计划出版社，1999.

[19] 张洪力．房地产经济学 [M]．北京：机械工业出版社，2004.

[20] 张跃庆，丁芸．房地产经济学 [M]．北京：中国建材工业出版社，2004.

[21] 杨慎．房地产与国民经济 [M]．北京：中国建筑工业出版社，2002.

[22] 王文群．房地产经济学 [M]．北京：经济管理出版社，2003.

[23] 上海社会科学院房地产业研究中心．房地产经济学与企业竞争力 [M]．上海 ：上海社会科学院出版社，2003.

[24] 殷红，张卫东．房地产金融 [M]．北京：首都经济贸易大学出版社，2004.

[25] 陈钊．住房抵押贷款理论与实践 [M]．上海：复旦大学出版社，2000.

[26] 龙胜平．房地产金融与投资 [M]．北京：高等教育出版社，1998.

[27] 武永祥．房地产投资分析 [M]．北京：中国建筑工业出版社，1997.

[28] 彭俊，刘卫东．房地产投资分析 [M]．上海：同济大学出版社，2004.

[29] 刘秋雁. 房地产投资分析 [M]. 大连：东北财经大学出版社，2003.
[30] 刘立群，田淑芬. 房地产投资分析 [M]. 北京：化学工业出版社，2005.
[31] 简德三，王洪卫. 房地产经济学 [M]. 上海：上海财经大学出版社，2004.
[32] 张文洲 . 房地产经济学 [M]. 武汉：武汉理工大学出版社，2011.
[33] 刘新华，戚瑞双 . 房地产经济学 [M]. 上海：上海财经大学出版社，2008.
[34] 谢经荣，等 . 房地产经济学 [M]. 2 版. 北京：中国人民大学出版社，2008.
[35] 张敏莉 . 城市土地管理 [M]. 北京：化学工业出版社，2010.
[36] 中国房地产估价师与房地产经纪人学会 . 房地产估价理论与方法 [M]. 北京：中国建筑工业出版社，2008.